JO BAILEY
Mein Freund Chester

Das Buch

Die zutiefst berührende Geschichte einer ganz besonderen Freundschaft

Sam, der kleine Sohn der in Spanien lebenden Engländerin Jo Bailey, ist zwei Jahre alt, als er von einem Tag auf den anderen aufhört zu sprechen oder auf irgendetwas zu reagieren. Hilflos und erschrocken muss Jo mit ansehen, wie ihr eigener Sohn direkt vor ihren Augen zu verschwinden scheint. Nach einer Odyssee durch zahllose Arztpraxen folgt schließlich die Diagnose: Autismus. Jeder Behandlungsversuch scheint den Zustand des Jungen allerdings nur zu verschlimmern, und immer verzweifelter sucht Sams Mutter Jo nach Möglichkeiten, ihrem Kind zu helfen. Vergeblich. Bis sie eines Tages beschließt, in ihre Heimat zurückzukehren, und im idyllischen Devon etwas Unglaubliches geschieht: Sam begegnet dem teetassengroßen Minischweinferkel Chester, und die beiden Außenseiter schließen sofort Freundschaft. Jo adoptiert das Schweinchen. Kaum im neuen Zuhause angekommen, lässt Chester Sam nicht eine Sekunde aus den Augen. Fast ist es, als könne er verstehen, dass der Junge einen Freund braucht. Und während Sams Selbstvertrauen täglich größer wird, wächst das Minischwein zu einem hundert Kilo schweren Koloss heran, der das Leben der Familie ordentlich auf den Kopf stellt ...

Die Autorinnen

Jo Bailey, 47, lebt mit ihren beiden Söhnen Sam, 12, und Will, 11, sowie ihrem Ehemann Darren im englischen Devon – und natürlich mit Chester, dem riesigen Minischwein, 6.

Ruth Kelly ist eine preisgekrönte britische Journalistin und Co-Autorin mehrerer *Sunday-Times*-Bestseller. Sie blickt auf zehn Jahre Erfahrung im Print- und Fernsehjournalismus zurück.

Jo Bailey
mit Ruth Kelly

Mein Freund Chester

Wie ein Minischwein das Herz
meines autistischen Sohnes eroberte

Aus dem Englischen
von Maren Klostermann

GOLDMANN

Die Originalausgabe erschien 2016 unter dem Titel
»Sam & Chester. How a mischievous pig
transformed the life of my autistic son«
bei Bantam Press, Transworld Publishers, a division of
the Penguin Random House Group, London, UK.

*Der Goldmann Verlag weist ausdrücklich darauf hin,
dass im Text enthaltene externe Links vom Verlag nur bis zum Zeitpunkt
der Buchveröffentlichung eingesehen werden konnten.
Auf spätere Veränderungen hat der Verlag keinerlei Einfluss.
Eine Haftung des Verlags ist daher ausgeschlossen.*

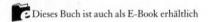 Dieses Buch ist auch als E-Book erhältlich

Verlagsgruppe Random House FSC® N001967

3. Auflage
Deutsche Erstveröffentlichung September 2017
Copyright © 2017 by Wilhelm Goldmann Verlag, München,
in der Verlagsgruppe Random House GmbH
Umschlaggestaltung: UNO Werbeagentur, München,
unter Verwendung eines Motivs von FinePic®, München
Copyright der Originalausgabe © Joanna Bailey-Merritt and Ruth Kelly 2016
Alle Fotos im Innenteil: © Joanna Bailey-Merritt
Lektorat: Doreen Fröhlich
DF · Herstellung: CB
Satz: Fotosatz Amann, Memmingen
Druck und Einband: GGP Media GmbH, Pößneck
Printed in Germany
ISBN: 978-3-442-15927-7
www.goldmann-verlag.de

Besuchen Sie den Goldmann Verlag im Netz:

Inhalt

	Prolog	7
1.	Zerbrochene Träume	9
2.	Das A-Wort	28
3.	Ausrangiert	44
4.	Zurück in den Ring	60
5.	Große Katzen und ein Fax vom Gericht	81
6.	Neubeginn	91
7.	Ein Stück Himmel	101
8.	Kein Ausweg	118
9.	Ein Silberstreif	133
10.	Pennywell Pig Farm	144
11.	Das artigste Ferkel der Welt	161
12.	Nachbarschaftskontakte	178
13.	Lustige Ferkeleien	195
14.	Eine Party mit Käse und Schwein	214
15.	Der Klassenhund	232
16.	Dickwanst	252
17.	Sturkopf	268
18.	Ein Schwein zieht um	287
19.	Armes Schwein	302
20.	Trautes Heim, Glück allein	329
21.	Hochzeitsglocken und Schweinegeschichten	353

22. Oscarreif 366
23. Chester als Retter in der Not 381
    Epilog 405
    Danksagung 411

Prolog

Devon, England, Januar 2009

Der Stall war voller Gerüche, als wir eintraten – eine Mischung aus frischem Stroh, Dung und den Tieren selbst. Wir hörten die Schweine leise grunzen, ein gleichbleibender Brummpegel, der nach Glück und Zufriedenheit klang. Gespannt gingen wir zum Verschlag und schauten hinein.

Es war so klein, dass ich es zuerst gar nicht sah, aber versteckt in der Ecke des Schweinekobens lag das einzige rötlichbraune Ferkel des Wurfs. Es sah einsam und traurig aus. Genauso wie mein Sohn Sam, der Autismus hatte, auch oft aussah. Klein und verloren.

Weder das kleine Ferkel noch ich wussten es damals. Aber in jenem Augenblick wurden wir beide gerettet.

Das Leben hatte sich gerade für immer verändert.

1. Kapitel
Zerbrochene Träume

Benalmadena Pueblo, Spanien, Sommer 2005

Ich schloss die Augen und genoss das Gefühl der kühlenden Mittelmeerbrise auf meiner Haut.

Zum Schutz vor der glühenden Mittagssonne hatte ich mich auf die Veranda zurückgezogen. Ich hatte das Glück, dass ich nicht nur zum Urlaub in Spanien war, sondern ständig hier lebte, seitdem ich vor vierzehn Jahren mein Studium beendet hatte. Ich arbeitete als Übersetzerin und außerdem bei der Abfertigung am Flughafen von Malaga. Anders als die typischen »Brits Abroad« war ich voll in das spanische Alltagsleben integriert, weil die meisten meiner Freunde Spanier waren, ebenso wie mein Ehemann Jaime, der tatsächlich kaum ein Wort Englisch sprach.

Unser zweieinhalbjähriger Sohn Sam war gerade mit meiner Mutter, die ebenfalls in Spanien lebte, im Supermarkt, während unser elf Monate alter Sohn Will ein kleines Nickerchen hielt. Folglich hatte ich ein paar kostbare Minuten für mich allein. Die Versuchung, dem Beispiel von Will zu folgen, war groß – die Hitze machte müde.

Die nahegelegenen Orangenhaine erfüllten die Luft mit ihrem vollen, süßen Duft, der mir auf meinem Platz auf der Veranda ab und zu in die Nase stieg und mich noch schläfriger machte. Der Schaukelstuhl knackte unter mir, als ich mich tiefer in die weiche Polsterung drückte. Ich kickte die Flip-Flops weg und legte die Füße auf den Tisch. Ein paar Minuten für mich zu haben war ein unschätzbarer Luxus. Als Mutter von zwei kleinen Kindern blieb mir nicht viel Zeit zum Entspannen. Meine Augenlider wurden schwer und fielen allmählich zu, als ich der Hitze und meiner Erschöpfung nachgab. Immerhin war es die Tageszeit, zu der die meisten Leute eine kleine Siesta hielten. Trotzdem lauschte ich mit halbem Ohr, ob Will vielleicht aufwachte und weinte, und erlaubte mir nicht, gänzlich abzuschalten.

Wir wohnten nur zwanzig Minuten von Spaniens Partyhochburg Malaga entfernt, aber von unserer Veranda aus blickte man auf eine völlig andere Welt. Keine Bars, Clubs oder Betonsilos, die am Strand aufragten – Benalmadena Pueblo war ein verschlafenes Küstendorf mit weiß getünchten Bilderbuchhäusern, an denen Weinreben und leuchtend bunte Blumen rankten. Das Ortszentrum, das den stolzen Namen Plaza de España trug, beschränkte sich auf einen Springbrunnen, umringt von einigen Kaffeetischen, die unter den Orangenbäumen standen. Es war friedlich – ein Ort, an dem man seine Kinder großziehen möchte, so wie wir es mit unseren beiden Söhnen vorhatten.

Unser Haus lag in einer ruhigen Straße, ungefähr fünfzehn Minuten Fußweg vom Strand entfernt. Jaime und ich hatten unser Traumhaus selbst entworfen und aus dem Nichts geschaffen. Es war über vier Ebenen großzügig ausgelegt und hatte einen Garten mit Pool, Palmen und einen kleinen steinernen Pavillon, bedeckt mit Jasmin und Bougainvillea. Von unserem Schlafzimmerbalkon aus konnte man das Meer ebenso sehen wie die zahllosen Swimmingpools, die den Weg zum Strand säumten. Nachts glühte der Himmel wie im Nordlicht von den ganzen familienbetriebenen Restaurants an der Bucht.

Schläfrig ließ ich mich irgendwo zwischen Dösen und Schlafen treiben, als die friedliche Stille des Nachmittags jäh durchbrochen wurde. Das Geräusch eines Autos, das mit quietschenden Reifen in meine Auffahrt bog, ließ mich schlagartig hochschrecken.

»Jo, Jo!«, hörte ich meine Mutter rufen.

Im Nu war ich auf den Beinen und hatte gerade die Vorderseite des Hauses erreicht, als meine Mutter und Sam eilig durch die Tür kamen. Meine Mutter trug Sam auf dem Arm und war eindeutig völlig aufgelöst. Mein kleiner Sohn hielt sich die Hand vors Auge, das Gesicht tränenüberströmt.

»Sam ist etwas Schlimmes passiert«, stieß meine Mutter hervor.

»Was?«, fragte ich mit einem Anflug von Panik und folgte ihnen ins Wohnzimmer.

»Er ist mit dem Kopf gegen einen Betonpfeiler im Supermarkt geknallt.«

Sie legte Sam in meine Arme, und ich drückte ihn an mich. Das Auge war geschwollen und nahm bereits eine bläuliche Verfärbung an.

»Ach, Mäuschen, was hast du denn da angestellt?« Ich strich ihm das blonde, tränennasse Haar aus den Augen. Sam antwortete nicht, vergrub nur den Kopf in meiner Brust.

Ich warf meiner Mutter einen fragenden Blick zu. Sie zitterte.

»Er hat ordentlich was abgekriegt, Jo«, sagte meine Mutter mit vor Schock zitternder Stimme.

Sie erklärte, dass Sam den Gang des Supermarktes auf und ab gelaufen war, den Kopf über die Gefriertruhen gebeugt, in dem Versuch, die Augen so nah wie möglich an die Kühltheke zu bringen, ohne sie zu berühren. Sam war seit Kurzem ganz besessen von geraden Linien – es war ziemlich merkwürdig –, und er hatte offenbar versucht, seinen Blick an den horizontalen Linien der Gefriertruhen auszurichten.

»Er war so darin vertieft, dass er mit vollem Karacho gegen einen Betonpfeiler gerannt und auf den Rücken gefallen ist. Er hat ihn überhaupt nicht gesehen.«

Sie sagte, die Angestellten im Supermarkt seien sehr hilfsbereit gewesen – doch als sie versucht hätten, die Beule mit einem nassen Lappen zu kühlen, habe Sam nach ihnen geschlagen.

»Er hat sich mit Händen und Füßen gewehrt und aus Leibeskräften gebrüllt. Ich konnte ihn nicht beruhigen. Er war fast hysterisch.« Bei der Erinnerung an die Not ihres Enkels versagte Mum die Stimme.

Bei dem Anblick, den Sam jetzt bot, war schwer vorstellbar, dass es derselbe Junge war, den meine Mutter da gerade beschrieb.

Ruhig und zufrieden lag er in meinen Armen. Meine Mutter reichte mir einen Beutel Tiefkühlerbsen, und ich legte eine Ecke davon vorsichtig auf Sams Beule. Er ließ es sich gefallen, ohne auch nur mit der Wimper zu zucken. Als ich über sein weiches, blondes Haar strich, streckte er die Hand zu meinem Ohr hoch und streichelte mein Ohrläppchen.

Ich werde nie das Gesicht meiner Mutter an diesem Tag vergessen. Sie blickte Sam mit einem kummervollen Ausdruck an, der sich tief in ihre Gesichtszüge gegraben hatte. Kopfschüttelnd beobachtete sie, wie er immer wieder mein Ohrläppchen streichelte, und drehte sich dann zu mir.

»Irgendetwas stimmt da nicht.«

»Ich weiß«, fauchte ich sie wider Willen an, bevor ich die Worte zurückhalten konnte. Und sie überraschten mich selbst genauso wie meine Mutter, denn bis zu diesem Augenblick war mir nicht bewusst in den Sinn gekommen, dass mit Sam etwas nicht in Ordnung sein könnte. Mir waren vor Kurzem einige kleine Veränderungen in seinem Verhalten aufgefallen, aber ich hatte sie mir damit erklärt, dass er eine kindliche Entwicklungsphase durchlief.

Zittrig machte ich einen tiefen Atemzug und gewann meine Fassung zurück. »Tut mir leid, Mum, ich wollte dich nicht anschnauzen. Ich weiß einfach nicht, was ich von dem Ganzen halten soll«, erklärte ich schwach.

Ich dachte über Sams Verhalten in der letzten Zeit nach. Vor einigen Monaten hatte er sich angewöhnt, sich auf den Bauch zu legen und sein liebstes Spielzeugauto vor seinen Augen hin und her zu schieben. Manchmal wiederholte er diese Aktivität stundenlang. Außerdem bestand er darauf, dieselbe Folge von *Thomas, die kleine Lokomotive* immer wieder anzusehen. Er lechzte nach Wiederholungen, was ein wenig seltsam war, aber ich dachte nicht, dass mit ihm selbst irgendetwas nicht in Ordnung war.

Mir war allerdings auch aufgefallen, dass Sam gern mit den Händen wedelte, als wären es Vogelflügel, wenn er aufgeregt war – zum Beispiel wenn Tinky-Winky bei den *Teletubbies* auftrat oder wenn Thomas, die kleine Lokomotive, etwas Dummes anstellte – oder wenn er selbst besonders nervös wegen irgendetwas war. War das normal? Ich sagte mir, dass es das sicher sei, denn im Großen und Ganzen schien er ein recht glücklicher kleiner Junge zu sein, der zu seinen Lieblingssendungen hüpfte und tanzte. Wäre Will der Ältere von beiden gewesen, hätte ich wohl Unterschiede in ihrer Entwicklung bemerkt, aber unter den gegebenen Umständen war ich einfach eine junge Mutter, die ihre Aufgabe so gut wie möglich erfüllte und dabei täglich dazulernte.

Doch meine Mutter, die zwei erwachsene Töchter hatte, wusste es besser. Jetzt wurde ihr Blick weicher, weil sie die Anspannung spürte, die ihre Worte bei mir ausgelöst hatten, und sie gesellte sich zu mir aufs Sofa. Mit den hohen Wangenknochen und der jugendlich glatten Haut war sie eine sehr attraktive Frau, immer elegant und gut gekleidet. Mein Dad hatte sie verlassen, als ich klein war, aber sie hatte sich davon nie unterkriegen lassen. Sie war von London nach Malaga gezogen, kurz nachdem meine Schwester Sarah und ich uns in Spanien niedergelassen hatten. Hier engagierte sie sich mit Feuereifer in ihrer Expat-Gemeinde, besuchte regelmäßig den British Legion Club und war ständig mit Freunden auf Achse.

»Jo, Liebes«, sagte sie jetzt behutsam. »Diese Besessenheit von geraden Linien bei Sam – das ist nicht normal. Ich denke, du solltest ihn mal untersuchen lassen, und sei es nur zu deiner eigenen Beruhigung.« Aufmunternd lächelte sie mir zu.

Ich war froh, dass meine Mutter da war, um mich zu unterstützen. Doch in gewisser Weise machte ihre Anwesenheit mich auch traurig. Denn so wunderbar meine Familie war, erinnerte mich ihre Fürsorge doch auch daran, dass ich den einen Menschen, mit dem ich wirklich über Sam reden wollte, nicht erreichen konnte.

Meinen Ehemann Jaime – Sams Vater.

Zu meinem großen Kummer lief es in unserer Ehe immer schlechter. Wir drifteten schon seit einiger Zeit auseinander, aber seit Jaime im letzten November aus beruflichen Gründen nach Sevilla gezogen war, war alles noch schwieriger geworden. Er war die ganze Woche über weg, und die räumliche Distanz bedeutete eine zusätzliche Belastung für unsere ohnehin angeschlagene Beziehung. In den letzten Monaten war unsere Kommunikation auf eine Handvoll kurzer Telefonate zwischen den Wochenenden zusammengeschrumpft. Je weiter wir auseinanderdrifteten, desto verzagter fühlte ich mich. Ich hatte dieses wundervolle Traumhaus, aber keinen Mann, mit dem ich es teilen konnte. Und jetzt schien unser Sohn Sam unsere Hilfe zu brauchen, aber wir waren kein einsatzbereites Team mehr.

Ich sagte meiner Mutter, dass ich über ihre Worte nachdenken würde, und sie machte sich wieder auf den Weg zu ihrer Villa im nahegelegenen Torremolinos. Ich blieb allein zurück, nur die beiden Jungen und das Meeresrauschen als Gesellschaft.

Am Abend brachte ich Sam in sein Bett, das neben dem kleineren von Willie stand. Das fröhliche Zimmer mit den gelben Wänden und den Regalen voller flauschiger Stofftiere und bunter Bilderbücher stand in krassem Gegensatz dazu, wie ich mich fühlte, während mir immer wieder die Worte meiner Mutter durch den Kopf gingen.

»Schlaft gut, Jungs.« Ich gab den beiden einen Gutenachtkuss und schlüpfte aus dem Zimmer. Den ganzen Abend über hatte ich immer wieder Sams geschwollenes Auge überprüft, um sicherzugehen, dass es ihm keine Schmerzen bereitete, doch jetzt kehrte ich erst einmal zur kühlenden Brise draußen auf der Veranda zurück und hing meinen Gedanken nach.

Während sich die Abenddämmerung über Benalmadena Pueblo senkte, lauschte ich dem hypnotischen Zirpen der Zikaden. Innerlich ließ ich die Ereignisse des Tages immer wieder Revue passieren. Wen konnte ich wegen Sams Verhalten um Rat fragen? Bis jetzt hatten wir die Hilfe von Ärzten nur bei Husten und Schnupfen gebraucht. Dies war einer der seltenen Augenblicke, seit ich in Spanien lebte, in denen ich mich wie eine Fremde fühlte.

Ich beschloss, bei Sams Kita anzufangen, die er an fünf Tagen in der Woche besuchte. Mit dem Auto brauchte man nur fünf Minuten von Benalmadena aus. *Dort werd ich mal nachfragen*, dachte ich, *wenn ich die Jungs morgen früh hinbringe.*

Doch was die Leiterin der Kita zu sagen hatte, als ich am nächsten Tag mit ihr sprach, klang durchweg beruhigend. »Uns ist nichts Ungewöhnliches an Sam aufgefallen«, erklärte sie fröhlich. »Er ist sehr brav. So ein hübscher Junge mit seinem Blondschopf und seinen blauen Augen!«

Ich spürte eine Welle der Erleichterung in mir aufsteigen. Vielleicht brauchte ich mir gar keine Sorgen zu machen. Trotzdem ließ ich mir von der Kita-Leiterin den Namen eines Kinderpsychologen geben, denn Mum hatte recht – ich sollte das einfach zu meiner eigenen Beruhigung durchziehen.

Ich wollte gerade gehen, als die Kita-Leiterin hinzufügte: »Da ist eine Sache, die uns *doch* aufgefallen ist ... Sam spricht nicht mit den anderen Kindern.«

»Oh«, sagte ich bestürzt. Das war eine weitere Alarmglocke.

Ich rief den Kinderpsychologen an, um so schnell wie möglich einen Termin zu machen, aber er hatte erst in einer Woche etwas frei. In dieser Woche erreichte mein Besorgnispegel schwindelnde Höhen. In den Tagen vor dem Termin verbrachte ich einen Großteil der Zeit damit, Sams Verhalten ganz genau zu beobachten. Sein neuestes »Ding« war es, mit unserem rosa Ofenhandschuh vor der Waschmaschine zu sitzen. Solange der Waschgang lief, wedelte Sam mit dem Handschuh. Stoppte die Maschine, starrte er mit leerem Blick in die Trommel. Wenn ich nicht eingriff, blieb er während des gesamten Waschdurchgangs im Schneidersitz auf dem Küchenboden sitzen. Ich war schrecklich besorgt und wollte ihm so gern helfen, wusste aber nicht, wie. Irgendetwas stimmte nicht mit meinem Jungen, das war mir klar – aber ich wusste nicht genau, was es war. Ich brauchte jemanden, der dem Problem einen Namen gab, damit ich anfangen konnte, etwas dagegen zu unternehmen. Abend für Abend ging ich mit der Hoffnung ins Bett, dass unser bevorstehender Termin uns einen Weg aufzeigen würde.

Schließlich war es so weit, und ich steuerte mit Sam das Wartezimmer in der Praxis des Kinderpsychologen in Torremolinos an. Ich umklammerte die Notizen, die ich über meinen Sohn gemacht hatte, das Papier zerknitterte in meinen Händen, während wir warteten. Der Raum war vollgestopft mit Spielen, Bilderbüchern und einem Klettergerüst mit Rutsche – mit allem, was man braucht, um ein Kind bei Laune zu halten. Ich fächelte mir in der schwülen spanischen Hitze Luft zu, während Sam still in der Ecke mit einem Feuerwehrauto spielte. Die Schwellung an seinem Auge war inzwischen zurückgegangen, aber er hatte immer noch einen dicken Bluterguss – eine sichtbare Erinnerung an sein sonderbares Verhalten und die Verletzungsgefahren, die es barg.

Eine Tür wurde abrupt aufgerissen, und ein untersetzter, etwas rundlicher Mann erschien und gab mir die Hand. Der Arzt führte mich in einen Raum, der genauso vollgestopft war wie das Wartezimmer – allerdings mit medizinischen Fachbüchern, die vom Boden bis zur Decke reichten. Der Ventilator an der Decke drehte sich so schnell, dass die Papiere auf dem Schreibtisch wohl jeden Moment abgehoben hätten, wären sie nicht vom Briefbeschwerer daran gehindert worden.

»Soll ich Sam holen?«, fragte ich mit einem Blick zu meinem Sohn im Wartezimmer.

»Nein, lassen Sie ihn spielen.« Der Arzt ließ sich auf seinem Stuhl hinter dem Schreibtisch nieder und bedeutete mir mit einer Geste, mich ebenfalls zu setzen. Mit seinen warmen braunen Augen und dem freundlichen Lachen sah er ganz sympathisch aus. Hoffentlich konnte er uns helfen.

Doch im Laufe des Gesprächs hatte ich eher das Gefühl, in einer Art Therapiesitzung gelandet zu sein, anstatt Hilfe für meinen Sohn zu bekommen. Ich berichtete von den Veränderungen, die mir bei Sam aufgefallen waren, während der Arzt zuhörte und jedes Mal nickte, wenn ich innehielt, um Luft zu holen. Ich warf einen Blick auf meinen Sohn im Nebenzimmer, während ich sein Verhalten beschrieb, und fühlte mich immer frustrierter, weil der Arzt ihn überhaupt nicht beachtete. Ehe ich mich versah, war die Stunde um, und der Arzt hatte keinerlei Erklärung dafür geboten, was mit Sam los sein könnte – oder ihn auch nur untersucht. Stattdessen schlug er mir vor, einige Bildkarten zu kaufen und mit Sam zu arbeiten: Er sollte vorhersagen, was nach der jeweils dargestellten Szene als Nächstes passieren würde, und außerdem sagen, was die abgebildeten Personen fühlten. Rückblickend ist mir klar, dass der Arzt eine Diagnose im Sinn hatte und mich bat, mit Sam an bestimmten Aufgaben zu arbeiten, mit denen er Probleme haben würde, falls die Diagnose zutreffend war – doch damals hatte ich keine Ahnung, was das Ganze sollte. Als ich die Praxis verließ, war ich – was Sam betraf – genauso schlau wie vorher.

»Es hat keinen Zweck, Mum. Die Arztbesuche bringen mich anscheinend nicht weiter.« Ich berichtete meiner Mutter, was geschehen war. Sie ermutigte mich, es weiter zu versuchen und ruhig zu bleiben, aber es war nicht einfach. Seit vierzehn Jahren lebte ich mit Begeisterung im Ausland, aber jetzt, wo ich vor der Aufgabe stand, eine Diagnose für Sam zu bekommen, wurde mir klar, in was für einer schwierigen Situation ich mich tatsächlich befand. Ich lebte in einem Land, in dessen Gesundheitssystem ich mich nicht wirklich auskannte – und nicht zu wissen, an wen oder wohin ich mich wenden konnte, um Hilfe zu erhalten, hatte etwas Beängstigendes.

Im Laufe der folgenden Wochen, als ich versuchte, mich über das spanische Gesundheitssystem zu informieren, und ich anfing, mich mit Sam an seine »Hausaufgaben« zu setzen, verschlechterte sich sein Zustand rapide. Schnell wurde klar, dass die Bildkarten ein Reinfall waren, weil Sam quasi über Nacht anfing »abzuschalten«.

Die erste große Veränderung betraf seine Augen. Sam hörte auf, mich, seinen Vater oder seinen kleinen Bruder anzusehen.

»Sam, Schatz, hier bin ich.« Ich wedelte mit der Hand vor seinem Gesicht.

Nichts. Er sah durch mich hindurch, als ob ich Luft wäre.

»SAM!«, versuchte ich es immer wieder. Nichts. Er starrte wie besessen auf seine eigenen Hände statt auf uns, hielt sie sich dicht vors Gesicht oder ließ sie vor seinen Augen flattern.

»Sam, hör auf damit.« Ich zog die Hände weg. Er machte mir Angst.

Doch ein paar Minuten später wiederholte er sein Verhalten. Sein Blick war kalt und leer geworden, als ob er meilenweit entfernt wäre.

Vorher war Sam in der Lage gewesen, eigenständig zu essen und auf die Dinge zu zeigen, die er zu sich nehmen wollte. Doch als sich das »Abschalten« jetzt beschleunigte, konnte er nicht einmal mehr das. Wenn er etwas zu essen wollte, nahm er meine Hand und führte mich zum Kühlschrank, aber er schien nicht mehr auszuwählen, nicht mehr kommunizieren zu können.

Er verlor jegliches Interesse an seinem Bruder. Er wollte nicht mehr mit ihm spielen oder ihn ansehen. Will wurde praktisch unsichtbar für Sam.

Es zerriss mir das Herz. Es war erst ein paar Wochen her, da hatten die beiden zusammen in der Sandkiste gespielt – Sam hatte Sand auf Wills Kopf gestreut, und ich hatte erbost gedacht, dass ich das Zeugs nie wieder aus Wills feinem Babyhaar herausbekommen würde. Was würde ich jetzt darum geben, diese Augenblicke noch einmal zu erleben! Auf meinem Nachttisch stand ein Foto von Sam, wie er seinen kleinen Bruder herzte und küsste, aber jetzt war der Junge auf dem Foto nicht mehr wiederzuerkennen.

Das Traurigste von allem war vielleicht, dass Sam aufhörte zu sprechen. Er hatte etwa vierzig Worte auf Englisch und Spanisch sagen können. Er hatte gesungen und zu Kinderliedern geklatscht. Jetzt sprach er kaum noch ein Wort.

»Sam, möchtest du einen Joghurt?«

Er starrte ins Leere und drehte dabei den Löffel im Mund.

»Joghurt«, wiederholte er langsam das letzte Wort des Satzes. Das war das Äußerste, was ich ihm entlocken konnte – mein letztes Wort war sein einziges Wort. Er konnte nicht einmal mehr »Mami« sagen. Es war zum Heulen. Ich umarmte ihn, ich sang ihm Lieder vor, doch nichts, was ich tat, schien ihn wiederbeleben zu können.

Was er nach wie vor konnte, war schlafen – obwohl das vermutlich daran lag, dass er die meiste Zeit über völlig teilnahmslos war. Während Sam schlief, lag ich zwei Zimmer weiter hellwach im Bett und fürchtete mich vorm Einschlafen, weil ich Angst davor hatte, wie ich Sam am nächsten Morgen vorfinden würde.

Wie weit würde seine Regression noch voranschreiten? Würde er bald auch nicht mehr laufen können? Würde er im Rollstuhl enden oder gar an einer Herz-Lungen-Maschine? Ich befürchtete, dass er unter einer Krankheit wie Kinderlähmung oder Parkinson litt, die seinen Geist und Körper zerstörte.

Es gelang mir nicht, zu meinem Mann durchzudringen und ihm klarzumachen, wie ernst die Lage geworden war. Bei seinen Besuchen behandelte Jaime unseren Sohn, als ob sich nichts geändert hätte.

Jaime bat Sam, seinen Teller leer zu essen, so wie er ihn immer gebeten hatte und wie Sam es noch vor einigen Wochen wie selbstverständlich getan hatte. Doch Sam stierte nur mit leerem Blick auf die Tischplatte, als hätte sein Vater nichts gesagt.

»Er will nichts mehr essen. Er will überhaupt nichts mehr tun.« Und dann konnte ich mich nicht mehr beherrschen. Ich stürzte aus dem Zimmer, damit Sam nicht sah, wie aufgelöst ich war, und brach prompt in Tränen aus.

Es ist fast unmöglich, in Worte zu fassen, wie verzweifelt ich war. Sams Schicksal nagte an mir und hielt mich nachts wach, weil ich mir den Kopf zermarterte, wie ich ihn zurückholen konnte. Ich war in ständiger Sorge, wo die Abwärtsspirale enden würde. Auch wenn ich mich tagsüber bemühte, Sam zuliebe eine positive Einstellung zu bewahren, wurde ich in den frühen Morgenstunden von der Vorstellung überwältigt, wie mein kleiner Junge schließlich in einer psychiatrischen Anstalt endete und mit glasigen Augen ins Leere starrte.

Und das Erschreckende war, dass es nicht einmal eine starke Übertreibung oder eine reine Ausgeburt meiner inneren Ängste war. Immerhin war es gerade drei Wochen her, dass wir das erste Mal beim Arzt gewesen waren, und in dieser Zeit war mein Sohn in seiner Entwicklung so weit zurückgefallen, dass er nicht mehr wiederzuerkennen war.

Ich war nervlich total am Ende.

An einem sonnigen Tag spitzte sich die Lage zu. Die Hitze Spaniens, die ich einst so geliebt hatte, fühlte sich stickig an, und ich war noch nicht draußen gewesen, um die Wärme zu genießen. Stattdessen hatte ich den Vormittag damit verbracht, das Internet zu durchforsten und zu recherchieren, was Sam fehlen könnte. Ich hob die Finger einen Moment lang von den Tasten und drehte mich zu Sam um, der völlig in sich gekehrt auf dem Sofa lag. Seit Stunden verharrte er in dieser Haltung, strich dabei immer wieder über sein Ohrläppchen und fixierte einen einzelnen Punkt auf dem Teppich.

Ich brach meine Recherche ab. Obwohl keine meiner bisherigen Bemühungen irgendetwas gefruchtet hatte, ging ich zu Sam hinüber, um ihn aus seiner Trance zu holen. Ich wollte aus ihm herausschütteln, was immer es war, das Besitz von ihm ergriffen hatte, auch wenn die Art meiner Berührung nichts davon verriet. Stattdessen schloss ich ihn in die Arme und schaukelte ihn sanft hin und her.

»You're beautiful«, sang ich ihm vor. Den Song von James Blunt. Und Sam war tatsächlich wunderschön. Ich liebte ihn so sehr. Ich schloss die Augen und versuchte, mich daran zu erinnern, wie Sam einmal gewesen war. Während ich ihn wiegte und ihm vorsang, schweiften meine Gedanken zu einer meiner glücklichsten Erinnerungen ...

Wir waren gerade in unser Haus eingezogen. Ich war hochschwanger mit Will, und Sam war achtzehn Monate alt. Er thronte am Kopfende des Küchentischs auf mehreren Kissen, damit er den Stapel Bildkarten vor sich sehen konnte. Jaime drehte die oberste Karte um und legte sie ihm vor. Unser Sohn hielt einen Moment inne, um die Darstellung in sich aufzunehmen. Mit einem verschmitzten, stolzen Lächeln drehte er sich zu mir. »Katze«, sagte er, blickte dann zu Jaime und verkündete: »*Gato*«. Wir jubelten und klatschten, und Sam hatte übers ganze Gesicht gestrahlt, während er die kleinen Patschhände zusammendrückte, um uns nachzuahmen. Dann gingen wir zur nächsten Karte über. Es waren mindestens zwanzig Motive, und Sam konnte sie alle in Spanisch und Englisch benennen. Ich weiß, jede Mutter hält ihr Kind für ein Genie, aber wir waren aufrichtig überzeugt, dass Sam eines war.

Und schau ihn dir jetzt an, dachte ich, als ich auf sein trauriges kleines Gesicht heruntersah und den schlaffen, unempfänglichen Körper in den Armen hielt.

Das krachende Geräusch herunterfallender Gegenstände riss mich aus meinen Gedanken. Behutsam legte ich Sam aufs Sofa zurück und hastete in die Küche: Will hatte alle erreichbaren Gegenstände aus dem Schrank gezerrt, eine Packung Geschirrspültabs ausgeschüttet und über dem gesamten Fliesenboden verteilt.

»Will«, seufzte ich und ließ mich auf die Knie fallen, um das Chaos zu beseitigen. Will konnte schon fast krabbeln und verstand sich meisterhaft darauf, auf einem Knie herumzurobben und das andere Bein als Steuerruder zu benutzen.

Als ich gerade alles wieder eingeräumt hatte und mich umdrehte, sah ich, dass Will alle Babywischtücher aus der Packung gezogen und über den Boden verstreut hatte. Er war mit den Händen genauso geschickt wie mit den Beinen.

Ich machte erneut Klarschiff und ging zu Sam ins Wohnzimmer zurück, doch gefühlte zwei Sekunden später war Will wieder in der Küche und räumte den Schrank mit den Töpfen leer. Die Ironie blieb mir nicht verborgen: Von meinen beiden Jungs war der eine sehr präsent und ließ es mich wissen, während der andere vor mir auf dem Sofa lag und gerade unsichtbar wurde. Der Gegensatz war zu krass, und ich spürte, wie ein Schluchzen in mir aufstieg. Ich war geistig, körperlich und emotional erschöpft. Am liebsten wäre ich einfach weggelaufen und hätte mich irgendwo versteckt.

Ich sorgte dafür, dass die Jungen sicher waren – und Will mit einem Spielzeug abgelenkt –, und begab mich in unser Arbeitszimmer, einen gemütlichen kleinen Raum im Keller, weit entfernt von der Hitze. Es war ein bisschen wie zu Hause, ein kleines Stückchen England für Augenblicke wie diesen, wenn alles zu viel wurde. Das Zimmer war mit einem dicken blauen Teppich ausgelegt, die Bücherregale, vollgestopft mit meinen Lieblingsbüchern, reichten bis zur Decke, und an den Wänden hingen lauter Familienfotos. Es enthielt sogar den alten Kamin von meiner Großmutter, den wir von Großbritannien hierhergeschifft hatten. Es roch tröstlich – alt und muffig wie in einer Bibliothek. Hier fühlte ich mich sicher und geborgen, und der weiche Teppich unter meinen nackten Füßen hatte sich noch nie so tröstlich angefühlt. Im Zimmer befanden sich ein Schreibtisch und ein Drehstuhl, auf den ich mich jetzt fallen ließ.

Gegen die Tränen ankämpfend griff ich zum Telefonhörer und rief bei meiner Mutter an. An wen sonst kann man sich wenden, wenn nichts mehr geht?

»Ich weiß einfach nicht mehr weiter. Ich weiß nicht mehr weiter«, sagte ich immer wieder. Was mit Sam geschah, kam mir vor wie ein böser Traum, aus dem ich nicht erwachen konnte. Es war alles nur zu real, und in diesem Moment war es einfach alles zu viel.

»Ach, Liebes, ich wünschte, ich wüsste, was ich dir raten soll«, antwortete meine Mutter hilflos.

Ich wollte weiterreden, aber die Worte blieben mir im Hals stecken.

»Es tut mir so leid«, fuhr meine Mutter fort. Ich hörte,

wie ihr jetzt ebenfalls die Stimme versagte. Auch sie war wirklich durcheinander und besorgt, denn sie vergötterte meine beiden Jungen. Ich verlor meinen Sohn und Mum ihren Enkel. Aber wir waren beide nicht bereit, das geschehen zu lassen.

»Hör mir zu, Jo«, sagte meine Mutter jetzt. »Egal, was es kostet, wir sorgen dafür, dass er wieder in Ordnung kommt, *wir kriegen das hin.*« Sie versprach mir: »Wir machen das nötige Geld locker, wir setzen alle Hebel in Bewegung, wir holen ihn zurück.«

Es war genau das, was ich hören wollte. Auf die eine oder andere Art würden wir das wieder in Ordnung bringen.

Ich hoffte nur, dass es noch nicht zu spät war.

2. Kapitel
Das A-Wort

Am nächsten Tag legte ich sofort los. Wir hatten eine Mission. Wir mussten Sam retten. Meine Mutter war der Fels in der Brandung, und auch meine Schwester Sarah war ein Schatz – sie fing an, meine Jungs zusammen mit ihren beiden Söhnen Tom und Dan in die Kita mitzunehmen, so dass ich mich ganz darauf konzentrieren konnte, den richtigen Kinderarzt für Sam zu finden. Meine ganze Familie zog an einem Strang.

Ich wandte mich ratsuchend an meine Freundin Imma, die als Rechtsanwältin arbeitet und eine kleine Tochter hat. Sie empfahl mir ihren eigenen Kinderarzt, und es gelang mir, noch in derselben Woche einen Termin bei ihm in der Stadt zu bekommen. Jaime war wie gewöhnlich in Sevilla – am Tag des Arzttermins würde er erst spät zurück sein, und so begleitete meine Mutter mich zu dem Termin.

Inzwischen war es Wochen her, dass ich das Haus verlassen hatte. Als es Sam nach unserem Arztbesuch plötzlich immer schlechter gegangen war, hatte ich mich nicht mehr hinausgewagt und mich ausschließlich auf meinen

Sohn und seine Bedürfnisse konzentriert. Normalerweise freute ich mich nicht besonders auf Fahrten nach Malaga, aber heute merkte ich, dass ich mich nach etwas Trubel und menschlichem Kontakt, selbst mit völlig Fremden, sehnte.

Mum fuhr uns mit ihrem kleinen blauen Ford Fiesta zum Arzt. Sam schlief auf dem Rücksitz – meine Schwester Sarah machte den Babysitter für Will –, und ich lehnte meinen müden Kopf gegen die Scheibe und beobachtete, wie sich die ruhigen Straßen unseres verschlafenen Küstenortes in Boulevards mit hoch aufragenden Wolkenkratzern, Hotels und Ferienapartments verwandelten. Das sonnenverbrannte Gras am Straßenrand wich Betonbauten, die mit blinkenden Neonschildern auf den Dächern versuchten, Kunden in Restaurants und Bars zu locken. Im Stadtzentrum drängten sich Heerscharen von Touristen, die sich träge durch die Mittagshitze schoben und in ihrer Urlaubslaune offenbar elementare Verkehrsregeln vergaßen. Unbeirrt vom Gehupe meiner Mutter liefen sie achtlos auf die Fahrbahn.

Die Praxis befand sich in einem Hochhaus im Osten von Malaga. Wir fanden einen Parkplatz in einem nahegelegenen mehrstöckigen Parkhaus und fuhren dann im Praxisgebäude mit dem Fahrstuhl bis ganz nach oben. Sam war bei mir auf dem Arm und ließ den Kopf müde über meine Schulter hängen. Seitdem das »Abschalten« begonnen hatte, hatte er jegliches Interesse an der Außenwelt verloren und schaute nicht mal hoch, als die Fahrstuhltüren sich mit einem *Pling* öffneten.

Das Wartezimmer war voller Kinder, die alle bei ihren

Eltern auf dem Schoß saßen. Mir war schlecht vor Aufregung. Ich war felsenfest davon überzeugt, dass der Spezialist irgendeine degenerative Krankheit bei meinem Sohn diagnostizieren würde. Was sollte es sonst sein?

Als wir aufgerufen wurden, war ich auf das Schlimmste gefasst.

Der Kinderarzt war in den Fünfzigern. Aus irgendeinem Grund hatte ich mir vorgestellt, er würde einen weißen Kittel tragen, aber er hatte eine schicke Khakihose an und ein Hemd, dessen oberster Knopf offen war. Seine freundliche Art nahm mich sofort für ihn ein. Das ganze Drumherum fühlte sich viel professioneller an als bei meiner frustrierenden Erfahrung mit dem letzten Arzt.

Sam saß ruhig bei meiner Mutter auf dem Schoß, während der Arzt sich aufmerksam anhörte, was ich zu sagen hatte.

»Hmmmm.« Er zog eine Augenbraue hoch. Fragend sah ich zu Mum – was hatte *das* zu bedeuten? Er kritzelte etwas auf ein Blatt Papier und schob es dann über den Schreibtisch:

SYMPTOME PASSEN ZUM ASPERGER-SYNDROM

Es war in Großbuchstaben geschrieben, als wäre die Botschaft nicht schon schockierend genug.

»Asperger?«, fragte ich unsicher. Ich hatte den Ausdruck schon einmal gehört, hätte aber nicht sagen können, was es war.

Er gab mir ein weiteres Blatt Papier, auf dem die Adresse eines klinischen Psychologen im etwa dreißig Kilometer entfernten Fuengirola stand. »Ja, dafür halte ich es«, sagte er schließlich, tippte dann auf den zweiten Zettel und meinte: »Und da sollten Sie hingehen, um sich eine offizielle Diagnose zu holen.«

Und das war's.

Trotz der Kürze des Gesprächs fühlte ich mich auf der Heimfahrt seltsam erleichtert. Damals dachte ich, Asperger bedeute, dass jemand sozial ein bisschen unbeholfen, aber hochbegabt sei. In den Medien war viel über das Buch *Supergute Tage oder die seltsame Welt des Christoper Boone* berichtet worden, das von einem Jungen mit Asperger erzählt wird. Darauf beruhte wohl meine Einschätzung. *Es wird alles gut*, sagte ich mir selbst beruhigend.

Jaime war bereits zu Hause und saß in der Küche, als wir eintrafen. Sofort teilte ich ihm die Neuigkeit mit.

Seine Interpretation der Diagnose glich meiner eigenen, nur dass seine noch positiver war. Das war typisch Jaime – Nimm es, wie es kommt, und steck es weg, superentspannt und gelassen. Ich dagegen hatte immer noch unzählige Fragen – und ich wollte Antworten.

Ich setzte mich an meinen Computer, um zu recherchieren. Ich musste mehr über dieses Asperger-Syndrom erfahren. Stundenlang surfte ich im Internet und hatte schon bald wesentlich mehr darüber herausgefunden.

Was ist Asperger?, tippte ich ein. Meine Finger flogen über die Tasten.

Die Antwort kam prompt: *Eine neurophysiologische Entwicklungsstörung.*

Was sind die Symptome?

Auffällig bei dieser Störung sind Probleme mit der nonver-

balen Kommunikation, zum Beispiel fehlender Blickkontakt, eine eingeschränkte Mimik oder ungeschickte Körperhaltungen und Gesten.

Ja, dachte ich, *das ist Sam.*

Betroffene zeigen häufig eine ausgeprägte Vorliebe für sich wiederholende Routinen oder Rituale oder reagieren verstört auf kleinste Veränderungen.

Ja, auch das war Sam.

Häufig führen sie gleichförmige, sich wiederholende Bewegungsmuster aus, flattern mit Händen oder Fingern und neigen bei Reizüberflutung zum »Tagträumen« oder »Abschalten«.

Auch das war eindeutig Sam.

Viele der Symptome, von denen ich las, passten zu Sams Verhalten – doch es gab auch einen erschreckend großen Anteil, der nicht passte. Zum Beispiel Sams Sprache: Hätte er Asperger, sollte er eine für sein Alter relativ anspruchsvolle Sprechweise entwickelt haben. Doch Sam war den umgekehrten Weg gegangen. Ich erfuhr auch, dass Asperger in vielen Fällen erst eindeutig diagnostiziert werden kann, wenn das Kind etwa sieben Jahre alt ist.

Ich brachte die Jungs ins Bett und stellte weitere Nachforschungen an, bis ich so müde war, dass die Buchstaben auf dem Bildschirm vor meinen Augen verschwammen. Mit dem Kopf auf den Armen und einem steifen, schmerzenden Nacken wachte ich wieder auf – und mit der Erkenntnis, dass sich alles verändert hatte. Die Tränen, die ich vor unserem Termin vergossen hatte, waren Vergangenheit. Jetzt hatte ich ein Ziel: Ich leitete meine gesamte Energie in den Versuch, genau herauszufinden, was mit

Sam nicht stimmte und wie ich dafür sorgen konnte, dass es ihm wieder besser ging. Ich musste diese Frau in Fuengirola so schnell wie möglich sehen.

Sie war mir auf Anhieb sympathisch, als Sam und ich ein paar Tage später ihr Wartezimmer betraten. Dr. Mariangeles Kalis sah wie eine typische Spanierin aus: Sie hatte langes, glänzend schwarzes Haar, das zu einem ordentlichen Knoten gesteckt war, und wunderschöne braune Augen unter akkurat gezupften Brauenbögen. Ich mochte ihre freundliche, entgegenkommende Art, und sie versuchte eindeutig, Sam das Gefühl zu geben, etwas ganz Besonderes zu sein, auch wenn er ihre Bemühungen ignorierte.

Mariangeles erklärte, dass sie bei diesem ersten Termin einige Zeit allein mit Sam verbringen und ihn beim Spielen beobachten würde. Anschließend würde sie mich dann hereinrufen und mir ihre Anfangsdiagnose mitteilen. Eine Stunde später kehrte ich angespannt ins Spielzimmer zurück und entdeckte Sam in einer Ecke des Raums, wo er ein gelbes Spielzeugauto auf dem hellgrünen Teppich vor und zurück schob.

»Sam, Schatz, ich bin wieder da.« Ich kniete mich neben ihn. Nichts. Keine Reaktion. Nicht das leiseste Wimpernzucken.

Mariangeles lächelte mich mitfühlend an. Sie hatte hier zweifellos schon viele todunglückliche Eltern gesehen, deren Kinder keine Notiz von ihnen nahmen. Sie ging über Sams demonstratives Schweigen hinweg und erklärte mir die Bedeutung des Spielzeugautos, das er umklammert hielt.

»Ich habe Sam aufgefordert, sich ein Auto aus der Spielzeugkiste auszuwählen«, berichtete sie mir von Sams Spielverhalten. »Sam hat sich das gelbe ausgesucht. Ich habe es ihm wieder abgenommen und es zurück in die Kiste gelegt, wo ich es unter die anderen Sachen gemischt habe. Dann habe ich ihn erneut aufgefordert, sich ein Auto auszusuchen. Er hat wieder das gelbe gewählt. Ein halbes Dutzend Mal.«

Ich starrte sie verständnislos an.

»Das ist ein Zeichen von Autismus«, sagte sie.

Autismus – davon hatte ich schon gehört. Dank meiner stundenlangen Internetrecherchen wusste ich, dass Asperger eine Form von Autismus ist oder – wie die Experten sagen – zum sogenannten »autistischen Spektrum« gehört. Menschen mit »klassischem« Autismus und solche mit Asperger hatten ähnliche Merkmale, aber es gab auch Unterschiede.

Mariangeles' Mitteilung behagte mir allerdings gar nicht, denn ich hatte auch gelesen, dass »klassischer« Autismus wesentlich problematischer sein konnte als das Asperger-Syndrom.

»Was ist Autismus?«, fragte ich in angespannter Erwartung der ärztlichen Einschätzung, denn mein Wissen basierte schließlich nur auf einer Internetrecherche.

Mariangeles erklärte, dass Autismus eine Entwicklungsstörung sei, die sich auf die Kommunikations- und Beziehungsfähigkeiten auswirke. Außerdem beeinflusse sie, wie jemand die Welt um sich herum wahrnehme und deute.

»Menschen mit Autismus haben die Welt als eine Masse von Menschen, Orten und Ereignissen beschrieben, auf die sie sich nur schwer einen Reim machen können und die ihnen Angst machen«, erklärte sie.

Ich muss wohl besorgt ausgesehen haben, denn sie fügte beruhigend hinzu: »Einige Menschen mit Autismus können ein relativ eigenständiges Leben führen.«

»Und die anderen?« Meine Angst wuchs mit jeder Frage.

»Andere leiden unter Lernbehinderungen und sind ihr Leben lang auf fachliche Unterstützung angewiesen.« Ich versuchte, das zu verdauen, während Mariangeles fortfuhr und weitere Symptome beschrieb. »Menschen mit Autismus reagieren mitunter auch über- oder unterempfindlich auf Geräusche, Berührungen, Gerüche, Licht oder Farben.«

Meine Gedanken überschlugen sich und rekapitulierten in Windeseile die letzten sechs Monate: Ich versuchte mich zu erinnern, ob Sam diese verräterischen Anzeichen von Autismus gezeigt hatte.

Da Mariangeles wusste, welche Diagnose der Kinderarzt auf den Zettel gekritzelt hatte, erklärte sie weiter, dass das Asperger-Syndrom allgemein als mildere Form von Autismus gelte.

»Menschen mit Asperger haben weniger Probleme mit der Sprache und leiden normalerweise nicht unter den mit Autismus verbundenen Lernbehinderungen«, sagte sie.

Bei ihren Worten war mir furchtbar bewusst, dass Sam auf einen völlig nonverbalen Entwicklungsstand zurückgefallen war. Er hatte definitiv Probleme mit der Sprache – bedeutete das, dass er Autismus und nicht Asperger hatte? Die Sorge stand mir offenbar deutlich ins Gesicht geschrieben, denn Mariangeles sagte sofort aufmunternd: »Sam ist noch sehr jung; seine Probleme könnten die verschiedensten Ursachen haben.« Sie sah lächelnd zu Sam, der sie ignorierte.

Gegen Ende der Konsultation erklärte Mariangeles mir, dass wir ein Jahr warten müssten, um abschließend sagen zu können, ob Sam tatsächlich autistisch sei oder unter Asperger oder irgendeiner anderen Störung leide, die seine Regression verursache. Sie wollte ihn weiterhin regelmäßig untersuchen, bevor sie eine offizielle Diagnose stellte.

Ich habe kein Jahr Zeit!, hätte ich am liebsten geschrien. Was, wenn sich nach zwölf Monaten herausstellte, dass er doch nicht autistisch war? Was, wenn sich meine ursprüngliche Befürchtung bewahrheitete und mein Sohn unter einer lebensbedrohlichen Krankheit, zum Beispiel einem Hirntumor, litt?

Angespannt und voller Angst verließ ich die Praxis. Sobald ich zu Hause war, griff ich zum Telefon und rief meine Mutter an.

»Mum, ich kann nicht einfach untätig abwarten – womöglich verlieren wir ein ganzes Jahr, in dem Sam eigentlich eine ganz andere Behandlung bräuchte.«

Mum riet mir, die Ruhe zu bewahren, und erklärte, dass wir das zusammen durchstehen würden, dass sie keine Kosten und Mühen scheuen würde, um ihrem Enkel zu helfen. Ich weiß nicht, was ich ohne sie getan hätte.

Mariangeles wollte im Laufe des kommenden Jahres einmal pro Woche mit Sam arbeiten. Von diesem Augenblick an verfolgte ich zwei Projekte: Das eine war die Suche nach einer Diagnose mit Mariangeles, und das andere war meine eigene Suche nach einer Behandlung für Sam – sei es nach dem Heilmittel für eine Krankheit, unter der er möglicherweise litt, oder nach irgendeinem anderen Mittel, das seinen Zustand verbesserte. Ich würde nicht ruhen, bis ich eine Antwort gefunden hatte. Jeden Abend, nachdem ich die Jungen ins Bett gebracht hatte, recherchierte ich stundenlang online und bestellte mir weiteres Informationsmaterial. Ich war wild entschlossen, mich so umfassend wie möglich zu informieren, um Sam zu helfen.

Als Erstes musste ich die Möglichkeit ausschließen, dass Sam einen Gehirntumor hatte. Das erforderte ein MRT. Jaime begleitete uns zu dem Krankenhaus in Los Alamos, in der Nähe von Torremolinos. Die MRT-Röhre befand sich im Kellergeschoss. Zu dritt machten wir uns auf den Weg nach unten und hatten das Gefühl, in eine dunkle Höhle zu kommen – in deren Mitte ein riesiges Ungetüm wartete, das einen Höllenlärm von sich gab.

Damit die Ärzte den Scan durchführen konnten, mussten sie Sam fünf Minuten lang in diese laute, sargähnliche Maschine einschließen. Davon hielt Sam allerdings überhaupt nichts. Bis zu diesem Augenblick hatte er ruhig in meinen Armen gelegen, aber jetzt fing er an, wie wild zu zappeln und mit den Fäusten gegen meine Brust zu schlagen.

»Jaime! Hilfe!«, rief ich, weil ich ihn nicht mehr halten konnte. Das MRT-Gerät hämmerte und dröhnte, als sich das Magnetfeld aufbaute.

Sam schrie wie am Spieß und prügelte auf alles ein, was sich in Reichweite befand. Jedes Mal, wenn Jaime ihn zum MRT hinübertrug, geriet er noch mehr aus der Fassung.

Schließlich schritt der Arzt ein.

»Das funktioniert nicht. Bringen Sie ihn raus. Wir stellen den Scanner ab und probieren es noch mal«, wies er uns an.

Wir machten mehrere Versuche, in den Raum zurückzukehren und Sam auf die Liegefläche des Scanners zu legen, aber jedes Mal, wenn er in die Nähe des Gerätes kam, geriet er wieder außer sich. Zu sehen, wie er litt, zerriss mir das Herz. Das musste furchtbar für ihn sein.

»Wir müssen ihn unter Vollnarkose setzen«, ordnete der Arzt an und bat uns, ihm zu helfen und Sam festzuhalten, während er das Mittel verabreichte.

Er sedierte Sam, aber zwanzig Minuten später war mein Sohn immer noch hellwach. Ein Teil von mir wollte die ganze Sache jetzt abbrechen, weil mein armer kleiner Schatz so unglücklich war, aber ein anderer Teil konnte nicht aufgeben. Ich musste wissen, warum er sich so verhielt.

»Ich habe eine Idee«, sagte ich zu Jaime. »Wir bringen ihn ins Auto.«

Draußen war eine von Palmen gesäumte Straße, die zum Meer und zu einem zwei Kilometer langen Sandstrand führte. Wenn wir die kleine Strecke am Meer hin- und herfuhren, immer wieder, würde die gleichförmige Bewegung Sam vielleicht zum Einschlafen bringen.

Ich setzte mich auf die Rückbank und hielt Sams Kopf auf meinem Schoß. Doch der arme Sam vertrug das Narkosemittel nicht. Er musste sich übergeben und spuckte mich voll.

Die Stimmung im Auto war angespannt. Sam war übel,

wir wurden immer nervöser, und ich fühlte mich schuldig, weil ich meinen Sohn zu dieser ganzen Tortur gezwungen hatte.

»Ich hab dich lieb«, flüsterte ich und streichelte über seine Wange, um ihn zu beruhigen.

Schließlich nickte er ein. Ich trug den schlaffen kleinen Körper zurück nach unten in den Behandlungsraum und legte ihn auf das Scannerbett. Gott sei Dank tat das Narkosemittel endlich seine Wirkung – er wachte auch durch den Höllenlärm des MRT-Geräts nicht auf.

Man teilte uns die Ergebnisse sofort mit. Es war einer der wenigen Augenblicke, in denen ich mich Jaime wieder verbunden fühlte, weil wir uns beide auf das Schlimmste gefasst machten. Ich wollte wirklich Antworten. Solange ich keine Antworten hatte, konnte ich Sam nicht helfen – aber auf die Auskunft zu warten, ob mein Sohn einen Tumor hatte oder nicht, war entsetzlich. Ich schluckte die Angst herunter, die mir wie ein Kloß in der Kehle steckte.

»Normal«, verkündete der Arzt, während er die MRT-Aufnahmen meines Sohnes an die Leuchtbox heftete.

Erleichtert schloss ich die Augen.

Die Beruhigung währte allerdings nicht lange. Sobald wir das Krankenhaus verlassen hatten, überlegte ich, was als Nächstes zu tun war. *Vielleicht ist Sam taub,* war mein erster Gedanke, nachdem wir wussten, dass er keinen Hirntumor hatte. *Vielleicht antwortet er mir nicht, weil er nicht hört, was ich sage.*

Ich machte einen Termin für Sam bei einem Otolaryngologen – einem Ohrenspezialisten. Mein kleiner Junge erhielt erneut ein Narkosemittel und wurde in eine weitere sargähnliche Kiste gesperrt. Man verteilte Elektroden auf seinem ganzen Kopf und in seinen Ohren. Es war schrecklich für ihn, aber wir mussten es wissen.

»Normal«, sagte der Arzt nach der Untersuchung.

Erleichterung.

Ich kam mir damals vor wie auf einer emotionalen Achterbahn, weil ich auf seltsame und verwirrende Weise die unterschiedlichsten Gefühle durchlebte. Ich war glücklich, weil alle Testergebnisse negativ waren, aber ich hatte auch Angst, weil mit jedem klaren Ergebnis die Zahl der möglichen Gründe für Sams verstörendes Verhalten schrumpfte. Er hatte keinen Hirntumor. Er war nicht taub. Was also stimmte nicht mit ihm? Wir mussten immer noch über ein halbes Jahr auf die offizielle Diagnose von Mariangeles warten.

Meine nächsten Aktivitäten bestanden darin, Bluttests auf Gluten-Unverträglichkeiten durchführen zu lassen und Omega-3-Fettsäuren in seine Milch zu mischen, um die Hirnentwicklung zu fördern.

Negativ. Nichts funktionierte.

Mir fiel ein, dass Sam nie gekrabbelt, sondern gleich gelaufen war. Bedeutete das vielleicht, dass sich ein Teil seines Gehirns nicht entwickelt hatte? Ich fing an, »Brain Gym«-Übungen mit ihm zu machen, ermutigte ihn, drinnen auf allen vieren Fußball mit mir zu spielen, in der Hoffnung, sein Gehirn zu stärken und die Regression aufzuhalten.

In einem Buch las ich, dass bestimmte Nahrungsmittel und Aromastoffe morphinähnliche Substanzen im Gehirn freisetzen können. Reagierte Sam vielleicht allergisch auf diese Substanzen und war deshalb ständig weggetreten?

Ich stellte unsere Schränke auf den Kopf und malte ein großes schwarzes Kreuz auf jede Dose oder Packung, die Kasein, Natriumglutamat oder Aspartam enthielt. Am Ende sah unsere Küche aus wie eine biologische Gefahrenzone – man öffnete den Schrank und sah ein Meer von schwarzen Kreuzen. Angesichts dieser Beschränkungen blieb kaum etwas übrig, was der arme Sam noch essen durfte, aber irgendwie gelang es mir, einen zweiwöchigen Speiseplan für die ganze Familie aufzustellen. Ich fand es Sam gegenüber nur fair, wenn sich alle an das neue System hielten, weil ich es ungerecht gefunden hätte, wenn zum Beispiel Will ein Stück Kuchen bekommen hätte und Sam nicht. Also bekamen alle das Gleiche zu essen: gesunde, unverarbeitete Nahrungsmittel wie Thunfisch, glutenfreie Nudeln oder Obst und Gemüse.

Ich bemerkte eine leichte Veränderung in Sams Verhalten – nach einigen Wochen wirkte er ein bisschen weniger »verpeilt« –, aber ich war mir nicht sicher, ob das nicht nur Einbildung war, weil ich mir so sehnlich eine positive Veränderung wünschte.

Und jeden Abend, nachdem Sam eingeschlafen war, las ich alles, was ich über Autismus finden konnte – um vorbereitet zu sein, falls sich Mariangeles' Diagnose bestätigen sollte.

Ich war wie besessen. Meine Entschlossenheit trieb mich voran, aber das war nicht unbedingt eine Stärke. Ein Teil von mir hatte Angst aufzuhören, weil ich fürchtete, dass das leiseste Nachlassen des Elans mich zum Stillstand bringen und ich dann nicht mehr die Kraft finden würde, mich erneut aufzuraffen.

Ich musste weitermachen. Ich musste Sam retten.

Meine Ehe konnte ich leider nicht mehr retten. Als das Jahr voranschritt, telefonierten Jaime und ich immer seltener miteinander. Vielleicht noch einmal die Woche, wenn es hochkam. Ich rief ihn nur noch an, wenn ich ein Problem hatte.

Obwohl ich furchtbar unglücklich war, wollte ich meine Ehe immer noch am Laufen halten. Unser Sohn hatte große Probleme, und ich hatte schreckliche Angst, dass ich allein nicht damit fertigwerden würde, auch wenn die Tatsache, dass Jaime die Woche über auswärts arbeitete, schon genau das bedeutete. Außerdem hatte ich noch nie im Leben kampflos aufgegeben und wollte nicht gerade jetzt damit anfangen. Ich kämpfte für Sam, und ich kämpfte um meine Ehe.

Doch Ende September 2006 war klar, dass uns nur noch sehr wenig geblieben war, um das zu kämpfen sich lohnte.

Unter anderen Umständen hätte ich vielleicht mehr mit Jaime geredet, hätte herauszufinden versucht, was uns trennte und wie wir das Trennende überwinden könnten, aber ich war so zermürbt von der Sorge um Sam, dass ich meine Stimme verloren hatte.

Im Oktober 2006 spitzte sich die Situation schließlich zu. Die Jungs waren im Bett, und Jaime und ich saßen im Wohnzimmer auf dem flachen grünen Sofa, das ich in den Achtzigern bei Habitat gekauft hatte. Ich hatte einen solchen Narren daran gefressen, dass ich keine Kosten und Mühen gescheut hatte, um es nach Spanien transportieren zu lassen. Doch in diesem Moment konnte nicht einmal mein geliebtes Sofa einen Rest von Geborgenheit vermitteln.

Wir sprachen alles durch, doch irgendwann kommt unweigerlich der Punkt, an dem man nicht mehr um die Wahrheit herumkommt, ganz gleich, wie hart man kämpft oder wie angestrengt man versucht, sich etwas vorzumachen. Und als wir dort saßen, nebeneinander auf dem Sofa und doch eine Million Meilen voneinander entfernt, wusste ich, dass unsere Ehe vorbei war. Und Jaime wusste es auch.

Er erhob sich, fuhr sich mit den Händen übers Gesicht und durch sein pechschwarzes Haar.

Er würde ausziehen, sagte er, damit wir einen klaren Schnitt machen könnten.

Es war vorbei.

Und sieben Wochen, nachdem er gegangen war, im Dezember 2006, war auch meine einjährige Suche nach Antworten für Sam vorbei. Kurz vor Sams viertem Geburtstag bestellte uns Mariangeles in ihre Praxis, und dort, mit meiner Mutter an meiner Seite und Sam auf meinem Schoß, machte sie mir die Mitteilung, die ich seit unserer ersten Begegnung gefürchtet hatte.

Es sei offiziell, erklärte sie. Mein kleiner Sohn habe Autismus.

»Klassischen« Autismus.

Unser Leben hatte sich für immer verändert.

3. Kapitel
Ausrangiert

Ich öffnete die Haustür und ging in die Küche, merkte aber schnell, dass Sam mir nicht ins Haus gefolgt war. Als ich mich umdrehte, sah ich, dass er immer noch am Eingang verharrte – und betreten in einer Pfütze seines eigenen Urins stand.

»Ach, Sam.« Er tat mir so leid. Es war der dritte Tag in Folge, an dem er sich in die Hose machte, nachdem ich ihn von der Schule abgeholt hatte.

Traurig und hilflos starrte er auf den Boden. Ich machte kein großes Aufheben von seinem Missgeschick. Er konnte nichts dafür. Ich nahm ihn einfach an die Hand und führte ihn nach oben, um ihm frische Sachen anzuziehen.

Sam und die Schule machten mir zunehmend Sorgen. Obwohl Mariangeles' Diagnose mir die bange Frage, was mit Sam nicht stimmte, beantwortet hatte, wurde schnell klar, dass das Etikett »Autismus« im Alltag keinen großen Unterschied machte, was größtenteils daran lag, dass Sams Bedürfnisse in der Grundschule, die er seit fünf Monaten besuchte, weder beachtet noch berücksichtigt wurden. Man schien dort keinerlei Ahnung von Autismus zu haben, was aber vielleicht auch nicht sonderlich überraschend war. Ich selbst hatte nach der Diagnose das Gefühl gehabt, dass man mich kaum darüber aufgeklärt hatte, was Autismus eigentlich war und wie ich damit umgehen sollte. Ich konnte kaum erwarten, dass Lehrer, die keine Spezialausbildung für diese Entwicklungsstörung hatten, viel mehr darüber wussten als ich.

»Zeig ihm Sprache«, hatte Mariangeles mir geraten. Also hatte ich Sam bei einem Sprech- und Sprachtherapeuten angemeldet, der zwei Mal wöchentlich mit ihm arbeitete. Doch alles andere musste ich offenbar allein herausfinden – und kam mir dabei vor wie eine Blinde, die sich im Dunkeln den Weg nach Antworten ertastet. Es war eine unglaublich frustrierende und einsame Mission.

Dank meiner umfassenden Recherchen wusste ich jetzt, dass Sam vor allem Struktur und Berechenbarkeit brauchte. Wenn er regelmäßige und gleichbleibende Abläufe hatte und wusste, was als Nächstes geschehen würde, verringerte sich das Risiko, dass er ängstlich und verstört reagierte. Die Methode, Sam zu diesem beruhigenden Wissen zu verhelfen, bestand darin, ihm seinen Tagesablauf auf Storyboard-Art in Bildern aufzuzeigen. Mariangeles hatte mir einige Bildkarten mit Klettband auf der Rückseite gegeben, mit denen ich verschiedene Abläufe darstellen konnte. Für die Schule sah das etwa folgendermaßen aus:

Lesen. Obstzeit. Malen. Mittagessen. Spielsachen. Schulschluss.

Auf diese Weise sollte Sam sich seinen Tag bildlich vorstellen, denn wenn er den Ablauf vorhersehen konnte, würde es ihn weniger beunruhigen, in die Schule zu gehen.

Doch seine Lehrerin benutzte die Karten nicht. »Die braucht er nicht«, tat sie meine Besorgnis ab.

Außerdem fehlte in Sams Schulalltag die Kontinuität. Ich hatte mich mit einer der Kantinenmitarbeiterinnen angefreundet, und sie berichtete mir, dass man Sam beim Mittagessen jedes Mal einen anderen Platz anwies.

Was dabei herauskam, zeigte sich auf meiner Eingangsterrasse – Sam, der sich in die Hose machte. Den ganzen Tag stauten sich seine Ängste und Befürchtungen an, und wenn er dann schließlich zu Hause und in Sicherheit war, konnte er seine Muskeln keine Sekunde länger beherrschen und musste alles herauslassen. Obwohl er es mir nicht sagen konnte, wusste ich, dass er bestimmt genauso unglücklich darüber war, dass er sich einnässte, wie ich darüber, dass ich ihn dabei sah und ihm nicht helfen konnte.

Ein weiteres großes Problem in der Schule war der Lärm. Das autistische Gehirn umfasst wesentlich mehr Nervenzellen als das »neurotypische«. Das bedeutet, dass Menschen mit Autismus unter ungefilterter Reizüberflutung leiden können und von Geräuschen, Licht, Gerüchen oder Farben überwältigt werden, und zwar auf schmerzhafte Weise. Man konnte unmöglich vorhersagen, wodurch eine Reizüberflutung ausgelöst wurde oder wie stark Sam darunter litt. Rückblickend war es kein Wunder, dass er bei dem ballernden Krach des MRT-Gerätes ausgerastet war – in seinen Ohren muss es wie Gewehrknallen geklungen haben. Und dann hatten wir auch noch versucht, ihn in das Innere dieser Höllenmaschine zu verfrachten!

Doch auch das Geschrei der lauten spanischen Kinder war für Sam so ohrenbetäubend, dass er nicht damit umgehen konnte. In der Schulkantine herrschte ein fürchterlicher Lärm. Die Lehrer berichteten, dass sich Sam während des gesamten Unterrichts die Ohren zuhielt und den Kopf auf den Tisch legte.

Ich setzte mich ständig mit der Schule auseinander, vor allem mit den Anrufen frustrierter Lehrer.

»Sam versucht, den Lärm auszublenden«, versuchte ich zu erklären, warum er sich während des Unterrichts schlafend stellte.

Doch auch meine besten medizinischen Erklärungsversuche nützten nichts – die Lehrer hatten kein Verständnis für Sams Verhalten. Dahinter steckte keine böse Absicht, es war eben einfach eine kleine Schule in der Provinz, in der man keine Erfahrung mit Autismus hatte.

Jeden Morgen setzte ich Will bei der Kita ab. Dann fuhr ich mit Sam auf der kurvenreichen Straße bis zum Berggipfel hoch, wo sich die Schule mit ihrem Ausblick auf die Stierkampfarena und Benalmadena Pueblo befand. Die Lage mit ihrem Meerblick und der Bergkulisse war wirklich atemberaubend, nur war ich in Gedanken viel zu sehr mit anderen Dingen beschäftigt, um sie würdigen zu können.

Von einer Haupttreppe in der Mitte des Schulgebäudes zweigten zahlreiche Klassenräume ab. Im Erdgeschoss befand sich die Schulkantine, die zum Spielplatz hinausführte. Rechts neben dem Speisesaal lag ein großer Raum, in dem ich Sam morgens ablieferte. Dort warteten alle etwa 300 Kinder mit den Kantinenmitarbeiterinnen und schrien und krakeelten durcheinander, wie Kinder es nun mal tun. Sam sah jeden Morgen schrecklich verloren aus, völlig in sich gekehrt, eindeutig verängstigt und überfordert von allem, was ihn umgab. Mit großen Augen, den Tränen nahe, stand er da. Ich hasste es, wegzugehen und ihn dort zurückzulassen.

Andererseits wusste ich auch nicht, was ich sonst hätte tun sollen. Ich nahm an, dass man mich rechtlich belangen würde, wenn ich ihn nicht zur Schule gehen ließ. Der Wechsel an eine andere Schule schien auch keine Option, weil neue Routinen mehr Schaden als Nutzen anrichten konnten. Der einzige Trost und der Hauptgrund, warum ich Sam nicht aus der Schule nahm, war, dass seine Cousins Tom und Dan auch dorthin gingen. Tom war fünf und Dan vier Jahre alt. Dan war im selben Jahrgang wie Sam, aber nicht in derselben Klasse, was sehr schade war, weil es Sam sicher geholfen hätte, ein vertrautes Gesicht im Unterricht zu sehen.

Ich hätte Sam mittags abgeholt und ihm zu Hause etwas zu essen gemacht, um ihm den Speisesaal zu ersparen, wenn ich nicht hätte arbeiten müssen, aber da ich jetzt alleinerziehend war, hatte ich die Verantwortung für unseren Lebensunterhalt übernommen. Der Ex-Mann meiner Schwester hatte sich eingeschaltet und mich in seiner Immobilienfirma angestellt. Das hatte die finanziellen Sorgen gelindert. Trotzdem hatte ich große Mühe, alles auf die Reihe zu bekommen. Immerhin versuchte ich gerade, mich mit der Tatsache abzufinden, dass mein Mann und ich uns getrennt hatten und einer meiner Söhne behindert war. Es war gelinde gesagt eine harte Zeit.

Die unterschiedlichsten Gefühle stürmten in dieser Phase auf mich ein. Scham zum Beispiel. Was musste ich für ein Monster sein, wenn mein Mann mich verließ? Obwohl Jaime die Kinder noch jedes zweite Wochenende sah, fühlte ich mich schuldig, weil es mir nicht gelungen war, eine funktionierende Familie zu schaffen. Ich fand mich hässlich und unliebenswert.

Meine Mutter und meine Schwester versuchten, mich aufzubauen, und versicherten mir, dass ich eine attraktive Frau sei, aber ihre aufmunternden Worte drangen nicht zu mir durch. Jedes Mal, wenn ich in den Spiegel schaute, sah ich ein übergewichtiges Neutrum. Ich hasste meine roten Haare, meine blasse, sommersprossige Haut. Ich wollte auch so schlank und sonnengebräunt sein wie all die schönen Spanierinnen, die über die Promenade schlenderten. Ich wollte alles sein, nur nicht ich selbst.

Ich fühlte mich so einsam, dass ich mich sogar hilfesuchend an praktisch völlig Fremde wandte.

Eines Abends saß ich auf der Veranda und starrte mit leerem Blick auf das Mondlicht, das sich im Pool spiegelte. Ich war allein – die Jungs waren bei meiner Schwester, und meine Mutter war im British Legion Club. Der Gedanke, dass ich für den Rest meines Lebens allein bleiben würde, machte mich immer deprimierter. Nicht nur meinetwegen – ich wollte unbedingt, dass meine Söhne eine Vaterfigur in ihrem Leben hatten. Ich selbst war ohne Vater aufgewachsen und wollte nicht, dass es Sam und Will genauso erging.

Meine Gedanken drehten sich im Kreis, mein Magen zog sich schmerzhaft zusammen, und ich hatte plötzlich den starken und unwiderstehlichen Drang, den Ängsten, die auf mich einstürmten, zu entfliehen.

Ich klopfte bei meinen Nachbarn.

»Jo!«, rief Leslie überrascht, als sie mein verheultes Gesicht vor der Tür sah.

»Tut mir leid, ich wusste einfach nicht, wo ich sonst hingehen sollte«, krächzte ich, weil mir die Kehle wie zugeschnürt war.

Leslie war eine englische Lady Mitte fünfzig. Seit vielen Jahren war sie mit Diego, einem Spanier, verheiratet. Natürlich hatte sie gehört, dass Jaime und ich uns getrennt hatten; alle in der Straße wussten es. In unserer engen Gemeinschaft hatte sich die Nachricht wie ein Lauffeuer verbreitet. Leslie bat mich herein, und meine Flip-Flops schnurpsten über das trockene mediterrane Gras im Garten, als sie mich zu einer kleinen Sitzgruppe mit Blick aufs Meer führte.

»Nimm das«, sagte sie und gab mir ein sehr großes Glas Wein.

Leslie hatte ein hübsches, freundliches Gesicht, außerdem ein sanftes, mütterliches Wesen und selbst zwei erwachsene Kinder. Als ich das Mitgefühl in ihren Augen sah, konnte ich die Worte keine Sekunde länger zurückhalten.

»Ich werde immer allein bleiben«, platzte es aus mir heraus. »Ich bin achtunddreißig; niemand wird je wieder mit mir zusammen sein wollen.«

Ich hatte nicht den Mut zu sagen, was ich außerdem

dachte: Niemand will eine Frau mit einem autistischen Sohn.

Leslie nahm mich in die Arme und drückte mich. »Was für ein Unsinn, das wird nicht passieren.«

»Woher willst du das wissen?«, fragte ich, während mir die Tränen übers Gesicht strömten. Ich fühlte mich wie ein kleines Kind, das sich von seiner Mutter die Antwort auf alle Fragen erhofft.

»Eine so schöne Frau wie du ist im Nu vergeben.« Sie drückte mich erneut.

Doch im Grunde meines Herzens wusste ich, dass es nicht der Single-Status war, der mich so deprimierte. Es war die Angst, als alleinerziehende Mutter zu leben und den Anforderungen, die Sams Autismus noch stellen würde, nicht gewachsen zu sein. Ich konnte mir nicht vorstellen, dass irgendjemand uns im Paket nehmen würde, und machte mir Sorgen, dass ich allein nicht stark genug war, um meiner Verantwortung gerecht zu werden – um Sam gerecht zu werden. Ich war Leslie ebenso wie meiner Familie sehr dankbar für ihren Zuspruch, aber das änderte nichts daran, dass ich zum emotionalen Wrack wurde. Die geringsten Kleinigkeiten brachten mich aus der Fassung und trieben mir die Tränen in die Augen, zum Beispiel als Will einmal die Toilette mit einem Waschlappen verstopfte. Es war einfach noch etwas, um das ich mich kümmern musste, und wenn solche Sachen passierten, merkte ich, wie der Stress mir körperlich zusetzte. Ich musste in dem, was ich gerade tat, innehalten und mich bewusst zum Atmen zwingen – fast wie bei einer Panikattacke. Es war wirklich albern. Ich weiß, dass es da draußen zahllose Mütter mit schwierigen Kindern gibt, aber irgendwie fühlte ich mich völlig überfordert.

In Wahrheit stellte Will wahrscheinlich so viel Unfug an, weil er seinen Spielkameraden verloren hatte. Er verhielt sich jetzt so, als würde sein Bruder Sam gar nicht existieren. Er krabbelte sogar über ihn hinweg, als wäre er irgendein Möbelstück. Genau diesen Eindruck erweckte Sam auch tatsächlich, wenn er stundenlang reglos auf dem Sofa lag. Das Einzige, das einen kleinen Lebensfunken zu entfachen schien, war das Zeichnen. Eines Tages hatte er nach einem blauen Filzstift gegriffen und eine große Smiley-Sonne mit Augen und Ohren gemalt. Er hatte vorher noch nie irgendetwas gezeichnet, und das breite Lachen im Gesicht der Sonne machte mir ein bisschen Hoffnung. Es war ein seltenes Highlight in jenen dunklen Tagen. (Ich habe das Bild gerahmt und besitze es bis heute.)

Von diesem Augenblick an wurde das Zeichnen immer mehr zu einem Teil von Sams Leben, auch wenn er nicht sehr oft malte. Meistens schaltete er ab, interagierte nicht mit der Welt – nicht mit mir, nicht mit meiner Mutter und definitiv nicht mit seinem Bruder, der offenbar alle Brücken abgebrochen und Sam bei seinen häuslichen Unternehmungen völlig abgeschrieben hatte. Es war nur allzu deutlich, dass einer meiner Söhne aufblühte, während der andere verkümmerte.

Es ist mir peinlich, es zuzugeben, aber ich griff zum Wein, um den Schmerz zu betäuben. Gegen Abend war ich so erschöpft und down, dass ich mir ein oder zwei Gläser genehmigte, um meine Nerven zu beruhigen. Dann entspannte ich mich und genehmigte mir ein weiteres Glas und noch eins ... und eh ich mich versah, war die Flasche leer. Aber das war das Limit. Mehr trank ich nie und auch keine harten Sachen – immer einen Roséwein namens Penascal. Das Leben in Spanien hat viel damit zu tun, dass man mit einem Drink in der Sonne sitzt, und wenn man an das Trinken in Gesellschaft gewöhnt ist, greift man auch leicht zur Flasche, wenn es einem schlecht geht. Ich wäre nicht die erste erschöpfte Mutter, die dem Alkohol verfällt. Ich stand kurz davor, aber meine eigene Mutter rettete mich vor dem Abgrund.

An einem Samstagnachmittag erkannte sie, wie deprimiert ich tatsächlich war. Wir hatten gerade alle zusammen im Supermarkt von Torremolinos eingekauft. Sam war während des gesamten Einkaufs still und in sich gekehrt gewesen, während Will, neugierig wie immer, in jeden Obst- und Gemüsekorb greifen und alles und jedes anfassen wollte. Am Ende waren wir alle erschöpft.

»Lass uns einen Kaffee trinken«, schlug meine Mutter vor und deutete auf ein Café auf der anderen Straßenseite.

Es war ein sehr traditionell aussehendes Lokal mit bunten Keramikfliesen, Krügen an den Wänden, Chorizos überm Tresen und spanischer Musik im Hintergrund. Die Kellnerin war nur ein kleines bisschen schroff, als sie mir sagte, dass Wills Buggy im Weg stehe ...

Ich brach in Tränen aus. Meine Mutter sah mich genauso an, wie sie Sam vor zwei Jahren angesehen hatte, tief bekümmert und mit besorgtem Kopfschütteln.

»Oh, Jo, wir müssen dich wieder hinkriegen«, sagte sie und legte ihre Hand auf meine.

»Ich weiß einfach nicht, was ich tun soll«, weinte ich.

»Sam schafft das in der Schule nicht, die Schule hilft ihm nicht. Ich habe keine Ahnung, ob das, was ich tue, ihm nützt oder schadet, und ich habe Angst. Ich habe solche Angst.«

Meine Mutter erkannte, dass ich nervlich total am Ende war. Doch anstatt mir zu sagen, dass ich mich am Riemen reißen solle, half sie mir durch das Schlimmste hindurch, indem sie sich um mich kümmerte. Sie verlor keine Zeit und mobilisierte sofort alle zur Verfügung stehenden Kräfte.

Als Erstes beauftragte sie ihre Reinemachefrau, mein Haus gründlich auf Vordermann zu bringen – und tatsächlich fühlte ich mich allein durch den Anblick meines blitzblank geputzten Hauses gleich viel besser. Mum tauchte mit prall gefüllten Lebensmitteltüten bei mir auf. Um mich noch weiter aufzubauen, schickte sie mich außerdem zu ihrer besten Freundin Fran.

Fran lebte eigentlich in Großbritannien, aber sie hatte eine umwerfende Penthouse-Ferienwohnung direkt am Strand. Sie liebte die mediterrane Lebensart mit Sonne und Sangria. Wie meine Mutter sah auch Fran, die in ihren Sechzigern war, immer aus wie aus dem Ei gepellt. Sie war verrückt nach Mode und liebte Make-up und Klamotten. Ihre Kleidung war immer gebügelt, ihr Haar immer perfekt gestylt und die Nägel immer maniküre. Neben ihr kam ich mir vor wie der letzte Hillbilly! Außerdem hat Fran eine Wahnsinnsausstrahlung – temperamentvoll, mit ansteckendem Lachen – und ist die Sorte Frau, die einen Raum heller macht, wenn sie hereinkommt. Wenn sie mit einem spricht, ist sie immer total interessiert und stellt zahllose Fragen – sie versteht es, dem anderen das Gefühl zu geben, etwas ganz Besonderes zu sein. Ich nahm die Jungs mit, als ich sie besuchte, und wir setzten uns alle auf die Terrasse. Fran hatte ein kleines Schlemmermahl mit Champagner und Lachshäppchen aufgetischt. Sie merkte, dass ich wirklich down war, vor allem, als ich ihr von meinen Zukunftsängsten erzählte. »Tja, schöne Aussichten für mich«, resümierte ich bedrückt in meine Champagnerflöte.

»Stimmt!« Sie sprang plötzlich auf und warf ihr kastanienrot gesträhntes Haar schwungvoll zurück. Fran gehörte nicht zu den Frauen, die nachts in ihr Kissen weinen, und sie würde dafür sorgen, dass auch ich nicht dazugehörte.

»Wir werden dir ein neues Outfit verpassen«, erklärte sie und führte mich zu ihrem Schlafzimmer. Sie fing an, Kleider, Tops und Bikinis aus dem Schrank zu ziehen und alles auf das Bett mit den perfekt gebügelten Laken zu werfen. Ich könne alles behalten, was mir gefalle. »Hier ist deine neue Garderobe«, erklärte sie. Es war unglaublich großzügig von ihr.

Doch damit nicht genug – als ich aus ihrem Schlafzimmer kam, nachdem ich alle Sachen anprobiert hatte, wartete an der Tür auch noch ein Präsentkorb auf mich, randvoll gefüllt mit Wein, Käse, Kuchen – und sogar Windeln. Fran wusste wahrscheinlich, dass es mir finanziell nicht sonderlich gut ging. Von daher war es eine wahnsinnig nette und aufmerksame Geste von ihr.

Ihre Gesellschaft gab mir den notwendigen Auftrieb – und das Selbstvertrauen, Ja zu sagen, als Barbara, eine weitere Nachbarin von mir, mich fragte, ob ich zu einem Blind Date mit einem Bekannten von ihr gehen wolle. Inzwischen hatten wir Juli 2007. Jaime war seit nunmehr neun langen Monaten nicht mehr da (tatsächlich war unsere Beziehung in der Zeit davor so distanziert gewesen, dass es mir vorkam, als wäre er schon doppelt so lange fort). Von daher war ich mehr als bereit zu diesem nächsten Schritt. Der Mann hieß Darren, war Engländer und arbeitete auf Ölbohrinseln. Das war alles, was ich über ihn wusste, als meine Mutter mich am Marktplatz von Benalmadena Pueblo absetzte, wo ich mit ihm verabredet war.

»Ich bin total nervös«, sagte ich und knöpfte meine weiße Strickjacke zu. Ich trug eines von Frans Kleidern – ein violettes Sommerkleid im griechischen Stil – und machte mir plötzlich Sorgen, dass es für ein erstes Date ein bisschen zu gewagt sein könnte.

»Du hast eine tolle Figur, mit der du ruhig ein bisschen angeben kannst«, sagte Mum und schlug mir die Hände von der Brust weg.

Ich holte tief Luft und öffnete die Autotür. In Anbetracht des Hochsommers war ich dankbar für die leichte Brise, die vom Meer herüberwehte.

Ich hatte ein Foto von Darren gesehen. Deshalb wusste ich, nach wem ich Ausschau halten musste, als ich auf die Tische und Stühle zuging, die vor dem *Fidel* standen – einem wunderbaren kleinen Fisch- und Fleischrestaurant, in dem wir uns treffen wollten.

Mein Herz hämmerte wie wild, während mir die üblichen First-Date-Fragen durch den Kopf gingen: Werde ich Darren gefallen? Habe ich das falsche Kleid angezogen? Hätte ich mehr Make-up auflegen sollen? Meine kritischen Fragen wurden unterbrochen, als sich an einem der Tische ein großer, athletisch gebauter Mann erhob.

»Du musst Darren sein«, sagte ich mit schüchternem Lächeln. Ich erkannte ihn von dem Foto.

»Das bin ich.« Er erwiderte mein Lächeln, und schon diese drei kurzen Worte verrieten einen leichten Yorkshire-Akzent.

Ich war so nervös, dass ich plapperte wie ein Wasserfall, dazu noch mit meinem Haar spielte und an meiner Jacke herumzupfte. Aber ich war wohl nicht die Einzige, die nervös war, auch Darren wirkte etwas angespannt. Tatsächlich platzte er plötzlich heraus: »Du bist echt enttäuscht, oder?«

»Nein!«, antwortete ich verdutzt. Er war ein wirklich attraktiver Mann, groß, muskulös – ein Silberfuchs. Trotzdem war es irgendwie erleichternd, dass nicht nur ich mich unsicher fühlte. Vielleicht waren wir uns ähnlicher, als ich dachte.

Das Wunderbare am Leben in Spanien ist, dass man so viel Zeit draußen verbringt und dadurch immer von den schönsten Wohlgerüchen umgeben ist. Als Darren und ich beim Essen saßen, mischte sich der Duft von Jasmin und Mimosen mit dem salzigen Geruch des Meeres und trug dazu bei, dass sich unsere Nerven beruhigten und wir uns immer entspannter unterhalten konnten.

Bei einem Teller voll Tapas erzählte Darren mir, dass er die Hälfte des Jahres als Sicherheitsbeauftragter auf Bohrinseln arbeitete und die andere Hälfte des Jahres in seinem Haus in Valencia verbrachte. Er war ein Jahr älter als ich, hatte mit seiner Ex-Frau eine Tochter im Teenageralter und würde bald nach Südkorea zurückreisen, wo ein Schiff für die nächste Ölbohrung gebaut wurde. Bei seinen gnadenlosen Arbeitszeiten, sagte er, sei es schwirig für ihn, Verabredungen zu treffen. Ich war fasziniert von seinen Berichten über das Leben auf den Bohrinseln und den damit verbundenen Gefahren, doch Darren war viel mehr daran interessiert, etwas über mich zu erfahren.

Ein Mann, der zuhören konnte, war eine ganz neue Erfahrung für mich. Ich war ganz offen zu Darren, brach alle Dating-Regeln und erzählte ihm meine Lebensgeschichte. Ich schilderte, was mit Jaime geschehen war, und offenbarte, dass ich einen autistischen Sohn hatte. Ehrlich gesagt dachte ich, dass er die Flucht ergreifen würde, sobald er von meinem behinderten Kind erfuhr, deshalb wollte ich es so schnell wie möglich hinter mich bringen.

Doch Darren wirkte kein bisschen beunruhigt. Er blieb ganz ruhig und sachlich und vor allem freundlich und liebenswürdig. Es war ein Vergnügen, den Abend mit ihm zu verbringen.

Außerdem haben wir viel gelacht. Tatsächlich haben wir uns so gut amüsiert, dass ich gar nicht bemerkte, dass wir die letzten Gäste waren, die noch bei Fidel auf der Terrasse saßen. Andererseits war es auch ganz schön, dass wir allein waren, als Darren sich zu mir herüberbeugte und mich küsste. Ich erwiderte den Kuss, ließ mich aber nicht von meinen Gefühlen hinreißen. Sosehr ich ihn mochte, war ich doch noch nicht bereit, mich Hals über Kopf in eine neue Beziehung zu stürzen. Ich musste meine Aufmerksamkeit auf Sam konzentrieren.

Beim Abschied meinte Darren, dass er es kaum erwarten könne, mich nach seiner Rückkehr aus Korea wiederzusehen, und dass wir gleich ein neues Date vereinbaren sollten.

»Gib mir ein bisschen Zeit«, sagte ich ein wenig zögerlich. Ich wollte ungern eine Verabredung so weit in der Zukunft treffen – Darren würde monatelang fort sein –, machte mir aber gleichzeitig Sorgen, dass mein Wunsch, die Dinge langsam angehen zu lassen, ihn kränken könnte.

»Nimm dir so viel Zeit, wie du brauchst«, sagte er verständnisvoll.

Als ich ein Taxi heranwinkte, regte sich ein Gefühl in mir, das ich schon lange nicht mehr empfunden hatte.

Hoffnung.

4. Kapitel
Zurück in den Ring

»Dein Sohn ist beim Direktor gemeldet worden.«

»Weshalb?« Ungläubig starrte ich meine Freundin, die Kantinenmitarbeiterin, an.

Sie berichtete mir, dass Sam seinen Tischnachbarn in der Kantine geschlagen und ihm das Gesicht zerkratzt hätte. Anschließend habe er ein gerahmtes Bild von der Wand gerissen und nach den Lehrern geworfen, die herbeigeeilt seien, um die Jungen zu trennen. Ich schlug die Hand vor den Mund und versuchte zu begreifen, was ich da hörte: Erstens, weil es so völlig untypisch für Sam war – normalerweise war er sehr ruhig –, und zweitens, weil ich gerade gestern seine Lehrerin angefleht hatte, ihn vom Kantinenbesuch zu befreien. Ich hatte schon mehrmals darauf hingewiesen, dass das laute Stimmengewirr von dreihundert Kindern zu viel für ihn war. Für seine empfindlichen Ohren musste der Lärm wie Donner klingen – wie diese ganz lauten Schläge, die aus dem Nichts zu kommen scheinen, direkt über dir sind und dich zu Tode erschrecken. Die Reizüberflutung brachte ihn dazu, um sich zu schlagen wie ein verängstigtes Tier, das sich in die Enge getrieben fühlt. Mir wurde langsam klar, dass er nicht damit umgehen konnte, an diese Grenzen getrieben zu werden.

»Geht es dem anderen Jungen gut?«, erkundigte ich mich.

»Der andere Junge ist wohlauf, aber sein Vater hat sich beim Direktor beschwert.« Meine Bekannte verzog das Gesicht.

Ich kam mir vor wie ein Kalb mit zwei Köpfen, als die ganzen anderen Mütter kamen, um ihre Kinder abzuholen. Eine der Mütter flüsterte ihrem Kind etwas zu und steuerte es in großem Bogen an Sam vorbei. Ich wollte ihn einfach so schnell wie möglich hier wegbringen. Er tat mir schrecklich leid. Aber Sam bemerkte die Blicke nicht. Er starrte auf den Boden, wie üblich versunken in seine eigene kleine Welt – es war schwer zu glauben, was gerade geschehen war.

Als wir den Berg hinunterfuhren, wurde ich immer wütender. Verärgert schlug ich mit der flachen Hand aufs Lenkrad, und als ich in den Rückspiegel sah, trieb mir der Anblick meines Jungen wie so oft in letzter Zeit die Tränen in die Augen. Es waren allerdings keine Tränen des Kummers, sondern der Frustration. Die Lehrer hörten mir einfach nicht zu, wenn ich ihnen sagte, wie man Sam helfen könnte. Sam brauchte seine Anschauungsmaterialien, die ihm Orientierung gaben. Er brauchte einen Ort, an dem es ruhig war – er hätte überhaupt nicht in diesem Speisesaal sein sollen. Manchmal kam es mir vor, als würde ich gegen eine Wand anrennen, wenn ich versuchte, der Schule zu erklären, was Sam brauchte. Außerdem hatte ich Schuldgefühle. *Wie schlecht musste es Sam gehen*, dachte ich, *wenn er so etwas tut – wenn er auf die Welt einschlägt, die er normalerweise ignoriert* ... Ich war seine Mutter, ich wollte ihn vor jedem Schmerz und Kummer bewahren. Aber ich konnte mich des Gefühls nicht erwehren, dass ich trotz aller Anstrengungen versagte.

Als wir zu Hause ankamen, hatte ich mich total in meinen Frust hineingesteigert und rannte sofort zum Telefon.

Dieses Mal rief ich nicht als Erstes meine Mutter an, sondern Darren.

Seit seiner Abreise nach Korea vor einem Monat hatten wir täglich E-Mails ausgetauscht, und er war zu einer Konstante in meinem Leben geworden. Er schreckte vor keinem Problem zurück, wie groß es auch sein mochte, und bot immer bereitwillig seine Hilfe und Unterstützung an – als Freund, ohne mir das Gefühl zu geben, dass er mehr erwartete.

»Hallo«, kam es schlaftrunken mit rauer Stimme.

Ich war so überwältigt von dem, was gerade geschehen war, dass ich den Zeitunterschied völlig vergessen hatte – in Südkorea war es 23 Uhr.

»Ach du meine Güte, Darren, es tut mir leid«, sagte ich entschuldigend.

»Das macht doch nichts«, antwortete er und räusperte sich.

Wie so oft im vergangenen Monat war ich gerührt von seinem Verständnis. Wir kannten uns kaum, und dennoch war er bereit, sogar spätabends für mich und meine Probleme da zu sein. Ich hätte ihn nicht gestört, wenn ich mich nicht so absolut hilflos gefühlt hätte. Ich wusste einfach nicht, was ich tun oder an wen ich mich wenden sollte. Ich sah keinen Ausweg mehr.

»Du kannst nur eines tun«, sagte er, nachdem er sich das Drama von Sams Ausraster im Speisesaal und meine Besorgnis wegen der Reizüberflutung, der er jeden Mittag ausgesetzt war, angehört hatte. »Du musst deine Arbeitszeiten ändern und ihn mittags nach Hause holen.«

Einfach so – Problem gelöst.

Für einen Außenstehenden lag die Lösung wahrscheinlich auf der Hand, aber ich war so durcheinander, dass ich nicht klar denken konnte. Ich brauchte einen Problemlöser wie Darren, der mir den Weg zeigte.

Mein Chef, der Ex-Mann meiner Schwester, war unglaublich verständnisvoll und erklärte sich sofort damit einverstanden, dass ich die Nachmittage freinahm. Und sobald Sam mittags nach Hause kam, verbesserte sich sein Zustand. Ruhig und zufrieden mampfte er seine Sandwiches am Küchentisch. Er musste zwar immer noch mit der Unruhe und dem Lärm im Klassenzimmer fertigwerden, aber wenigstens musste er nicht mehr mit dem täglichen Chaos im Speisesaal kämpfen.

Ich hatte eine kleine Hürde genommen, und das verdankte ich Darren.

Wir chatteten jeden Tag über Messenger. Wegen des Zeitunterschieds von sieben Stunden setzten wir uns normalerweise in Verbindung, wenn in Spanien Mittagszeit war, und dann brachten Darren und ich die Welt in Ordnung. Es gab viele Momente, in denen ich deprimiert war, aber Darren heiterte mich jedes Mal auf. Er hörte sich sogar mein Weinen an, als Jaime in diesem Sommer die

Scheidung einreichte. Ich heulte nicht, weil ich meinen Ehemann zurückhaben wollte, sondern eher wegen der Endgültigkeit des Ganzen. Neun gemeinsame Jahre, und jetzt war es vorbei.

Darren konnte meine krausen Gedanken nachvollziehen. Er versicherte mir immer, dass alles anders aussehen würde, wenn ich eine Nacht darüber geschlafen hätte, und dass ein neuer Tag immer einen neuen Anfang bringe. Seine Worte trösteten mich, und zum ersten Mal im Leben hatte ich das Gefühl, einem Mann wirklich vertrauen zu können.

Durch Darren hatte ich die Kraft und das Selbstvertrauen, um zu entscheiden, was ich als Nächstes tun musste. Es würde nicht leicht sein. Es würde meinen ganzen Mut erfordern, denn es war eine Entscheidung, die meine Jungs aus allem herausreißen würde, was sie kannten.

Aber ich hatte keine andere Wahl: Ich musste meine Söhne zurück nach England bringen, wo man Sam in medizinischer und pädagogischer Hinsicht besser helfen konnte.

Ich wusste, dass es nicht leicht sein würde, meiner Mutter und meiner Schwester die Nachricht beizubringen. Wir hatten uns alle zusammen ein schönes Leben in Spanien aufgebaut, und jetzt scherte ich aus. Als es an der Zeit war, mit der Sprache herauszurücken, saßen wir alle im Haus meiner Schwester am Esstisch. Ich drehte nervös eine Tasse Tee zwischen den Händen und rang um die richtigen Worte. Schließlich sprach ich es einfach aus.

»Ich gehe zurück nach England. In Spanien finde ich

für Sam nicht die Hilfe, die er braucht«, platzte ich heraus, ohne auch nur einmal Luft zu holen.

Meine Mutter wirkte gefasst. Vielleicht hatte sie schon halb damit gerechnet. Meine Schwester dagegen hielt sich nicht zurück. »Nein, das darfst du nicht!«, rief sie.

Ich erklärte, dass mir die Entscheidung nicht leichtgefallen war, weil ich die Familie nicht auseinanderreißen wollte. Ich wollte die Jungs nicht von ihren Cousins trennen, die wie Brüder für sie waren, aber was hatte ich für eine Wahl?

Sarah wandte sich um und sah zu Will, Sam, Tom und Dan. »Du darfst nicht vergessen, dass die Jungs sich lieb haben – das wird schon dafür sorgen, dass mit Sam alles gut wird«, verkündete sie zuversichtlich.

Es war ein überzeugendes Argument, aber nachdem ich das Haus meiner Schwester verlassen hatte, wusste ich, dass ich auf meinen Kopf hören musste und nicht meinem Herzen folgen durfte. Die Familie allein reichte einfach nicht aus. Schließlich liebte ich Sam über alles, aber alle Liebe der Welt konnte ihn nicht schützen und seine Situation nicht zum Guten wenden. Ich wusste, dass es das Beste für Sam war, nach England zu gehen.

Darren war hundert Prozent für den Umzug. Er wolle mit mir zusammenbleiben, sagte er, ganz gleich, an welchem Ort der Welt ich lebte. Da er es gewohnt war, weite Reisen zu machen, spielten ein paar Tausend Meilen mehr oder weniger vielleicht keine große Rolle für ihn. Die Stärke und Unterstützung, die ich bei Darren fand, waren etwas völlig Neues für mich, aber es fühlte sich wunderbar an.

Nachdem ich die Entscheidung getroffen hatte, schloss ich mit dem Leben in Spanien ab und fing an, vom englischen Landleben und all den anderen Dingen, die ich an meiner Heimat vermisste, zu träumen.

Als Erstes suchte ich mir einen Anwalt in der Stadt: Jaime und ich steckten noch mitten in der Scheidung, und ich wusste, dass eine so wichtige Entscheidung in Bezug auf die Kinder professionell gehandhabt werden musste. Dass ich so schnell handelte, war ein Glück: Wie Juana, die Anwältin, die ich konsultierte, mir erklärte, musste ich für den Fall, dass ich künftig je die Absicht haben sollte, mit den Kindern nach Großbritannien zu gehen, den diesbezüglichen Antrag *jetzt* stellen – während des laufenden Scheidungsverfahrens. Alle Regelungen bezüglich der Kinder wie zum Beispiel Besuchsrecht, Unterhalt und – ganz wichtig – künftiger Wohnort würden per Gerichtsbeschluss bei unserem offiziellen Scheidungstermin festgelegt werden. Wenn ich diese Gelegenheit verpasste, würde ich meine Kinder womöglich nie nach Großbritannien bringen können.

Mir drehte sich der Magen um. Ich hatte nur noch einen Monat Zeit, um meinen Antrag zu begründen. Die Scheidungsanhörung sollte im September 2007 stattfinden.

»Was muss ich tun?«, fragte ich meine Rechtsanwältin.

Juana warnte mich, dass der Richter wahrscheinlich zugunsten eines Verbleibs der Kinder in Spanien entscheiden würde. Schließlich beherrschte ich die Sprache, lebte seit fast zwei Jahrzehnten hier und verfügte über ein Unterstützungsnetzwerk durch Familienangehörige. Hinzu kam natürlich, dass der Vater der Kinder in Spanien lebte. Mir stehe ein harter Kampf bevor, erklärte Juana: Gewinnen könne ich nur, wenn ich bewies, dass Sam in Spanien nicht die Hilfe erhielt, die er brauchte.

Ich wurde umgehend aktiv. Zunächst stellte ich eine Liste von Schulen in Großbritannien zusammen, die auf Autismus spezialisiert waren wie zum Beispiel Treehouse in London, sowie von regulären Grundschulen, die auf die Bedürfnisse behinderter Kinder eingingen. Ich wollte beweisen, dass Großbritannien Spanien um Jahrzehnte voraus war, was die Autismusbehandlung anging. Außerdem beschaffte ich mir zwei Jobs in Großbritannien, um zu zeigen, dass ich für den Lebensunterhalt der Jungen aufkommen konnte: Mein Cousin und der Bruder meiner besten Freundin boten mir beide eine Arbeitsstelle an. Ich stellte sogar eine Liste aller Fördermöglichkeiten zusammen, die in England für Kinder mit Autismus angeboten werden, wie zum Beispiel therapeutisches Reiten in dem Eselasyl Donkey Sanctuary, Snoezelräume und zahllose weitere Therapieansätze wie Kunst-, Musik- und Beschäftigungstherapie, Aromatherapie, Reflexologie sowie Sprech- und Sprachtherapien.

Ich wollte deutlich machen, dass ich ein Unterstützungsnetzwerk hatte, sobald ich gelandet war, also stellte ich auch eine Liste mit in England wohnenden Bekannten zusammen, die ebenfalls autistische Kinder hatten. Bei der National Autistic Society orderte ich Broschüren und Informationsmaterial über Autismus, damit ich dem Richter beweisen konnte, dass ich wusste, wovon ich sprach. Ich sammelte Broschüre um Broschüre, Dokumente, Zeitschriften ... auf meinem Schreibtisch türmte sich ein Riesenstapel mit Papieren auf. Dieselbe Entschlossenheit, die ich in den Versuch investiert hatte, herauszufinden, was mit Sam nicht in Ordnung war, kanalisierte ich jetzt in den Versuch, hieb- und stichfeste Argumente zu sammeln. Ich war eine Frau mit einer Mission.

Und meine derzeitige Mission war, dass ich beweisen musste, dass Spanien *nicht* über die Voraussetzungen verfügte, um Sam zu helfen.

Ich bat eine Autismusstiftung um Unterstützung. Ihre Antwort? »Gott hat Ihnen ein Kind wie Sam geschenkt, weil es eine Mutter wie Sie brauchte.« Trotz des freundlichen Tons der Antwort erzürnte sie mich und goss nur weiteres Öl in mein Feuer.

Ich kontaktierte drei staatliche Schulen und zwei private internationale Schulen in der Gegend – das waren die weiterführenden Schulen, die Sam höchstwahrscheinlich besuchen würde, wenn wir in Spanien blieben. Die ersten drei erteilten Sam sofort eine Absage, sie würden ihn überhaupt nicht aufnehmen. Eine der internationalen Schulen antwortete, dass Sam während des gesamten Unterrichts von einem Sprachtherapeuten begleitet werden müsse, den ich privat zu bezahlen hätte – ich würde also neben den Schulgebühren auch noch das Gehalt der Fachkraft aufbringen müssen. Die andere internationale Schule hatte den schnörkellosesten Ansatz von allen.

Als ich mich auf den Weg machte, hielt ich die Sache durchaus nicht für aussichtslos – ganz im Gegenteil, denn von außen machte die Schule einen fantastischen Eindruck. Alles wirkte sehr gepflegt, sauber und ordentlich.

Gleich rechter Hand neben dem Eingang lag ein schöner Spielplatz mit Kletterseilen und Rutschen.

Ich wurde in das riesengroße Büro des Direktors geführt, der hinter einem gigantischen Schreibtisch mit Glasplatte saß.

»Sehr erfreut.« Er streckte mir die Hand entgegen.

Ich erklärte meine Situation. Dass Sam von drei staatlichen spanischen Schulen abgelehnt worden sei, dass ich von weiter entfernt liegenden Schulen nicht einmal eine Antwort erhalten hätte und dass die andere Privatschule mir mitgeteilt habe, dass ich für Sams gesamte Schulzeit eine zusätzliche Betreuungsperson einstellen müsse.

»Wären Sie in der Lage, meinem Sohn eine Schulausbildung zu bieten?«, fragte ich, atemlos von meinen ganzen Erklärungen.

Der Direktor lehnte sich über seinen Schreibtisch nach vorn.

»Wir müssen nicht um den heißen Brei herumreden«, sagte er klipp und klar. »Ich denke, Sie sollten nach Großbritannien zurückkehren.«

Ja!, dachte ich. Denn das lieferte mir eine weitere Waffe in meinem Arsenal. Zudem war es unglaublich beruhigend: Dass ein qualifizierter Pädagoge wie dieser Schulleiter kategorisch erklärte, mein Sohn wäre in England besser aufgehoben, bestätigte, was ich schon die ganze Zeit gedacht hatte.

Jedes Mal, wenn ich wieder eine E-Mail von einer Schule bekam oder etwas anderes, das meine Position bekräftigte, leitete ich es an meine Mutter weiter.

»Du kannst wirklich stolz auf dich sein«, antwortete sie

oft. Mum machte mir immer Mut, sagte mir, dass ich an mich selbst glauben solle. Außerdem war sie total selbstlos – sie hatte mir angeboten, ebenfalls zurück nach England zu gehen, wenn sie mir dadurch helfen könne, meine Position zu stärken.

»Mum, das darfst du nicht tun!«, hatte ich protestiert. »Deine ganzen Freunde leben hier, du hast so ein reges gesellschaftliches Leben! Ich möchte nicht, dass du das alles aufgibst.«

Doch Mum hatte Sam auf ihren Schoß gesetzt und fuhr mit den Fingern durch sein blondes Haar. Sam und Will liebten meine Mutter beide abgöttisch. Sie küsste ihn aufs Haar und sah zu mir hoch: »Er braucht Hilfe, und wenn du dem Richter beweisen kannst, dass du in England ein familiäres Netzwerk hast, könnte das den Ausschlag für die Entscheidung geben«, erklärte sie schlicht.

Mir kamen die Tränen. »Ich hab dich lieb«, sagte ich. Es gab keine anderen Worte dafür.

Mit der ganzen unglaublichen Unterstützung, die ich erhielt, fühlte ich mich ein bisschen so, als stünde eine Armee hinter mir, als der Gerichtstermin am 12. September 2007 näher rückte. Trotzdem war ich in der Nacht davor das reinste Nervenbündel. Ich ging noch einmal meine vorbereiteten Papiere von der ersten bis zur letzten Seite durch und lernte die Antworten auf alle Fragen, die meine Rechtsanwältin stellen würde, auswendig. Mir wurde flau im Magen, als ich die ganzen möglichen Ergebnisse durchspielte.

Ich hatte auch Angst davor, Jaime wiederzusehen. Wir hatten seit Wochen nicht mehr miteinander gesprochen.

Ich hatte ihn nur ein einziges Mal gesehen, als er die Jungs an der Haustür absetzte und ich ihn durchs Küchenfenster erspähte.

Ich machte mir Sorgen, dass er denken könnte, ich machte das alles nur, um mich an ihm zu rächen. Doch nichts könnte weiter von der Wahrheit entfernt sein – es ging einzig und allein darum, Sam zu helfen.

Aber nicht nur Jaimes Meinung machte mir Sorgen. Ich fürchtete mich auch ein wenig davor, was der Richter und alle anderen Anwesenden im Gerichtssaal von mir denken würden – würden sie mich für eine Art Monster halten, das Jaime vertrieben hatte und jetzt dem Vater die Kinder rauben wollte? Dieses irrationale Schamgefühl, weil meine Familie zerbrochen war, begleitete mich immer noch überall hin.

Ich versuchte, mich zu beruhigen, indem ich mein Outfit auf dem Bett ausbreitete. Das nützte nicht viel, aber half mir, mich innerlich zu fokussieren. Am Ende entschied ich mich für eine schwarze Bluse und eine Hose in der gleichen Farbe.

Dann rief ich Darren an. Inzwischen hielt ich es keinen Tag mehr aus, nicht mit ihm zu telefonieren oder zu chatten. Manchmal chatteten wir bis zu drei Stunden am Stück. Wir hatten uns seit zwei Monaten nicht mehr gesehen, aber unser ständiger Kontakt hatte uns geholfen, eine starke Beziehung aufzubauen – vielleicht noch stärker, als wenn wir normale Dates gehabt hätten, weil wir zunächst die Grundlagen für eine Freundschaft legten. Im Oktober würde er von der Bohrinsel zurückkehren, und ich konnte es kaum erwarten, ihn zu sehen. Doch im Moment musste ich mich erst mal voll darauf konzentrieren, die nächsten vierundzwanzig Stunden durchzustehen. Ich durfte das nicht vermasseln – Sams Zukunft lag in meinen Händen.

»Sei nicht so streng mit dir selbst«, sagte Darren, als ich ihm mein Herz ausschüttete. »Du hast dir eine gute Anwältin gesucht und alles recherchiert, was man zu dem Thema überhaupt recherchieren kann. Mehr kannst du nicht tun. Versuch, ein bisschen zu schlafen.«

Natürlich tat ich kein Auge zu.

Das schien allerdings keine Rolle zu spielen. Mein Körper schüttete so viel Adrenalin aus, dass ich am nächsten Morgen praktisch aus dem Bett schoss und mich im Handumdrehen angezogen und die Kinder für die Schule fertig gemacht hatte.

Wir quetschten uns alle in meinen Cherokee-Jeep, und ich fuhr den Berg hinauf. Will besuchte seit zwei Wochen die Grundschule (in Spanien gehen die Kinder ab dem Alter von drei Jahren in die Schule) und schien sich gut einzuleben. Als ich meine Jungs ans Schultor brachte, spürte ich eine Welle der Panik in mir hochsteigen. Wenn es Zeit war, sie wieder abzuholen, dachte ich, würde ihr Schicksal nicht mehr in meiner Hand, sondern in der des Richters liegen. Ich umarmte und küsste sie, bis Maria sie an die Hand nahm und zur Aula führte.

Sam drehte sich zu mir um. Es war das erste Mal seit ewigen Zeiten, dass er meinen Blick suchte. Ich fragte mich, ob er wohl wusste, dass heute ein wichtiger Tag war.

Zurück im Auto spürte ich die allzu vertrauten Tränen hochsteigen. Hör auf zu heulen, schimpfte ich mit mir selbst, du musst jetzt stark sein für Sam. Ich warf einen

Blick in den Rückspiegel, um mein Make-up zu überprüfen, tupfte die Tränen weg und startete den Wagen. Ich musste Sam retten.

Seit Wochen steckte dieselbe CD im Player. Es war eine ziemlich doofe Sammlung mit Popsongs von 2001, aber ein Song darauf hatte eine besondere Bedeutung für mich.

»All rise, all rise«, schmetterte ich und stellte den Smash-Hit von Blue auf volle Lautstärke. Der Text passte gut zu meinem anstehenden Gerichtstermin, aber er hatte noch eine andere Bedeutung für mich. Es war der Soundtrack meiner Recherche-Mission gewesen und hatte sich im Laufe der letzten Wochen zu meinem Kampflied entwickelt. Ich kurbelte die Scheibe herunter und fuhr mit laut dröhnender Musik zum Gerichtsgebäude in Torremolinos. Mein Herz hämmerte wie verrückt. Ich musste mir selbst immer wieder sagen, dass ich gewinnen würde, dass wir das durchstehen würden.

Es war wenig hilfreich, dass ich keine Ahnung hatte, was mich bei Gericht eigentlich erwartete – ich wusste nicht, ob außer Jaime und mir nur ein Richter zugegen sein würde oder ob mich ein voll besetzter Saal erwartete wie in den Kinofilmen. Mit Sicherheit wusste ich nur, dass ich meine Rechtsanwältin und meine Mutter dort treffen würde.

Es war ein bedeckter, windiger Tag. Als ich aus dem Auto stieg und mich auf den Weg zum Gerichtsgebäude machte, konnte ich nicht genau auf den Punkt bringen, ob ich vor Nervosität zitterte oder wegen des kalten Windes, der durch die kleinen Gassen fegte. Ich verschränkte die Arme schützend vor der Brust und stemmte mich gegen den Wind.

Das Gericht befand sich in einem prachtvollen alten Gebäude mit vier Säulengängen, die die Sandsteinarchitektur trugen. Zwei spanische Flaggen markierten den Eingang. Ich holte noch einmal tief Luft und trat ins Ungewisse ein.

Ich hatte nicht erwartet, dass der Wartebereich so klein sein würde. Es war ein enger, schmaler Raum, an dessen Längsseiten je vier Plastikstühle aufgereiht waren, die einen Korridor zum Gerichtssaal formten. Meine Rechtsanwältin und ihre Assistentin saßen auf der einen Seite und wie ein Spiegelbild ihnen gegenüber die Rechtsanwältin und Assistentin von Jaime. Wir waren nur ein paar Fußbreit voneinander entfernt. Es hätte nicht klaustrophobischer sein können.

Juana senkte den Kopf und flüsterte mir Anweisungen ins Ohr. Meine Mutter sollte auch eine Aussage machen, deshalb informierte Juana mich darüber, welche Fragen sie ihr stellen wollte, wie zum Beispiel: »Was für Kinder sind Sam und Willi?«, »Wie ist Joanna als Mutter?« oder »Wie ist Jaime als Vater?«

Und dann kam Jaime selbst hereinspaziert. Mir drehte sich der Magen um.

»*Buenos dias*«, begrüßte er mit seiner tiefen Stimme selbstbewusst den Raum.

Alle hielten in dem, was sie gerade taten, inne und blickten zu ihm hoch. An Charisma hatte es ihm noch nie gefehlt. Ich konnte mich nicht dazu durchringen, ihn zu begrüßen, obwohl ich wusste, dass es unhöflich war. Meine Augen fixierten den Boden. Meine Hände zitterten so stark, dass ich sie um meine Notizen krallte, um zu verhindern, dass die Zettel herunterfielen.

Als Nächste erschien meine Mutter. Ich fühlte mich sofort stärker, als ich eine weitere Verbündete an meiner Seite hatte: Es stand vier zu drei für mich. Dann kam der Dolmetscher für meine Mutter, so dass es allmählich wirklich eng wurde. Immer wenn ich hochsah, begegnete ich dem Blick von Jaimes Rechtsanwältin. Jaime lehnte auf nonchalante Weise an der Wand. Mein Gefühl der Beschämung ließ es nicht zu, dass ich ihn auch nur ansah. Es war eine unglaublich angespannte Atmosphäre.

In den letzten Minuten, bevor wir hereingerufen wurden, ging ich im Kopf noch einmal durch, was ich sagen wollte. Ich hatte für den Richter eine sehr einfache Erklärung von Autismus und von Sams Verhalten vorbereitet. Ich malte mir aus, wie ich vor dem Richter stand, und spielte in Gedanken alle Fragen durch, die man mir möglicherweise stellen könnte, und wie ich sie beantworten würde. Es kam mir vor, als würde ich den Lehrstoff für eine Prüfung pauken, aber wenigstens war ich vorbereitet.

Auf die vielen Menschen, die mich erwarteten, als die Türen sich schließlich öffneten, war ich allerdings nicht vorbereitet. Da waren mindestens ein Dutzend Gerichtsdiener, weitere Mitarbeiter des Gerichts und einige Zuschauer. Hoch oben an der hinteren Wand hingen goldgerahmte Bilder des Königs und der Königin von Spanien. Links hinten in der Ecke stand ein Stativ mit einer Kamera. Ich stand also nicht nur unter dem wachsamen Auge der königlichen Familie, sondern wurde auch noch gefilmt.

Komm schon, Jo, du schaffst das, feuerte ich mich selbst an.

Man führte mich zu einer Bank und wies mir einen Platz direkt neben Jaime an. Ich setzte mich in einem Abstand von ungefähr einem Meter neben ihn, aber es fühlte sich an, als lägen Meilen zwischen uns – so weit hatten wir uns inzwischen voneinander entfernt. Verrückt, wie nah wir uns einmal gestanden hatten. Jetzt kam er mir wie ein Fremder vor.

»Erheben Sie sich bitte«, rief der Gerichtsdiener, als der Richter in seiner langen, wallenden Robe hereingerauscht kam. Er hatte buschiges, silbergraues Haar und eine halbmondförmige Brille auf der Nase. Er setzte sich auf seinen mit Schnitzereien verzierten thronartigen Stuhl.

Ich spürte meinen Herzschlag in den Ohren und warf Jaime einen verstohlenen Blick zu. Sogar er wirkte jetzt gestresst. Aus seiner Körpersprache schloss ich, dass er ebenso wie ich nicht damit gerechnet hatte, dass so viele Leute bei einer Scheidungsanhörung anwesend sein würden.

Der Richter musterte Jaime und mich abwechselnd über den Rand seiner Brille hinweg. Verunsichert merkte ich plötzlich, wie ich dasaß. *Beurteilt der Richter mich nach meiner Körperhaltung?*, fragte ich mich. Ich drückte das Kreuz durch, schlug die Beine übereinander und faltete die Hände ordentlich im Schoß. Ich versuchte, so anständig und gesittet auszusehen wie möglich, um einen guten Eindruck zu machen.

Der Richter räusperte sich und ratterte eine Liste mit Formalitäten herunter, einschließlich des Grundes, aus dem er uns filmen würde – er würde sich die Aufzeichnung noch einmal ansehen, wenn er seine endgültige Entscheidung traf. Glücklicherweise sprach ich fließend Spanisch, sonst hätte ich kein Wort von dem verstanden, was hier ablief.

»Joanna Bailey, erheben Sie sich bitte«, bellte der Gerichtsdiener.

Mir blieb fast das Herz stehen, als ich hörte, wie mein Name aufgerufen wurde. Auf dem Weg zum Zeugenstand musste ich mich an Jaimes Knien vorbeizwängen, was gelinde gesagt komisch war. Glücklicherweise war meine Anwältin Juana als Erste am Zug, was mich ein wenig beruhigte.

»Wie lange leben Sie schon in Spanien? Wie alt sind Ihre Söhne?« Unsere einstudierten Fragen und Antworten flogen hin und her wie Pingpongbälle und bereiteten mich auf den entscheidenden Teil vor – auf die Herausforderung, einem Raum voller Menschen, die den Begriff wahrscheinlich noch nie zuvor gehört hatten, zu erklären, was Autismus ist. Und das auch noch auf Spanisch!

Im passenden Augenblick setzte ich zu meinem Vortrag an. Als ich halb damit durch war, sah ich hoch: Alle hörten aufmerksam zu, als ich beschrieb, welche Behinderungen mit Autismus verbunden sind und wie Sam davon beeinträchtigt wurde. Ich konnte erkennen, dass alle ganz fasziniert von der Erklärung waren. Ich sprach weiter, entschlossen, jeden Aufzählungspunkt, den ich in meinem Gedächtnis markiert hatte, abzuhaken.

Schließlich hielt ich inne, holte Luft und wandte mich an meine Anwältin: »Reicht das?«

»Das reicht.« Sie nickte zustimmend, und im Gerichtssaal erhob sich leises Gelächter. Die Anwesenden konnten mir wohl am Gesicht ablesen, dass ich bereit war, weiterzumachen – stundenlang, wenn nötig –, um ihnen absolut *alles* mitzuteilen, was ich über Autismus wusste, und ihnen die Schwierigkeiten meines Sohnes zu verdeutlichen.

Damit war das Eis gebrochen, und zum ersten Mal an diesem Morgen spürte ich, wie meine Anspannung ein wenig nachließ.

»Warum wollen Sie zurück nach Großbritannien gehen?«, fragte Juana mich als Nächstes.

Diese Frage war leicht zu beantworten. Ich legte die Gründe dar, aus denen die Schulen in Spanien Sam nicht aufnehmen wollten. Wie ich auf ein Hindernis nach dem anderen gestoßen war.

Ab und zu warf der Richter eine Frage ein, aber ich hatte immer eine Antwort für ihn parat. Ich achtete darauf, nicht schlecht über Jaime zu reden. Ihn zu kritisieren wäre unsinnig gewesen, weil es hier nicht um ihn, sondern um Sam ging. Das Einzige, was ich dennoch sagte, war, dass Jaime nicht oft zu Hause gewesen war, was absolut stimmte.

Dann war Jaimes Anwältin an der Reihe, um mich ins Kreuzverhör zu nehmen. Sie sah ziemlich eindrucksvoll aus, trug Stöckelschuhe, einen maßgeschneiderten schwarzen Hosenanzug und eine makellose weiße Bluse. Ihr dunkles spanisches Haar war blond gefärbt und drehte sich an den Spitzen nach außen. Außerdem war sie wesentlich älter als meine Anwältin und wirkte deshalb, als hätte sie jede Menge Erfahrung.

Ich wappnete mich.

Sie räusperte sich und ging dann zum Angriff über. Ihre

Vorgehensweise war viel aggressiver als alles, was ich bisher erlebt hatte, aber ich war auf alle Fragen vorbereitet und blieb ihr keine Antwort schuldig. Ich hatte das Gefühl, dass ich mich recht wacker schlug.

Und dann, als ich gerade dachte, alles liefe nach Plan, erwischte sie mich eiskalt.

»Hätten Sie irgendwelche Einwände dagegen, dass Sam den halben Tag bei Ihnen und die andere Hälfte bei Jaime verbringt?«, fragte sie und bezog sich damit auf meine neuen Arbeitszeiten.

»Äh, ähm«, stotterte ich. Mir wurde heiß. Mit dem Vorschlag eines gemeinsamen Sorgerechts hatte ich nicht gerechnet.

Auf diese Frage hatte ich keine Antwort vorbereitet.

Sie erkannte den Riss in meiner Rüstung und holte zum vernichtenden Schlag aus.

»Haben Sie irgendwelche Einwände dagegen?«, bellte sie.

Hilfesuchend blickte ich zu meiner Anwältin. Ich sah, dass sie unruhig auf ihrem Platz hin und her rutschte. *Was ist die richtige Antwort?*, fragte ich mich. Ich wollte keinen Fehler machen, der unsere Position gefährdete, deshalb konnte ich nicht klar denken. Ich wollte nicht sagen, was mir als Allererstes in den Sinn kam, nämlich: *»Damit habe ich ein massives Problem!«* Ich wollte es laut herausschreien. Die Wahrheit ist schlicht und ergreifend, dass man bei einem Kind mit Autismus kein gemeinsames Sorgerecht ausüben kann. Es lief allem zuwider, was ich zu erreichen versuchte – und allem, was ich gerade dargelegt hatte. Sam brauchte Berechenbarkeit und Vorhersehbarkeit, kein tägliches Hin und Her zwischen seiner Mutter und seinem Vater.

Doch ich war so aufgeregt und unschlüssig, dass mir die Worte irgendwie in der Kehle stecken blieben. Und so sagte ich schließlich, was ich auf keinen Fall sagen wollte: »Äh, nein, eigentlich nicht.«

»Das ist alles.« Sie lächelte, selbstgefällig, wie ich fand, und mir wurde bang ums Herz.

Ich konnte es nicht ertragen, Jaime anzusehen. Ich konnte es nicht ertragen, an Sam zu denken.

Ich hatte es vermasselt.

5. Kapitel
Große Katzen und ein Fax vom Gericht

Ich hatte den Kopf in den Händen vergraben, als Jaime nach mir in den Zeugenstand trat.

Ich war überzeugt, dass ich meine Chance, Sam zu retten, vertan hatte. Die Aussichten auf einen positiven Ausgang waren von Anfang an schlecht gewesen, aber jetzt hatte ich unser Schicksal besiegelt, indem ich erklärt hatte, dass ich mir das Sorgerecht mit Jaime teilen würde, obwohl nichts weiter von der Wahrheit entfernt sein könnte.

Ich sah zu, wie Jaime sich in den Zeugenstand setzte, selbstbewusst wie immer. Er hatte eine solche Präsenz – der Gerichtssaal wirkte wie eine Kinoleinwand und er wie der gefeierte Star der Matinee. Ich machte mich auf eine glanzvolle Darbietung gefasst, die den Richter umhauen würde. Ich wusste zwar nicht, was er von sich geben würde, aber verglichen mit der Grube, die ich mir selbst gegraben hatte, konnte er es eigentlich nur besser machen.

Obwohl er seine Argumente überzeugend darlegte, schien es jedoch aus irgendeinem Grund an diesem Tag nicht so gut für ihn zu laufen.

Er tat mir leid, aber ich war zugegebenermaßen nicht unglücklich darüber, dass ich dadurch vielleicht ein paar Punkte wettgemacht hatte. Den Rest der Anhörung habe ich nur noch verschwommen in Erinnerung.

»Das Gericht vertagt sich.« Die Stimme des Gerichtsdieners schnitt durch die angespannte Stimmung im Raum.

Es war vorbei – jedenfalls fürs Erste.

Ich stieß einen erleichterten Seufzer aus. Ich hatte gar nicht gemerkt, dass ich angespannt die Luft angehalten hatte.

Dann wandte ich mich an Juana: »Haben wir gewonnen?«, fragte ich leise.

»Das haben Sie gerade ganz allein geschafft«, flüsterte sie aufmunternd und in Anerkennung meiner Aussage im Zeugenstand.

Nach meinem vermeintlichen Patzer in Bezug auf das gemeinsame Sorgerecht war das genau das, was ich hören wollte.

Einen Hauch zuversichtlicher verließ ich den Gerichtssaal, aber ob meine Anwältin recht hatte, blieb abzuwarten.

Die Jungs sahen Jaime weiterhin jedes zweite Wochenende, während wir auf die Entscheidung des Gerichts warteten. Ich dachte, dass der Richter ganz schnell ein Urteil fällen würde, doch als erst Tage und dann Wochen verstrichen, wurde ich immer nervöser.

Zu allem Übel verschlechterte sich Sams Zustand rapide. Die Anzahl seiner Ausraster – innerhalb und außerhalb der Schule – hatte sich verdoppelt. Inzwischen nässte er sich regelmäßig im Unterricht ein, so schlimm war der Stress. Das bedeutete, dass ich ständig den Berg herauf- und herunterfuhr, um ihn sauberzumachen, denn die Schulpolitik sah vor, dass die Eltern kamen und ihr Kind wieder in Ordnung brachten, wenn ihm ein Malheur passierte.

Außerdem war ich nervös wegen Darrens Rückkehr. Im Handumdrehen stand der Oktober vor der Tür und damit das erste Wochenende, das Darren und ich gemeinsam verbringen würden, nachdem wir monatelang nur per E-Mail kommuniziert hatten. Er würde auch zum ersten Mal die Jungs sehen. *Was ist, wenn sie keinen Draht zueinander finden?*, sorgte ich mich. *Was, wenn die Jungs ihn nicht mögen? Was, wenn unsere Beziehung auf große Distanz funktioniert, aber nicht, wenn wir tatsächlich zusammen sind?*

Doch meine ganzen Befürchtungen waren wie weggewischt, als Darren in Malaga aus dem Flugzeug stieg; ich war allein hingefahren, um ihn abzuholen. Ich hatte vergessen, wie gut er aussah, doch was ihn mehr als alles andere zu etwas Besonderen machte, war sein Charakter. Lachend kam er in der Ankunftshalle auf mich zu.

»Hallo, du.« Ganz selbstverständlich gab er mir einen Kuss. Ich hatte Schmetterlinge im Bauch, war aber gleichzeitig von dem wunderbaren Gefühl erfüllt, dass alles irgendwie *richtig* war.

Und so blieb es für den Rest des Wochenendes. Ich fühlte mich unglaublich wohl mit Darren, hauptsächlich weil wir aufgrund unserer Messenger-Chats schon alles wussten, was man voneinander wissen kann. Auf dem Rückweg vom Flughafen holten wir die Jungs bei meiner Schwester ab, und Darren verstand sich auf Anhieb mit ihnen.

Er zog den Reißverschluss seiner Tasche auf und holte zwei Geschenke heraus – eins für Sam und eins für Will.

»Na, was sagt ihr?«, sagte ich auffordernd zu den Jungen.

»Danke, duuu!«, juchzte Will und schob sich sofort neugierig an Darrens Seite.

Sam rang nach Worten.

»Du«, brachte er schließlich heraus und folgte damit seiner Gewohnheit, das letzte gehörte Wort zu wiederholen.

Er gab sein Bestes.

Darren setzte sich zu Will auf den Boden und ermunterte Sam, sich zu ihnen zu gesellen.

»Hey, Kumpel, komm mal her und schau dir das an.« Er streckte Sam das Geschenk entgegen.

Sam war wie eine Schnecke, die vorsichtig aus ihrem Haus kriecht. Langsam hob er den Blick vom Boden, neugierig auf das, was Darren in der Hand hielt. Er konnte Darren nicht in die Augen sehen, aber er wollte näher kommen, das war offensichtlich. Vorsichtig durchquerte er den Raum und setzte sich im Schneidersitz neben seinen Bruder.

Will hatte einen Mordsspaß damit, das Papier aufzureißen und es über die Schulter zu werfen. Sam packte sein Mitbringsel sehr vorsichtig aus, löste jeden Tesafilmstreifen mit mikroskopischer Präzision und gab sich alle Mühe, das Papier nicht zu beschädigen.

Als Sam erkannte, was es war, fing er an, mit den Armen zu flattern wie ein Vogel – was bedeutete, dass er sehr aufgeregt war, wie ich inzwischen wusste. Das Geschenk war ein Modellflugzeug. *Wie aufmerksam.* Ich hatte Darren erzählt, dass Sam ganz vernarrt in Flugzeuge war, und fand es total liebenswert von ihm, dass er daran gedacht hatte. Sam richtete seinen Blick am Flügel des Flugzeugs aus und gab Zischtöne von sich, während er das Modell in der Luft vor- und zurückgleiten ließ.

Darren nahm Sams seltsames Verhalten zur Kenntnis, ohne mit der Wimper zu zucken. Natürlich wusste er, was er zu erwarten hatte, weil ich ihm Sam in endlosen Telefonaten beschrieben hatte, aber es war mehr als das – er war einfach eindeutig ein warmherziger Mensch, der großartig mit Kindern umgehen konnte.

Er war ganz begierig darauf, am Wochenende etwas Lustiges mit den Jungs zu unternehmen, deshalb schlug ich einen Besuch im Zoo von Fuengirola vor. Wegen der Gerichtsverhandlung und all der vielen anderen Dinge, die geschehen waren, hatten die Kinder und ich schon lange keine derartigen Unternehmungen mehr gemacht. Mir würde die Abwechslung genauso guttun wie ihnen.

Fuengirola ist nach Benalmadena Costa das nächstgrößte Touristenziel an der Costa del Sol. Viele Hotelhochburgen stehen direkt am Strand, und zahllose Urlauber verfärben sich auf Sonnenliegen hummerrot oder suchen Schutz unter Strohschirmen. An der langen Betonpromenade finden sich die obligatorischen Palmen, Bars und Eisverkäufer.

Es war ungewöhnlich heiß für Oktober. Wir kurbelten

die Scheiben herunter und sangen den ganzen Weg zum Zoo lautstark Kinderlieder. Sam sang nicht mit, wirkte aber recht zufrieden. Als wir ankamen, machte Darren sich Sorgen, dass die Jungs sich einen Sonnenbrand holen könnten, und verteilte fürsorglich etwas Sonnencreme auf ihren kleinen Nasen.

Der Zoo liegt etwa zehn Minuten Fußmarsch vom Strand entfernt, direkt im Zentrum von Fuengirola. Er beherbergt über hundert verschiedene Tierarten, die alle in Gehegen gehalten werden, in denen man sie durch Glasscheiben, über Brüstungen oder von Aussichtspunkten aus beobachten kann. Es gab Affen, Tapire, Lemuren, Gibbons, Zwergflusspferde und sogar Komodowarane.

Doch nur ein einziges Tier fesselte Sams Aufmerksamkeit: der Sumatra-Tiger.

Die Raubkatze wanderte in ihrem sattgrünen Gehege umher, als wir uns näherten. Ich konnte mich nicht erinnern, Sam je so wach und aufmerksam gesehen zu haben. Gespannt beobachtete er, wie der Tiger im hohen Gras auf und ab schritt und mitunter aus dem Blickfeld verschwand, wenn sich das hohe Gras über seiner Katzengestalt schloss. Ich warf Darren, dem Sams Faszination ebenfalls aufgefallen war, einen Blick zu.

Plötzlich teilte sich das Gras, und der Tiger tauchte nur wenige Fußbreit von unserem Beobachtungsstand auf. Nur eine Glasscheibe trennte uns von dem wilden Raubtier.

Will versteckte sich hinter meinem Bein, aber Sam war wie hypnotisiert.

Der Tiger kam langsam auf das Glas zu und drückte

seine Nase dagegen. Sanft legte Sam die Hand auf die Scheibe, als ob er sie dem Tiger auf die riesige Schnauze legen wollte.

Mir blieb fast das Herz stehen. Ich hätte schwören können, dass das Glas einen Riss hatte, aber vielleicht ging auch nur meine Fantasie mit mir durch. Vor meinem geistigen Auge sah ich, wie das Glas nachgab und der Tiger sich auf meinen kleinen Jungen stürzte. Ein Teil von mir wollte nach ihm greifen und ihn in Sicherheit bringen, aber es war ein so berührender, friedlicher Augenblick, dass ich mich zwang, nichts zu tun und einfach zu genießen, was vor meinen Augen geschah: Sam war lebendig geworden.

»Darren, sieh mal«, flüsterte ich, um den Tiger nicht zu vertreiben.

»Ich weiß«, formte er lautlos mit den Lippen.

Dann war es vorbei. So schnell, wie der Augenblick gekommen war, war er auch wieder verschwunden – wie ein Schmetterling im Wind.

Als Sam sich schließlich von dem Tiger abwandte, lächelte er. Das war ein unglaublich seltenes Ereignis: Sam lächelte nicht sehr oft. Im Grunde kaum einmal. Als wir zum nächsten Gehege weitergingen, drängte sich mir der Gedanke auf, dass mehr hinter dieser Begegnung steckte, die ich gerade miterlebt hatte. Hatte das majestätische Tier vielleicht irgendetwas bei Sam ausgelöst?

Darren, der die Kinder damit unterhielt, dass er urkomische Affengeräusche ausstieß, riss mich aus meinen Gedanken. Ich war mir nicht sicher, ob ich mit zwei oder drei Kindern unterwegs war! Die Jungs waren begeistert von seinen Faxen, Will bekam regelrechte Kicheranfälle. Darren ging wunderbar mit den beiden um. Er nahm sie abwechselnd huckepack, trabte mit ihnen zu den Gehegen und wies sie bei jedem Tier auf Besonderheiten hin.

Wir stärkten uns mit Hotdogs, Burgern und Saft im Zoo-Restaurant und setzten unsere Besichtigungstour dann fort, bis die Jungs so müde waren, dass wir beschlossen, nach Hause zu fahren und am Pool zu entspannen.

Darren setzte sich auf die schattenspendende Veranda, während ich in die Küche flitzte, um uns ein paar Snacks zu machen. Als ich zurückkam, hatte Darren Will auf dem einen Knie und Sam auf dem anderen und las ihnen Geschichten vor. Seine Stimme war so sanft, dass sie Will schon fast in den Schlaf gelullt hatte.

Ich blieb stehen und beobachtete sie still, saugte diesen magischen Augenblick in mich auf. So kitschig es klingt – beim Anblick von Darren, der sich meinen Kindern gegenüber wie ein Vater verhielt, schmolz ich dahin.

Nachdem die Kinder im Bett waren, saßen Darren und ich in den Schaukelstühlen auf der Veranda. Wir legten unsere müden Füße hoch, und unsere Zehen berührten sich auf dem Tisch. Ich drehte den Stiel meines Weinglases zwischen den Fingern und überlegte, ob ich etwas sagen oder einfach die angenehme Stille genießen sollte. In den letzten Wochen und Monaten hatten wir uns so viel erzählt, dass ich das Gefühl hatte, mir seien die Worte ausgegangen. Und letztendlich mussten wir auch gar nichts sagen. Von diesem Tag an gehörte Darren zu mir und ich zu ihm. So war es einfach.

Unser wunderbares gemeinsames Wochenende kam

und ging viel zu schnell, und dennoch verstrichen noch weitere Wochen, ohne dass eine Entscheidung vom Gericht erfolgte. Ich saß wie auf Kohlen und schreckte jedes Mal hoch, wenn das Telefon klingelte.

Ich fing an, mir vorzustellen, wie es sein würde, wenn ich nicht nach England zurückkehren konnte. Wie um alles in der Welt sollte ich Sam dann helfen?

Am 7. Dezember 2007, fast drei Monate nach unserem Gerichtstermin, hatte meine Anwältin Juana endlich Neuigkeiten für mich. Ich war an diesem Tag bei der Arbeit und wollte gerade mit einem vermögenden Geschäftsmann zu einem Besichtigungstermin fahren, als die Rezeptionistin nach mir rief: »Jo, Telefon für dich.« Sie tippte meine Durchwahl ein und stellte den Anruf zu mir durch.

»Hallo«, meldete ich mich mit pochendem Herzen wie immer, wenn ich in dieser Zeit einen Anruf erhielt.

Und dieses Mal war es tatsächlich Juana. Ich machte mich auf das Schlimmste gefasst.

»Jo, ich hab gute Neuigkeiten!«, verkündete sie fröhlich.

Ein Lächeln breitete sich auf meinem Gesicht aus.

»Du kannst nach Hause!«, kreischte sie.

Yessss!

»Ich kann's nicht glauben!«, jubelte ich und hüpfte mitten im Büro auf und ab.

Juana trug mir auf, beim Faxgerät zu warten, und gleich darauf rollte langsam das Papier mit den Bedingungen meiner Scheidung heraus und offenbarte Zeile um Zeile das Urteil. Ich erhielt das alleinige Sorgerecht für die Jungen. Jaime durfte die Kinder jeden Monat für eine Woche in England sehen und die Hälfte der Weihnachts-, Oster- und Sommerferien mit ihnen in Spanien verbringen. Der Rest – Unterhaltszahlungen und Ähnliches – waren einfach nur Details. Das war mir alles egal. Mir war nur eines wichtig.

Wir konnten nach Hause.

6. Kapitel
Neubeginn

Ich hatte vergessen, wie schön England im Frühling sein kann. Es war dreizehn Jahre her, dass ich die sattgrünen Felder, die Hecken, die Osterglocken und Krokusse und die Blütenpracht der Bäume gesehen hatte. Schon durch den Flughafen zu gehen, fühlte sich völlig anders an als in Spanien. In der Ankunftshalle war der Boden mit Teppich ausgelegt und nicht mit kaltem Marmor gepflastert; die Gerüche waren anders – der Duft von Kaffee, von aufgewärmten Würstchen im Schlafrock und Pasteten und ein Hauch Druckerschwärze, der aus den Zeitungsläden wehte. England hatte etwas Behagliches, das in Spanien fehlte – eine einladende Atmosphäre, die mich willkommen hieß, als ich nach Hause kam.

Als ich im April 2008 durch die Glasschiebetür des Flughafens von Bristol nach draußen trat und die klare Luft einatmete, war der Duft von feuchtem Gras und grünen Bäumen an die Stelle der Zitrusfrüchte und Bougainvilleas getreten. Ich saugte diese Luft tief in meine Lungen ein und ließ sie dann langsam wieder heraus, jeden Atemzug auskostend.

Übers ganze Gesicht strahlend wandte ich mich an Darren: »Wir sind zu Hause.«

Sobald das Scheidungsurteil rechtskräftig war, hatte ich mein Haus in Spanien zum Verkauf angeboten und angefangen, nach Schulen in Großbritannien zu suchen. Jetzt war ich mit Darren zu einem kurzen Heimaturlaub aufgebrochen, während Jaime sich übers Wochenende um die Kinder kümmerte, und wollte diejenige Schule auswählen, die Sams Bedürfnissen am besten gerecht wurde. Ich hatte mich für Devon als künftigen Wohnort entschieden, weil es in diesem Teil des Landes großartige Einrichtungen für Kinder mit Autismus gab. Außerdem hatte ich hier als Kind viele schöne Ferien verbracht und konnte mir gut vorstellen, wie wir glücklich und zufrieden in der sanften Hügellandschaft lebten.

Ich hatte im Voraus die Schulen herausgepickt, die einen speziellen Unterrichtsansatz für Kinder mit Autismus und Asperger umfassten – ein ressourcenorientiertes Lernen, abgekürzt CAIRB für Communication and Interaction Resource Base. In der Gegend gab es vier derartige Schulen. Darren hatte angeboten, mich zu begleiten, wenn ich sie nacheinander abklapperte, und ich war froh, ihn an meiner Seite zu haben, als wir den Leihwagen abholten und zur Fahrt nach Devon aufbrachen.

Ich war entschlossen, die bestmögliche Schule für meinen Sohn zu finden. Soweit es mich betraf, war es nie eine Option gewesen, Sam auf eine reine Förderschule zu schicken. Das Tolle bei den CAIRB-Programmen ist, dass die Lehrer die autistischen Kinder nach und nach in den Regelunterricht einführen. Ich war fest überzeugt, dass Sam bessere Chancen hätte, sich erfolgreich in die Gesellschaft zu integrieren, wenn er gemeinsam mit »neurotypischen« Kindern aufwuchs. Dann wäre es kein grausamer Schock für ihn, wenn er als Erwachsener auf Menschen stieß, die ihn schikanierten oder schief ansahen, weil er schon als Kind gelernt hätte, damit umzugehen. Wie wohl jeder Mutter bereitete mir natürlich der Gedanke, dass er gehänselt werden könnte, großen Kummer, aber mir war auch klar, dass ich nicht immer da sein würde, um ihn zu beschützen, und dass es daher wichtig war, seine eigenen Widerstandskräfte zu stärken. Das Leben in einer reinen Förderschule wäre sehr viel behüteter, und ich befürchtete, dass Sam nicht gut zurechtkommen würde, wenn er dieses sichere Umfeld eines Tages verlassen müsste.

Darren und ich hatten eine Menge auf dem Plan. Es hatte sich so ergeben, dass unsere Besuchstermine für die vier Schulen alle an ein und demselben Tag lagen – und natürlich waren die Schulen über ganz Devon verstreut. Unser Zeitplan sah folgendermaßen aus: 9:00 Uhr Barnstaple, 12:00 Uhr Tiverton, 15:00 Uhr Ivybridge und 17:30 Uhr Tavistock.

Trotz des gedrängten Terminplans fühlte ich mich wie ein Kind in den Ferien, als wir über die kleinen Landstraßen brausten, die sich durch die Hügel von Devonshire ziehen. Ich schaute begierig aus dem Fenster, wies Darren auf jede Sehenswürdigkeit hin und erinnerte mich an den Strandurlaub in Woolacombe, wo ich als Kind das Surfen gelernt hatte. Alles bestärkte mich in der Überzeugung, dass Devon der richtige Ort für uns war.

Die erste Schule lag am Rande von Barnstaple, einer

bäuerlichen Kleinstadt. Die Schule war toll – ich war beeindruckt von dem positiven Flair, das von dem modernen Design und der Bauweise ausging. Es war nicht das, was man sich typischerweise unter einer Grundschule vorstellt: Das Gebäude wirkte futuristisch, ein bisschen wie ein Raumschiff mit vielen »Kapseln«, in denen die Kinder im Kreis saßen und Geschichten vorgelesen bekamen.

»Ich will, dass Sam hierherkommt«, flüsterte ich Darren zu, während der Direktor uns zum CAIRB-Bereich führte, wo wir den Kindern beim Malen und Zeichnen zuschauten. Meine Stimmung hob sich, als ich mir vorstellte, wie Sam hier mitmachen, Freundschaften schließen und endlich die Hilfe finden würde, die er brauchte.

Doch dann erklärte der Direktor, dass er Sam zwar sehr gern aufnehmen würde und Verständnis für meine verzweifelte Lage hätte, wir uns aber auf eine Wartezeit einstellen müssten. In der gesamten Schule waren nur sieben CAIRB-Plätze verfügbar – und sie waren alle besetzt. Auch wenn ein Platz frei werden sollte, standen bereits mehr als ein Dutzend Kinder mit Autismus auf der Warteliste. Ich war furchtbar enttäuscht.

Der Direktor fuhr fort und erklärte einige der Statistiken, die sich hinter dieser langen Warteliste verbargen: Jedes Jahr werde bei einem von hundert Kindern die Diagnose Autismus gestellt, und Jungen hätten ein fünf Mal höheres Risiko, davon betroffen zu sein als Mädchen. Leider, fügte er hinzu, würden alle Schulen mit CAIRB-Plätzen vor demselben Problem stehen – die Fördermittel reichten nur für sieben Plätze.

»Und Sie stehen am Ende der Warteliste«, erklärte er.

Auch ich runzelte die Stirn und spürte leichte Übelkeit in mir aufsteigen. Ich wusste, dass Frühförderung entscheidend dafür war, ob Sam einmal ein normales Leben führen könnte, deshalb durfte ich keine weitere Sekunde verschwenden und auch nicht darauf warten, dass unser Name an die Spitze der endlos langen Warteliste kletterte. Ich war schrecklich enttäuscht, dass diese tolle Schule unerreichbar für uns schien, und konnte nur hoffen, dass die anderen Schulen auf unserer Liste in der Lage sein würden, uns zu helfen. Wir dankten dem Direktor für seine Zeit, und dann ging es zurück ins Auto und auf zur nächsten Adresse.

Auf dem Weg hatte ich ein intensives Gespräch mit Darren. Auch wenn ich auf meiner Rettungsmission für Sam schon viel erreicht hatte, fühlte es sich an, als müsste ich um alles kämpfen, und es war schwer, eine positive Einstellung zu bewahren. Was sollten wir tun, wenn wir keinen Schulplatz für Sam fanden?

Darren half mir wie üblich, die Situation rational zu betrachten. »Es ist, als würdest du ein Haus besichtigen, in das du dich auf der Stelle verliebst, aber dann erfährst du, dass ein anderer Interessent bereits ein Gebot abgegeben hat«, argumentierte er. »In solchen Situationen musst du mit kühlem Kopf, nicht emotional vorgehen – akzeptieren, dass es weg ist, und zum nächsten fahren.«

Ich war froh, dass Darren mitgekommen war und ich nicht allein mit allem fertigwerden musste. Mittlerweile war er ein echter Partner für mich geworden, und wie immer das neue Leben aussehen würde, das ich für meine Familie schuf, er würde dazugehören.

Wir schlängelten uns über weitere Feldwege, über Viehgitter und durch malerische Dörfer mit mittelalterlichen Kirchtürmen. Während die Landschaft an uns vorbeiflog, gewann ich meine positive Einstellung zurück und freute mich erneut daran, diese kleine Ecke Englands, die ich bald mein Zuhause nennen würde, zu besuchen.

»Schau mal, da ist ein kleines Café, das Cream Tea anbietet!«, rief ich, als wir daran vorbeisausten.

Oh Mann, dachte ich, *es ist Ewigkeiten her, dass ich Scones mit Clotted Cream und Marmelade gegessen habe.* Mir lief das Wasser im Mund zusammen. Ich konnte es kaum erwarten, meine Jungs mit all den Leckereien bekannt zu machen, mit denen ich aufgewachsen war – mit britischen Institutionen wie Fisch und Chips oder Pasteten. Je mehr ich von Devon sah, desto mehr wollte ich es für unser neues Leben.

Tiverton war der nächste Ort auf unserer Liste. Auch diese Schule war fantastisch, auch wenn sie das krasse Gegenteil der Schule war, die wir gerade gesehen hatten. Das alte viktorianische Gebäude mit hohen Decken und einer großen, imposanten Treppe lag in der Stadtmitte.

Auch die Erfahrung, die wir hier machten, unterschied sich drastisch von der vorherigen. Wir wurden in einen Empfangsbereich geführt und gebeten, auf Miniplastikstühlen Platz zu nehmen, die aussahen, als wären sie eigentlich für die Klassenräume der Kinder gedacht. Wie sollte ich ernst bleiben, wenn ich sah, wie Darren seine Beine zu einer Brezel verknotete? Ich brach in schallendes Gelächter aus.

Plötzlich ging die Tür auf, und ein Mann mit Schnorchel, Schwimmflossen und Neoprenanzug stapfte ins Zimmer.

»Hallo!«, rief er uns zu. Es war der Direktor.

Er gesellte sich zu uns auf die winzigen Stühle und fing an, fröhlich mit uns zu plaudern. Darren und ich warfen uns verstohlene Blicke zu und dachten, *Was zum Teufel…?*

Wie sich herausstellte, veranstaltete die Schule gerade einen Wohltätigkeitstag, und der Direktor musste den ganzen Tag lang den schweißtreibenden Neoprenanzug tragen. *Was für eine tolle Schule, das ist total lustig*, dachte ich.

Er führte uns mit seinen Schwimmflossen zum CAIRB-Bereich, und auch dieser war völlig anders als in der vorherigen Schule. Er war ruhig und eher spartanisch. Glücklicher- und erstaunlicherweise gab es keine Warteliste. Ich hatte so gut wie entschieden, dass es diese Schule sein sollte, auch wenn wir noch nach Ivybridge rasten, um pünktlich zu unserem nächsten Termin zu erscheinen.

Manor Primary lag in einer Straße, die eine sentimentale Bedeutung für mich hatte: Meine Großmutter, die am selben Tag Geburtstag hatte wie Sam, hatte in einer Straße namens Manor Way gewohnt; obwohl die Wahl also eigentlich schon auf Tiverton gefallen war, hatte ich ein positives Gefühl, als Darren und ich auf die Schule zugingen und eintraten. Hier wurden wir von Lynda Russell, der Leiterin des CAIRB-Bereichs, empfangen. Sie sah genauso aus wie auf dem Foto, das ich von der Website der Schule kannte – ungefähr Mitte fünfzig mit schulterlangem blondem Haar.

Plötzlich hatte ich einen Flashback und sah mich in meinem Büro in Spanien sitzen, verzweifelt und mit meinem Latein am Ende, während ich auf das Scheidungsurteil wartete und probeweise Recherchen über britische Schulen anstellte. Jetzt fiel mir wieder eine spezielle E-Mail-Korrespondenz ein, die ich damals mit Lynda geführt hatte. Ich hatte ihr mein Herz ausgeschüttet und geschrieben, dass ich ganz dringend Hilfe für Sam brauchte und deshalb ihre Schule besuchen wollte. Ihre Antwort hatte ein himmlisches Bild heraufbeschworen: »Kommen Sie im Frühling nach Devon – es ist so schön hier, wenn überall die Schlüsselblumen an den Hecken blühen.«

Diese Frau streckte mir jetzt die Hand entgegen, und ich fühlte mich unwillkürlich von Dankbarkeit überwältigt.

Lynda führte uns zum CAIRB-Bereich herunter. In dem farbenfrohen Raum herrschte emsiges Treiben, und überall standen Sachen herum – Farbtöpfe, Buntstifte, Bauklötze, sogar eine Sandkiste. Es sah chaotisch aus, hatte aber etwas Fröhliches, Lebendiges, das einen förmlich ansprang. Es waren gerade keine Kinder da, weil wir kurz nach Schulschluss angekommen waren, aber ich konnte mir lebhaft vorstellen, wie wohl sie sich hier fühlten.

Lynda teilte mir mit, dass sie einen Platz für Sam frei hätten, aber dass die Entscheidung, ob er einen Platz im CAIRB-Programm erhalte, beim Country Council liege. An Manor Primary war auch ein Kindergarten angeschlossen, den Will, der gerade vier geworden war, besuchen könnte. Es klang fast zu schön, um wahr zu sein.

Im Ort gab es einen Pub namens *The Old Smithy*, den

Darren und ich ausgehungert ansteuerten, bevor wir unsere Reise fortsetzten. Als wir eintraten, schlug mir sofort der bittersüße Geruch von Ale und Cider entgegen, der sich nach zahllosen verschütteten Gläsern tief in die Holzbohlen und Tischplatten eingegraben hatte. Es war dieser wunderbare, behagliche Geruch, den nur Pubs auf dem Lande haben. Ein blonder Labrador, genauso einer wie der, den eine Großtante von mir besessen hatte, kam herüber und ließ sich neben uns nieder. Er legte seinen großen, knuffigen Kopf auf Darrens Knie.

Ich flitzte zum Klo, während wir auf unser Essen warteten, und dort entdeckte ich an der Wand haargenau die gleiche blauweiß geblümte Tapete, die meine Schwester in ihrem Zimmer in Essex gehabt hatte.

Ich bin kein Stück abergläubisch, aber das kam mir wie ein Zeichen vor – und zwar als eines von vielen, die für Ivybridge sprachen. Der Name der Straße, der Labrador, die Tapete, die warmherzige E-Mail von Lynda Russell …

Ich beschloss, meinem Herzen zu folgen.

Darren sah mich seltsam an, als ich vom Klo zurückkam. Ich bin mir nicht sicher, was für ein Ausdruck auf meinem Gesicht lag, aber ich fragte ihn mit einem kleinen Lächeln: »Findest du nicht auch, dass Manor Primary perfekt zu uns passt?«

»Wir müssen noch nach Tavistock«, erklärte er mit einem Blick auf seine Armbanduhr.

Aber ich wusste, dass ich keine weiteren Schulen mehr besichtigen musste. Etwas sagte mir, dass wir die richtige gefunden hatten. Als Darren und ich darüber sprachen, stellten wir fest, dass wir einer Meinung waren.

Und so hob ich mein Glas und prostete Darren zu. Endlich waren wir auf dem besten Weg, Sam die Hilfe zu geben, die er brauchte. Ich fühlte mich wie von einer Zentnerlast befreit. Jetzt konnte unsere Zukunft beginnen.

7. Kapitel
Ein Stück Himmel

Kartons hatten wir mehr als genug, aber zu wenig Zeit, um sie zu füllen.

Darren mutierte zum unermüdlichen Möbelpacker und bereitete alles für den Transport nach England vor. Er hatte noch zwei Tage frei, bevor er wieder zurück nach Südkorea musste, und packte rund um die Uhr Kartons – während ich für meinen Teil irgendwann so erledigt war, dass ich kein Stück mehr anheben konnte und erschöpft in den Schaukelstuhl auf der Veranda fiel. Darren dagegen schuftete eisern weiter – und fand trotzdem noch Zeit, seine Faxen mit den Jungs zu machen, indem er sie zu Wills großem Entzücken mit geschreddertem Zeitungspapier bewarf.

So anstrengend die Packerei war, eine noch größere Herausforderung war es, Sam auf den Umzug vorzubereiten. Lynda Russell hatte sich als unglaublich hilfreich erwiesen – sie hatte mir eine Kiste voller Anschauungsmaterialien geschickt, außerdem Fotos von der Schule und von allen Lehrern. Daraus konnte ich eine Geschichte für Sam zusammensetzen, so wie Mariangeles es mir beigebracht hatte. Ich wusste, dass ich Sams Angst vor den neuen Abläufen, die auf ihn zukamen, verringern konnte, wenn es mir gelang, ihm bildlich zu veranschaulichen, was ihn erwartete. Dazu war es nicht genug, ihm die Karten und Fotos einmal zu zeigen, sondern ich musste sie ihm jeden Tag, den ganzen Tag, immer wieder vorlegen.

Ich zog die Bilder heraus, wenn ich mit ihm auf dem Sofa kuschelte. Ich hielt ihn in den Armen, nicht nur weil ich ihn gern bei mir hatte, sondern auch weil der körperliche Kontakt dazu beitrug, dass er fokussiert blieb.

»Das hier ist deine neue Schule. Das ist Mr Hemelik, dein neuer Rektor«, erklärte ich fröhlich.

Keine Reaktion.

»Das ist Mrs Sharp, sie wird dir im Unterricht helfen.«

Keine Reaktion.

»›Schau dir unsere ganzen Spielsachen an! Auch draußen haben wir Spielsachen‹«, las ich vor, was auf der Bildkarte von der Schule stand, und deutete auf die Sandkiste und die Klettergerüste.

Das entlockte Sam schließlich die Andeutung eines Lächelns.

Sam konnte ein paar Worte sprechen, aber nicht nacheinander. Er war fünf Jahre alt, aber seine Sprache entsprach der eines Zweijährigen. Zu diesem Zeitpunkt war ich mir nicht sicher, ob er vergessen hatte, wie man spricht. Ich legte ihm alle visuellen Informationen vor, die ich ihm über unseren Umzug zeigen konnte – zum Beispiel Bilder von der umgebauten Scheune, die wir mieten wollten, und sogar Bilder von dem Flugzeug, das uns nach England bringen würde.

Ich betete zu Gott, dass Sam weniger Probleme mit der Veränderung haben würde als wir mit dem Versuch, das Haus zu verkaufen. Ein potenzieller Käufer war im letzten Moment abgesprungen, was bedeutete, dass ich das Haus in Devon, an das ich mein Herz gehängt hatte, nicht erwerben konnte, was auch der Grund dafür war, dass wir jetzt zur Miete wohnen würden. (Das hatte ich Sam eigentlich ersparen wollen, weil es letztlich einen weiteren Umzug erfordern würde, wenn wir uns etwas Eigenes leisten konnten.) Doch wir hatten keine andere Wahl, als das Haus in Spanien jetzt aufzugeben (ich würde von Großbritannien aus weiter versuchen, es an den Mann zu bringen) und nach Devon aufzubrechen, weil Sams Schule in der kommenden Woche, im September 2008, begann.

Was unser zu mietendes Haus betraf, hatten Darren und ich uns für eine umgebaute Scheune in einem Dorf namens Diptford entschieden, das eine halbe Stunde Autofahrt von Manor Primary entfernt lag. Wenn Darren jetzt von seinen Bohrinseln zurückkam, würde sein »Zuhause« bei uns sein, was mich überglücklich machte.

Als der Umzugstag da war, küsste ich meinen Partner zum Abschied und sagte ihm, dass ich es kaum erwarten könne, ihn in vier Wochen, wenn er von seiner Bohrinsel zurückkehrte, wiederzusehen. Dann stellte ich das »Zu verkaufen«-Schild wieder auf, schloss die Tür, und das war's. Ich ließ Spanien hinter mir und freute mich auf die Zukunft.

Heute war der erste Tag vom Rest unseres Lebens.

Erstaunlicherweise verlief die Reise relativ glatt. Sam blieb während des Fluges ruhig, und ich schaffte es, das

Haus zu finden, ohne mich total zu verfahren. Zum Glück hatten wir tatkräftige Unterstützung durch ein Spitzenteam von Verwandten: Meine Mutter kam aus Spanien herüber, um mit anzupacken, und Darrens Eltern und seine Geschwister halfen ebenfalls mit. Wir trafen uns alle am Flughafen und fuhren im Konvoi zur Scheune. Die Kartons waren bereits einen Tag vorher eingetroffen, und dank Darrens Beschriftungen war es ein Leichtes herauszufinden, in welchen die wichtigsten Sachen verstaut waren. Mit vereinten Kräften gelang es uns, die Betten aufzubauen, die Töpfe und Pfannen auszupacken und auch sonst das Nötigste für den Schulstart der Jungs in der folgenden Woche fertig zu bekommen.

Wir schafften es sogar, in den letzten Tagen vor Schulbeginn noch ein paar kleine Sightseeing-Touren einzufügen. Zusammen mit den Jungs besuchte ich die Dampfeisenbahn, die Otternfarm und die Schmetterlingsfarm. Ich wollte Sam und Will zeigen, wie schön England war und wie glücklich wir hier sein würden.

Mit Freude sah ich, dass Sam gut auf seine neue Umgebung zu reagieren schien. Er war begeistert von den Dampfloks – sobald er zu Hause war, holte er einen Zeichenblock heraus und malte die Szene aus der Erinnerung. Beim Zeichnen hatte er erstaunlich schnelle Fortschritte gemacht, seit er vor etwa einem Jahr die Supersmiley-Sonne mit dem blauen Filzer gemalt hatte. Es schien eine Art Ventil für ihn zu sein: eine Möglichkeit, sich selbst auszudrücken, wenn er schon nicht sprechen konnte. Als ich ihm jetzt zusah, zeichnete er die Eisenbahnsignale und die auseinanderlaufenden Schienen – Details, die andere

Kinder vielleicht nicht miteinbezogen hätten. Er machte das wirklich unglaublich gut, viel besser, als viele Erwachsene es hinbekommen hätten.

Alles schien sich zum Besseren zu wenden. Meine Mutter war inzwischen wieder nach Spanien abgereist. An diesem Abend telefonierte ich mit ihr und weinte fast vor Glück, als ich ihr erzählte, dass die ganze Riesenanstrengung sich gelohnt hatte. Sie würde es mit eigenen Augen sehen können, wenn sie nach England zog, auch wenn sie dafür bislang noch keinen Termin gemacht hatte. Und ich wusste, dass Manor Primary das i-Tüpfelchen sein würde. Ich brannte darauf, Sam am nächsten Tag dort abzusetzen.

Lynda Russell hatte mir eine Aufstellung der ganzen verschiedenen Methoden geschickt, die sie bei der Arbeit mit Sam anwenden würde, und es war Welten von allem entfernt, was er bisher kennengelernt hatte. Beim CAIRB-Programm wird an den Bereichen gearbeitet, in denen Kinder mit Autismus Probleme haben, wie soziale Interaktion, Aufmerksamkeit und Bindung. Lyndas Unterrichtsziele bestanden darin, das soziale Bewusstsein, Fähigkeiten der Verhaltenssteuerung und positive Verhaltensweisen zu fördern (Sam zum Beispiel dabei zu helfen, sein »Flattern« zu regulieren). Weitere wichtige Ziele waren, dass die Kinder lernten, besser Acht zu geben (viele Kinder mit Autismus nehmen Gefahren nicht wahr und laufen u.U. blind in den Verkehr), und dass sie ihre kommunikativen sowie ihre grob- und/oder feinmotorischen Fähigkeiten verbesserten (Sam hatte wenig Kraft in der oberen Körperhälfte und eine schlechte Augen-Hand-Koordination). Fotos und Videoaufzeichnungen waren wichtige Hilfsmittel bei

Lyndas Unterrichtsansatz. Für ein Kind mit Autismus kann die Verwendung eines Bildes weit erhellender sein als jedes Wort.

Zu Beginn des Schultages würde Sam einen aus Bildern bestehenden Stundenplan erhalten, damit er wusste, was auf ihn zukam. Für alles gab es ein Symbol – Bücher, Spielsachen, das Klo, Lehrer, Stifte, Sandkiste, Belohnungen, Lesen, Ruhezeit, Auto, Zuhause. Sobald die Arbeit oder Aktivität abgeschlossen war, wurde das Bild mit dem entsprechenden Symbol vom Stundenplan entfernt: Darüber musste man sich keine Gedanken mehr machen. Sam würde eine Arbeitsstation erhalten (eine Art Schreibtisch mit aufgesetzter Abschirmung, wodurch die Kinder sich sicher fühlen und weniger leicht abgelenkt werden), so dass er für sich allein lernen konnte. Die Aufgaben, die von den Lehrern gestellt wurden, würden sich wiederholen und sehr gut vorhersehbar sein: Dinge, die Sam ohne Hilfe erledigen konnte und die ihn nicht beunruhigten. Als weitere Hilfsmittel dienten zwei Körbe: Im grünen lagen die Karten mit den anstehenden Aktivitäten – sobald er eine Aktivität beendet hatte, wanderte die Karte in den roten Korb. Für alles gab es geregelte Abläufe und Routinen – genau das, was Sam brauchte.

Ein Mangel an Empathie für andere ist ein typisches Merkmal des Autismus, und Sam hatte tatsächlich große Probleme damit, die Stimmungen anderer Menschen zu verstehen – er konnte nie erkennen, ob ich glücklich oder traurig war. Lynda Russell wollte diese Schwäche direkt in Angriff nehmen, indem sie Sam beibrachte, wie man Gefühle, Gesten und Gesichtsausdrücke deutete. Das sollte ihm helfen, mit anderen zu interagieren und – das Wichtigste – Freundschaften zu schließen.

Im gesamten Unterricht wurden Bildmaterialien eingesetzt, die den Schülern beim Formulieren von Sätzen helfen sollten. Lynda würde Sam zum Beispiel Bilder von dem Kinderreim *Humpty Dumpty* vorlegen, damit es ihm leichter fiel, eine Geschichte in Worte zu fassen; das Ziel war, dass er mit der Zeit weniger visuelle Hinweise benötigen und nur noch ein paar klare schriftliche Stichwörter brauchen würde.

Lynda erklärte mir außerdem, dass diese Momente, in denen Sam auf einem anderen Stern zu sein schien, sehr wichtig für sein Wohlbefinden waren. Kinder mit Autismus brauchen Zeit für sich allein, um in ihre eigene kleine Welt einzutauchen, damit sie ihre Angst abbauen und ihr Gehirn vor Reizüberflutung schützen können. Dafür würde Sam eine spezielle Karte erhalten, die er im regulären Unterricht nutzen konnte. Diese Karte konnte er bei seiner Betreuerin vorzeigen, wenn er sich überfordert fühlte und »Flatterzeit« brauchte. Dann würde er die Erlaubnis erhalten, zurück in den CAIRB-Bereich und in den Ruheraum zu gehen, um sich zu entspannen. Durch all diese Maßnahmen sollte Sam lernen, seine Gefühle zu regulieren und »Ausrastern« vorzubeugen – diese Momente, in denen Sams Angst »überkochte« und ihn dazu brachte, um sich zu schlagen, wie er es bei dem kleinen Jungen im Speisesaal getan hatte oder bei den Angestellten des Supermarktes, als sie seinen Kopf berühren wollten.

Lynda war der festen Überzeugung, dass die Kinder im CAIRB-Programm Kontakt mit der Natur haben sollten, weil dies ihren sensorischen Schwächen entgegenwirkte. Viele Personen mit Störungen des autistischen Spektrums haben Probleme mit der Sinnesverarbeitung, was bedeutet, dass sie über- oder unterempfindlich in einem, mehreren oder allen Bereichen der sinnlichen Wahrnehmung reagieren. Aus diesem Grund gab es einen speziell für die Kinder angelegten Garten in Manor Primary, mit einem Wasserfall und mit Pflanzen, die sie berühren konnten, um ihre Sinne anzuregen. Die Schule organisierte auch regelmäßige Ausflüge zu Tierfarmen wie dem Eselasyl »Donkey Sanctuary«, wo tiergestützte Therapien für Kinder angeboten wurden. Das Eselreiten trug auch dazu bei, die Rumpfmuskulatur, mit der viele autistische Kinder Probleme haben, zu stärken. Lynda verfolgte einen wirklich ganzheitlichen Ansatz, was mir sehr gut gefiel.

Ich glaube, Will fand Sams ersten Schultag in Manor Primary genauso aufregend wie ich. Er sprang um seinen Bruder herum, während ich versuchte, Sam in seine Schuluniform zu stecken, die aus einem weißen Polohemd, einem grünen Sweatshirt mit gelbem Schullogo, grauer Hose, schwarzen Schuhen und einem passenden grünen Rucksack bestand. Er sah hinreißend aus.

»Ich will das auch!« Will zerrte an Sams Rucksack.

»Wenn du ein bisschen älter bist, bekommst du auch eine Uniform«, versicherte ich ihm und zerzauste seinen blonden Haarschopf.

Wegen seiner schlechten grobmotorischen Fähigkeiten konnte Sam sich nicht allein ankleiden. Wenn ich es ihn versuchen ließ, sah er am Ende aus wie ein Mini-Superheld – mit dem Slip über der Hose! Sein Gehirn konnte nicht verarbeiten, in welcher Reihenfolge er die Sachen anziehen sollte.

Zuerst setzte ich Will beim Kindergarten ab. Nachdem ich ihn noch einmal fest gedrückt und ihm einen dicken Kuss gegeben hatte, drehte er sich um und trottete vertrauensvoll los, um seine neuen Klassenkameraden kennenzulernen. Um ihn machte ich mir keine Sorgen, er war ein beherzter kleiner Strolch.

Bei Sam war ich erheblich nervöser. Als ich ihn die vielen Stufen herunterführte, die zu den Schultoren führten, rutschte mir das Herz in die Hose. Es war schwer, die schlechten Erinnerungen an seine Schulzeit in Spanien auszublenden. Ich fragte mich, ob es ihm gut gehen würde oder ob es trotz CAIRB ein Fehler war, ihn in eine Regelschule zu schicken. Was, wenn die anderen ihn schikanierten?

Doch sobald ich das lächelnde Gesicht von Lynda sah, die am Tor auf Sam wartete, lösten meine Sorgen sich in Luft auf. Sie strahlt eine unglaubliche Gelassenheit aus und hat eine ganz sanfte, fast hypnotisierende Stimme. Sie nahm Sams kleine Hand in die ihre und führte ihn durch das bogenförmige Tor. Mit feuchten Augen sah ich Sams auf- und abhüpfendem Rucksack hinterher. Ich hatte gedacht, dass dieser Tag – der Tag, an dem ich ihm an einer Schule nachwinken würde, in der man seine Bedürfnisse wirklich verstand – niemals kommen würde.

Ich war froh, dass ich zu Hause weiter auspacken musste und damit eine Aufgabe hatte, die mich davon ablenkte, die ganze Zeit darüber nachzugrübeln, wie die beiden wohl an ihrem ersten Schultag zurechtkamen. Am Ende des Nachmittags wurde ich immer zappeliger und wollte unbedingt wieder ins Auto und so schnell wie möglich zur Schule, um sie abzuholen.

Will war begeistert von seinem ersten Tag. Strahlend kam er mir entgegen und hielt ein DIN-A4-Blatt umklammert, das mit blauen und grünen Schnörkeln bedeckt war.

»Danke, Will, das ist wunderschön«, sagte ich, als er es mir stolz überreichte. Ich ging neben ihm in die Knie, drückte ihm einen dicken Kuss auf die Wange und nahm ihn dann auf den Arm. Zusammen stiegen wir die Stufen herunter, um Sam am inneren Schultor in Empfang zu nehmen.

Meine Augen huschten hin und her, um Sam zwischen den herausstürmenden Kindern zu entdecken, aber am Ende war es Will, der ihn zuerst erspähte.

»Sam!«, kreischte er und zappelte auf meinem Arm.

Sam kam an der Hand von Lynda heraus. Auch wenn es nur eine kleine Geste war, bedeutete sie mir ungeheuer viel, weil sie mir das Gefühl gab, dass Sam gut aufgehoben war. Wie ich später herausfand, entsprach dieses Verhalten einer gängigen Praxis, an die sich die Schule etwa ein Jahr lang hielt: Die Lehrassistenten warteten morgens am Schultor auf die Kinder und brachten sie am Ende des Schultages auch immer wieder nach draußen. Das sollte Sam ein Gefühl von Kontinuität vermitteln und seinen Angstpegel senken – und es war von Anfang an klar, dass es funktionierte.

»Sam, hattest du einen guten Tag?«, fragte ich begeistert. Aufgrund meiner Recherchen zum Thema Autismus wusste ich, dass ich Sams Namen verstärken musste, damit er wusste, dass er angesprochen wurde.

»Ja«, sagte er nickend. *Er kommunizierte.*

Mir ging das Herz auf – Sam hatte all die vielen Male, die ich ihn in Spanien von der Schule abgeholt hatte, kaum je ein Wort mit mir gesprochen.

Lynda informierte mich kurz über Sams Tag. Sie erklärte, dass er den Morgen in einer Regelschulklasse begonnen hatte. Sie hatte sich im Hintergrund gehalten und sein Verhalten beobachtet. Nach einer halben Stunde hatte sie gemerkt, dass es zu viel für Sam wurde, und hatte ihn in den CAIRB-Bereich gebracht.

Lyndas Ziel war es, Sam letzten Endes vollständig in den gesamten Regelunterricht zu integrieren, aber sie konnte mir nicht sagen, wie lange das dauern würde oder ob es überhaupt je möglich sein würde.

Ihr war allerdings aufgefallen, dass Sam viel Spaß am Sinnesraum des CAIRB-Bereichs gehabt hatte, in dem es Lichtquellen an den Wänden und auf dem Fußboden und Plastiktürme mit Wasserblasen gab. Dieser Raum sollte die Sinne anregen, aber auf sanfte Weise, damit die Kinder sich nicht von Reizen überflutet fühlten. Sam hatte sich für die Spaghetti-Lichter begeistert (LED-Lampen in drei Meter langen Plastikschläuchen; sie leuchten in unterschiedlichen Farben mit einem Dimmer-Effekt), weil sie in geraden Linien angeordnet waren. Lynda berichtete, er habe sich eine ganze Weile bei diesen Lichterschläuchen hingelegt und sie offenbar als sehr beruhigend empfunden.

Als ich meine Söhne eingesammelt hatte und wir zurück zu unserem neuen Zuhause fuhren, hatte ich das Gefühl, dass sich alles zusammenfügte. Sam hatte seinen Platz gefunden, Will hatte seinen Platz gefunden, und einige Tage später hatte Lynda Russell sogar eine Idee, wie sie *mich* in das Leben in Devon integrieren konnte.

»Haben Sie Freunde hier?«, fragte sie mich eines Morgens, als ich Sam ablieferte.

»Eigentlich kenne ich niemanden«, gestand ich schüchtern ein.

»Na, dann los!«, erklärte sie.

Jetzt war ich diejenige, die von Lynda an die Hand genommen und weggeführt wurde. Sie leitete Sam und mich durch einen Kaninchenbau von Korridoren in einen Klassenraum. Hier wurde Sam jeden Morgen eingetragen, bevor er in den CAIRB-Bereich kam, aber ich hatte keine Ahnung, was Lynda vorhatte.

»Das ist Sams Mutter – Jo«, verkündete Lynda und stellte mich der Lehrerin, Mrs Langdon, vor.

Dann warf sie mich ins kalte Wasser. »Könnte Jo Ihnen helfen?«, fragte sie Mrs Langdon.

»Häh?«, stotterte ich völlig verdattert. »*Ich?* Hier helfen?« Ich sah mich in dem sonnendurchfluteten Klassenzimmer um.

Daraufhin teilte Lynda mir mit, dass gerade die Gelegenheit bestehe, als Lehrassistentin einzuspringen, und dass ich perfekt dafür geeignet sei. Die Schule suche nach einer Mutter, die im Unterricht helfe, und in Anbetracht meiner Sprachkenntnisse könne ich zudem vielleicht den Kindern in der Regelschule ein bisschen Spanisch beibringen. Lynda dachte, die informelle Tätigkeit würde mir helfen, Freundschaften zu schließen, und natürlich würde ich auch in der Lage sein, Sam zu sehen und zu überprüfen, ob er sich gut eingewöhnte.

Obwohl ich von der Idee sehr angetan war, machte ich mir doch auch Sorgen, dass meine Anwesenheit in Sams Klasse seine Fortschritte behindern könnte. Aber Lynda versicherte mir, dass es im Gegenteil dazu beitragen würde, Sam zu beruhigen, außerdem würde ich Sam zunächst sowieso nur morgens bei der Anmeldung sehen. Sam würde dann am CAIRB-Programm teilnehmen, während ich beim Regelunterricht assistierte.

Ich dachte darüber nach. *Konnte ich nach dieser langen Zeit der Ungewissheit in Spanien wirklich die Möglichkeit ausschlagen, Sams Entwicklung besser im Auge zu behalten?*

»Wann fange ich an?«, fragte ich und strahlte sie an. Der ganze Papierkram war schnell erledigt. Bald hatten Sam und ich unsere eigene neue Routine entwickelt und verbrachten unseren Tag beide an der Schule.

Meine allmorgendliche Anwesenheit im Unterricht hatte nicht nur eine beruhigende Wirkung auf Sam, sondern linderte auch einige meiner anhaltenden Ängste über seine Zukunft. Zu meinen größten Sorgen hatte immer gehört, ob Sam fähig sein würde, ein normales Leben zu führen. Würde er Freunde finden? Würde er in der Lage sein, sich selbst zu versorgen, wenn mir, was Gott verhüte, etwas zustoßen sollte?

Zu sehen, dass Sam in einer Klasse voller neurotypischer Kinder glücklich war, sagte mir, dass er es konnte. Er interagierte nicht unbedingt mit ihnen, aber er hatte keine Angst, und er schlug nicht um sich. Es war eine enorme Erleichterung, und meine Hoffnung wuchs.

Ich stand immer hinten im Klassenzimmer, wenn Mrs Langdon das Namensregister durchging. Mit dem Nachnamen Bailey war Sam immer der zweite, der aufgerufen wurde.

Er saß im Schneidersitz auf dem Boden, die Hände ordentlich im Schoß gefaltet.

»Ja«, antwortete er selbstbewusst jeden Morgen, wenn sein Name fiel.

Und jeden Morgen platzte ich fast vor Stolz.

Das ist mein Junge.

Mein neuer Job in der Schule war allerdings insofern ein zweischneidiges Schwert, weil die Tatsache, dass ich Sam genau im Auge behalten konnte, auch Nachteile hatte – und zwar in den Pausen. Mein Klassenraum befand sich im Erdgeschoss, wodurch ich gut beobachten konnte, was sich auf dem Schulhof alles abspielte. Eines Morgens räumte ich gerade die Spielsachen für die nächste Unterrichtsstunde weg, als ich aus den Augenwinkeln sah, dass Sam bei der umgestürzten Eiche stand, die den hinteren Teil des Schulhofs dominierte. Die Kinder benutzten sie oft als Klettergerüst, doch an diesem Morgen war mein Kind das einzige, das sich dort aufhielt.

Inzwischen wird es nicht mehr gemacht, aber damals war es noch gängige Praxis, dass die Lehrer den Kindern mit Autismus in den Pausen leuchtende Warnwesten anzogen. Einige dieser Schüler waren sogenannte »Läufer« – ein inoffizieller Begriff für Kinder, die die Neigung hatten, plötzlich Reißaus zu nehmen, was gefährlich sein konnte, weil viele Autisten kein Gespür für Gefahren haben. Die Signalfarbe der Weste bedeutete, dass ich Sam aus einem

Kilometer Entfernung entdecken konnte, aber im Grunde brauchte ich sie nicht. Er war auch ohne Weste nicht zu übersehen. Er rannte am Baumstamm auf und ab und flatterte mit den Armen. Ab und zu hielt er inne, hielt sich die Hände vors Gesicht und inspizierte seine Finger, bevor er wieder losrannte und seinen Blick an der geraden Kontur des Baumes ausrichtete. Er interessierte sich für kein einziges anderes Kind. Kein einziges anderes Kind wollte mit ihm spielen.

Ich kann gar nicht in Worte fassen, wie schlimm ich diesen Anblick fand: Lauter fröhliche Kinder auf dem Schulhof, die Spaß haben, einen Fußball hin und her kicken und Fangen spielen – nur ein einziger kleiner Junge, *dein* Junge, ist ganz allein und läuft mit wedelnden Armen auf und ab.

Ich spürte, wie sich ein Kloß in meinem Hals bildete.

Mein einziger Trost war, dass es Sam nicht störte, allein zu sein. Kinder mit klassischem Autismus suchen die Einsamkeit und Abgeschiedenheit, das unterscheidet sie von Kindern mit Asperger, von denen viele sehr gern Freundschaft schließen möchten, aber nicht wissen, wie sie es anstellen sollen. Für Sam galt das nicht.

Trotzdem zerriss es mir das Herz. Tatsächlich fand ich es so belastend, dass ich schließlich überlegte, den Job aufzugeben. Es war so schwer, Sam zu sehen und nicht einzugreifen – nicht hinzugehen und sein Freund zu sein oder ihn zu ermuntern, sich zu den anderen zu gesellen, auch wenn ich wusste, dass er tatsächlich gern allein war.

Damals war Darren gerade auf eine Bohrinsel vor der ägyptischen Küste umgezogen. Trotzdem war er telefonisch immer erreichbar, ganz gleich, wo er arbeitete. Er war bei einem Unternehmen angestellt, das in Schottland ansässig war, deshalb musste ich nur in Aberdeen anrufen und wurde direkt zu seinem Anschluss weitergeleitet. Immer wenn ich ihm davon erzählte, wie ich Sam wieder allein auf dem Schulhof gesehen hatte, wurde ich ziemlich emotional. Darren hörte sofort an meiner Stimme, wie sehr mich die Situation belastete.

»Warum gibst du den Job nicht auf?«, fragte er eines Tages ganz sachlich. Wir kamen überein, dass es wahrscheinlich das Beste für mich wäre, die ehrenamtliche Tätigkeit in Sams Schule zu beenden. Darren wusste, dass ich eine bezahlte Arbeit suchte, doch bei unserem Gespräch spürte er, dass ich mir Sorgen darüber machte, nicht genügend Zeit für Sam zu haben, wenn ich einen Vollzeitjob übernahm. Er schlug mir daraufhin vor, überhaupt nicht mehr arbeiten zu gehen.

»Okay, und wie bezahle ich meine Rechnungen?«, wandte ich ein.

»Die übernehme ich!«

Ich war völlig perplex. Es war das Großzügigste, was je ein Mann für mich getan hatte. Ich war daran gewöhnt, dass ich alle anderen unterstützte, nicht umgekehrt. Abgesehen vom Mutterschaftsurlaub war ich immer berufstätig gewesen und hatte immer für mich selbst gesorgt. Die Vorstellung, dass Darren finanziell für mich aufkam, verstieß gegen all meine Überzeugungen von weiblicher Stärke und Unabhängigkeit. Seine Großzügigkeit machte mich sprachlos.

»Ich weiß nicht, was ich sagen soll«, stotterte ich schließlich.

»Sag ja«, drängte er.

»Ich weiß nicht ...«, setzte ich an.

»Du könntest deine ganze Kraft darauf verwenden, dich um Sam zu kümmern«, versuchte er, mich zu überreden.

Ich hielt inne, um nachzudenken. Das war ein Argument. Obwohl Sam schon viel ausgeglichener war, seit er auf eine Schule ging, in der man wusste, wie man auf seine Bedürfnisse eingehen musste, kämpfte er noch immer mit grundlegenden Alltagsfähigkeiten. Ihm jetzt, solange er noch klein war, meine Zeit zu widmen, würde ihm die bestmögliche Chance auf ein normales Leben eröffnen, in dem er ein Teil der Gesellschaft sein konnte und nicht nur im Abseits stehen würde. Das wünschte ich mir mehr als alles andere für ihn.

Ich konnte Darren übers Telefon atmen hören. Geduldig wartete er auf meine Antwort.

»Danke«, sagte ich schlicht, als ich sein unglaublich großzügiges Geschenk annahm.

Damals ahnte ich es noch nicht, aber Darren und ich hatten gerade eine wichtige Entscheidung getroffen. Denn schon bald sollte Sam mich mehr brauchen als je zuvor.

8. Kapitel
Kein Ausweg

Ich bin mir nicht sicher, ob es eine verzögerte Reaktion auf unseren Umzug nach England war oder ob es damit zu tun hatte, dass Sam zeitweilig zu seinem Vater nach Spanien fuhr und durch die Unterbrechung seiner regelmäßigen Routine verstört war, aber wir waren noch nicht lange in England, als irgendetwas meinen Sohn destabilisierte – und zwar auf dramatische Weise.

Zunächst fing Sam an, bestimmte zwanghafte Verhaltensweisen zu entwickeln: Aktivitäten, die ich zuvor nicht bei ihm beobachtet hatte, die mir aber durch meine stundenlangen Internetrecherchen nur allzu vertraut waren.

Er wurde sehr wählerisch beim Essen. Er weigerte sich, irgendetwas zu sich zu nehmen, das weiß war oder auch nur einen Hauch Weiß in sich trug. Fischstäbchen und Bohnen gehörten vorher zu seinen Lieblingsspeisen, doch jetzt saß er am Tisch und starrte angespannt auf das panierte Stäbchen, als könne es jeden Moment vom Teller springen und ihn angreifen.

»Nun iss doch mal, Sam«, ermunterte ich ihn. Sam sah in meine Richtung, starrte auf das Fischstäbchen und machte sich dann mit höchster Konzentration daran, alle Panierbrösel chirurgisch zu entfernen. Das nackte Stückchen Fisch schob er beiseite und mampfte die Krümel.

Als ich die Weiß-Phobie gerade einigermaßen in den Griff bekommen hatte, entwickelte Sam eine neue Serie von Essritualen. Wenn sich bestimmte Farben auf dem Teller berührten, weigerte er sich, davon zu essen. Die verschiedenen Nahrungsbestandteile sollten säuberlich getrennt sein, damit er die Dinge einzeln probieren und ihren Geschmack erkennen konnte. Das machte sein Essen sicher und vorhersagbar für ihn. Vermischten sich hingegen die Bestandteile, wurde es zu etwas anderem – zu etwas Ungeordnetem –, und mit dieser Veränderung konnte er nicht umgehen.

Dass ich die Gründe für sein Verhalten kannte, machte es allerdings nicht leichter, damit umzugehen. Ich musste lernen, welche Farben ich auf den Teller bringen konnte und welche ich vermeiden musste. Ich musste ständig blitzschnell umdenken und mir etwas Neues einfallen lassen, um neu auftauchende Probleme zu lösen.

Die nächste Hürde tauchte auf, als Sam es nicht mehr ertragen konnte, dass jemand seine Haare oder Zehennägel schnitt.

»Aua!«, schrie er, schlug mit den Armen um sich und stieß mich weg, wenn ich versuchte, seine Nägel zu kürzen. Ich beruhigte ihn, brachte mich in eine gute Ausgangsposition und versuchte, die Nagelschere behutsam näherzubringen, aber er trat erneut um sich und bekam einen regelrechten Tobsuchtsanfall. Er schrie, boxte, trat mir gegen die Schienenbeine ... schlug im Grunde in jeder erdenklichen Form um sich, um mir das volle Ausmaß seiner Wut zu zeigen.

Eine weitere Schwierigkeit, vor der ich stand, war, dass ich nicht wusste, welche Verhaltensweisen autistisch und welche »neurotypisch« waren – verhielt sich Sam auf eine bestimmte Weise, weil er autistisch war oder weil er einfach wie jedes Kind seine Grenzen austestete?

In der Schule erhielt er begeisterte Beurteilungen; die Probleme fingen erst an, wenn er nach Hause kam. Wenn es in der Schule nicht so gut lief wie erwartet, wenn es zum Beispiel zu laut war oder zu einer unerwarteten Abweichung in seiner Routine kam, staute er seine Ängste und Enttäuschungen an – und ließ sie heraus, sobald er den Fuß durch die Tür setzte.

Es hätte vieles erleichtert, wenn ich dem Autismus nachgegeben hätte, aber ich wusste, dass ich stark sein musste. Ich musste Sam weiter zur Einhaltung bestimmter Regeln drängen, zu denen es keine Alternative gab, sonst würde sein Verhalten über unser Leben bestimmen.

»Wenn wir doch bloß einen Sinnesraum in unser Haus einbauen könnten«, sagte ich nach einem weiteren langen und erschöpfenden Abend zu Darren, an dem ich versucht hatte, Sam zum Essen und zum Zubettgehen zu bewegen. Da wir in einem gemieteten Haus wohnten, kam das natürlich nicht in Frage. Doch Darren hatte eine tolle Idee. Er schlug vor, dass ich Sam einen großen Sitzsack kaufen sollte, den er als »Chill-Kissen« benutzen konnte. Es wäre eine Art Ersatz für einen Sinnesraum – ein angenehmer, beruhigender Ort, an dem Sam seinen Frust herauslassen konnte.

Lynda Russell fand die Idee großartig und stellte sofort ein Storybook für Sam zusammen, um ihm zu erklären, welche Bedeutung das Kissen hatte und wann er es benutzen sollte: »Dies ist mein ›Reg dich ab‹-Kissen. Ich setze mich auf mein Kissen, wenn ich wütend bin.«

Es funktionierte prima. Da Lynda Sam beigebracht hatte, wie er seine Gefühle selbst regulieren konnte (zum Beispiel indem er seiner Helferin im Unterricht eine Karte zeigte, wenn er »flattern« wollte), konnte Sam dieselben Prinzipien zu Hause anwenden. Schnell hatte er den Bogen raus und merkte, wann er das »Reg dich ab!«-Kissen brauchte.

Doch als ich gerade verschnaufen wollte, tauchte ein neues Problem auf.

Sams Begeisterung für Flugzeuge hatte sich mittlerweile zu einer Obsession entwickelt. Er verbrachte Stunden damit, jedes Modell unter der Sonne zu zeichnen. Anfangs waren wir einfach nur baff erstaunt, wie brillant die Bilder waren. Er war erst fünf, aber konnte in 3-D zeichnen – seine Flugzeuge sahen aus, als ob sie gleich vom Papier abheben würden; es war unglaublich. Doch schon bald waren die Flugzeuge das Einzige, was ihn noch interessierte. Die wenigen Worte, die er gesprochen hatte, versiegten vollständig, weil er jede Kommunikation abbrach. Er tat das nicht, weil er die wenigen Sprachkenntnisse, die er besaß, verloren hatte, sondern weil er so vertieft in das Zeichnen der Flugzeuge war, dass er sich dafür entschied, das Sprechen einzustellen. Fasziniert von seinen Kreationen saß er stundenlang am Tisch oder lag bäuchlings auf dem Teppich. Wenn er nicht zeichnete, ging er in den Garten und sah auf der Suche nach Kondensstreifen zum Himmel hoch. Mit seinen scharfen Augen konnte er Flugzeuge ausmachen, die für mich gar nicht wahrnehmbar waren.

Eines Tages telefonierte ich gerade mit Darren, als ich hörte, wie Sam in lautes Wutgeheul ausbrach. Dann hörte ich das Geräusch dumpfer Schläge.

»Ich ruf dich gleich zurück«, erklärte ich gehetzt und legte auf.

Ich hastete zur Küche, wo Sam mit dem Stift auf seine Zeichnung einhieb.

»Sam, hör auf«, flehte ich.

Er hörte nicht. Er drosch auf sein Kunstwerk ein und zerstückelte es in kleinste Fetzen. Ich versuchte, seine Hände festzuhalten, aber er entwand sich meinem Griff. Er war wild entschlossen, auch den kleinsten Krakel zu vernichten. Ich wusste, was nicht in Ordnung war. Er hatte einen Fehler beim Zeichnen gemacht. Und Fehler, wie geringfügig auch immer, waren für Sam Irrtümer von astronomischen Ausmaßen, die die Welt aus den Angeln hoben. Jeder Fehler, den er machte, konnte ihn derartig wütend und frustriert machen, dass er vollständig ausrastete.

Hilflos sah ich mit an, wie er tobte. Einen Anfall kommen zu sehen und ihn rechtzeitig abzufangen ist eine Sache, eine andere ist es, ihn mittendrin aufzuhalten. Ich hatte keine Ahnung, was ich tun sollte, außer den Sturm durchzustehen.

Es dauerte mehr als eine Stunde, bevor Sam sich schließlich beruhigte. Ich saß am Tisch und streichelte ihm übers Haar. Sams wunderschönes Gesicht sah engelsgleich und friedlich aus, als ob nichts geschehen wäre, während ich erschüttert und erschöpft zurückblieb.

Sams Ausraster setzten sich fort. Es ging so weit, dass er jedes Mal, wenn er einen Fehler machte, um sich schlug. Da er Stunden damit verbrachte, seine Flugzeuge zu zeichnen, saß er abends in einem Meer von zerfleddertem Papier.

Ich hätte voraussehen müssen, was dann kam.

Sams Wut erreichte den Siedepunkt. Und eines Tages lenkte er sie von seinen Bildern auf seinen Bruder um.

Ich bereitete gerade das Mittagessen vor. Will saß neben Sam am Küchentisch und sah ihm beim Zeichnen zu. Die Jungen hatten schon vor einigen Jahren aufgehört, miteinander zu spielen, aber als Will größer geworden war, hatte er es trotzdem weiter versucht. Er war immer zu einem Spiel bereit und bemühte sich, wieder Kontakt zu Sam aufzunehmen, aber Sams Autismus bedeutete, dass er es vorzog, allein zu spielen. Will griff sich einen Buntstift und lächelte Sam erwartungsvoll an. Ich wandte den beiden kurz den Rücken zu, um die Töpfe vom Herd zu nehmen.

»Maaaaaaammmmi!« Will schrie um Hilfe.

Ich drehte mich um und sah, wie Sam an Wills Gesicht zerrte, als wäre es eines seiner Bilder.

»Sam, hör auf!« Ich hielt ihn zurück, indem ich die Arme um seinen Körper schloss.

Will heulte vor Schmerz. Sams Fingernägel hatten blutende Kratzer auf seiner Wange hinterlassen. Ich musste Will helfen, aber erst musste ich Sam beruhigen, bevor er seinen Bruder erneut attackierte. Sam zappelte wie ein

Fisch im Netz. Ich verstärkte den Druck meiner Arme, um ihn zurückzuhalten. Inzwischen heulte Will vor Schmerzen und vor Angst, dass sein Bruder erneut auf ihn einschlagen könnte.

»Mama ist da.« Als sich Sam beruhigt hatte, eilte ich an Wills Seite.

Er schluchzte. Der arme Will verstand nicht, was los war – er war erst vier.

Während ich Wills Wunden reinigte, kehrte Sam seelenruhig zu seiner Zeichnung zurück. Es fiel mir schwer, ihn auszuschimpfen, weil er ebenso wenig wie Will verstand, was er getan hatte. Er *musste* offensichtlich zeichnen – es war ein Ventil für ihn –, und als Will versucht hatte, ihn davon abzulenken, hatte er frustriert nach ihm geschlagen. Trotzdem tat ich mein Möglichstes, Sam den Unterschied zwischen Richtig und Falsch beizubringen und ihn zu disziplinieren. Ich holte das Bilderbuch zu seinem »Reg dich ab«-Kissen heraus und erinnerte ihn daran, dass er zu diesem Kissen gehen sollte, wenn er wütend war.

Trotz meiner Bemühungen war klar, dass die Situation außer Kontrolle geriet. Das perfekte neue Leben, das ich in Devon für uns geplant hatte, schien in Auflösung begriffen.

Ich war erschöpft. Glücklicherweise hatten meine Mutter und meine Schwester für dieses Wochenende ihren Besuch angekündigt. Ich konnte es kaum erwarten, dass sie eintrafen. Sarah würde Dan und Tom mitbringen, und ich betete darum, dass ihre Anwesenheit sich positiv auf Sam und auf was immer es war, das mit ihm vor sich ging, auswirken möge. Ich setzte all meine Hoffnungen darauf, dass wir alle als eine große glückliche Familie zusammen sein würden. Darren saß immer noch auf den Bohrinseln fest, aber auch er würde bald den Flieger besteigen und zu uns stoßen.

Es war drei Monate her, dass ich meine Familie zuletzt gesehen hatte. Schließlich war es so weit, dass ich losfahren und sie vom Flughafen abholen konnte. Als Sarah mich sah, ließ sie sofort ihren Kofferkuli stehen und rannte mit weit ausgebreiteten Armen auf mich zu. Sie nahm es mir nicht mehr übel, dass ich Spanien verlassen hatte, sondern eröffnete mir ganz im Gegenteil die großartige Neuigkeit, dass sie beabsichtigte, mir nach England zu folgen. Sie hatte gerade einen neuen Partner gefunden – meinen besten Freund aus Studienzeiten, Simon. Die beiden hatten sich Hals über Kopf verliebt und schmiedeten jetzt Zukunftspläne.

Ich nahm abwechselnd meine Schwester und meine Mutter in die Arme und fühlte mich durch ihre Wärme und Vertrautheit sofort getröstet. »Ich hab euch vermisst«, sagte ich und meinte es auch so. Ich konnte nachempfinden, wie Sam sich fühlen musste, wenn er von der Schule nach Hause kam, denn beim Anblick meiner Familie verspürte auch ich den Wunsch, alle Angst und Traurigkeit, die sich im Laufe der letzten Monate in mir angestaut hatten, herauszulassen. Ich biss mir auf die Zunge. Auf keinen Fall wollte ich das Wochenende mit einem Heulanfall einleiten.

Tom und Dan waren überglücklich, ihre Cousins wiederzusehen. Sie jagten Will um den Kofferkuli herum und stießen dabei immer wieder gegen unsere Beine. Auch

Sam lächelte. Vielleicht musste er nur wieder mit seiner Familie vereint sein, damit er sich berappelte ...

Die Fahrt vom Flughafen in Exeter verging damit, dass wir Pläne machten. Meine Mutter und meine Schwester übertrumpften sich gegenseitig mit Ideen für schöne Familienausflüge und machten in schneller Folge einen Vorschlag nach dem anderen. Ich warf etwas ein, was ich von den Müttern am Schultor gehört hatte.

»Es gibt da anscheinend eine Farm mit Minischweinen, ganz in der Nähe unseres Wohnorts«, sagte ich aufgeregt.

In Devon hat jeder schon einmal von der Pennywell Pig Farm gehört, doch offenbar war der Ruf noch nicht über den Kanal gedrungen.

»Minischweine?«, rief meine Schwester aus, als hätte ich ein exotisches Fremdwort gebraucht.

Ich erklärte, dass es winzige Schweine seien, die als Haustiere aufgezogen würden. Sie waren auch unter dem Namen »Teacup pigs«, also Teetassen-Schweinchen, bekannt.

»Sie sind *der* Renner, weißt du. Jonathan Ross und Charlotte Church haben sich beide ein Schwein auf der Farm gekauft«, fügte ich kichernd hinzu.

Doch die fröhliche Stimmung der Autofahrt war von kurzer Dauer.

Minuten nachdem wir durch die Haustür getreten waren, vielleicht verstört durch die vielen Leute, die sich in seinem Zuhause drängten, fing Sam an, an der Längswand des Wohnzimmers auf und ab zu laufen und schlug sich dabei mit den Fäusten ins Gesicht. Jetzt attackierte er nicht nur seinen Bruder, sondern auch noch sich selbst.

»Wo ist mein Flugzeug?«, heulte er. *Klatsch. Klatsch. Klatsch.*

Das Geräusch jedes Faustklatschers ging mir durch Mark und Bein. Ich stellte mich ihm in den Weg, versuchte mein Möglichstes, ihn zu bremsen. Sam raste mit gefühlten hundert Stundenkilometern in meinen Bauch, und ich griff nach seinen Armen, um ihn zu stoppen.

Meine Mutter und meine Schwester waren sprachlos. Sie hatten mir in Spanien zur Seite gestanden, als Sam in seiner Entwicklung zurückgefallen war, aber so etwas hatten sie beide noch nie erlebt.

Es gelang mir, Sam immerhin so weit zu beruhigen, dass er losrannte, um sein Modellflugzeug und seine Filzstifte zu holen. Doch sobald Tom oder Dan in seine Nähe kamen, schlug er wieder um sich.

»Lasst mich in Ruhe!«, brüllte er seine Cousins an, die Stimme heiser vor Wut. Seine Welt war auf den Kopf gestellt worden – aber ich konnte sehen, dass seine Cousins genauso verwirrt und ratlos waren. Die armen Jungs hatten keine Ahnung, was los war.

»Wie wär's, wenn ihr drei euch ein paar Filme anschaut?«, schlug ich Tom, Dan und Will vor, um die Situation unter Kontrolle zu bekommen.

Inzwischen saß Sam am Küchentisch, hielt mit einer Hand sein Modellflugzeug umklammert und zeichnete wie ein Verrückter, in dem Versuch, seiner Traurigkeit durch das Malen zu entfliehen. Ich setzte mich still neben ihn und hoffte, dass meine Anwesenheit ihn ein bisschen beruhigen würde. Doch damit war angesichts seines fieberhaften Kritzelns nicht zu rechnen. Es dauerte nicht lang, da rutschte ihm der Stift weg, und er malte über die Linien. Er hatte einen Fehler gemacht ...

»Neeeiiin!«, brüllte er.

Er schmiss das Flugzeug und den Stift auf den Boden und fing an, mit den Fingern gegen seine Augen zu schnipsen.

»Sam, *bitte*.« Meine Stimme zitterte.

Aber er beruhigte sich nicht. Kaum zwei Minuten später schrie und heulte er, weil er seinen grauen Filzstift nicht finden konnte.

»Keine Sorge, Sam, wir finden deinen grauen Filzstift«, versprach ich. Ich durchforstete die Schubladen in dem verzweifelten Versuch, eine andere Packung Filzstifte aufzustöbern.

»Jo, bist du okay?« Meine Mutter war hinter mir aufgetaucht.

»Ich kann jetzt nicht, Mum, ich muss Sam die Stifte besorgen«, sagte ich brüsk und lief an ihr vorbei, keine Zeit zum Reden.

Ich händigte Sam den grauen Filzer aus und konnte ihn damit für den Moment beschwichtigen. Er fing an, ein Flugzeug von einem Aufkleberbild abzumalen, bis er bemerkte, dass der Aufkleber ein Loch hatte, was bedeutete, dass er nicht perfekt war – ein Trigger, der Sam zuverlässig ausrasten ließ. Er trommelte mit den Fäusten gegen seinen Kopf. Jeder Schlag wurde stärker und heftiger. Ich hielt ihn wie in einer Zwangsjacke umklammert, versuchte, die Arme an seinen Körper zu pressen, ohne ihm wehzutun – versuchte, ihn davon abzuhalten, sich selbst zu verletzen. Ich packte ihn an den Handgelenken und war gezwungen, ihn fest in den Stuhl zu drücken.

Mum ging in unserer »Scheune« auf und ab und fuhr sich mit den Händen durch das kurze Haar. »Oh mein Gott, oh mein Gott«, murmelte sie entsetzt beim Anblick ihres völlig aufgelösten Enkels.

Meine Schwester versuchte unterdessen, die anderen drei Jungen von Sams rabiatem Anfall fernzuhalten. Ich versuchte einfach, die Situation durchzustehen ...

Ich fragte mich, ob ich Sam mit ein bisschen Essen ablenken könnte.

»Möchtest du ein paar Würstchen und Bohnen?«, fragte ich fröhlich.

Sam sah mit wildem Blick von seinem Bild hoch, wie ein Besessener.

»Lass mich in Ruhe!«, schrie er, und sein kleiner Körper zitterte. Er ballte die Fäuste, bereit, wieder loszulegen.

Klatsch! Er schlug sich ins Gesicht.

»Sam, nein«, flüsterte ich. Er schaukelte hin und her, während ich versuchte, seine Hände herunterzudrücken.

Ich probierte erneut, ihn mit Essen abzulenken. Ich probierte alles, was mir einfiel, um ihn zu beruhigen.

»Sam, möchtest du einen Frosties-Riegel?«

Diesmal klappte es.

»Ja.« Er nickte.

Erleichterung.

Ich raste zum Küchenschrank, musste aber zu meinem Entsetzen feststellen, dass uns die Frosties-Knusperriegel ausgegangen waren. Ich spürte, wie mein Herz raste und mir schwindlig wurde. Die Wände schienen plötzlich näherzurücken. Verzweifelt versuchte ich, meine lauernde Panikattacke unter Kontrolle zu bringen, machte einen tiefen Atemzug und ließ die Luft ganz langsam durch gespitzte Lippen wieder heraus. Jetzt war nicht der Moment, die Nerven zu verlieren. Ich wusste, ich durfte nicht zu lange wegbleiben. Sam wartete.

»Sam, möchtest du einen Krispies-Reisriegel?« Ich streckte ihm den alternativen Snack entgegen und betete zu Gott, dass er ihn akzeptieren möge, während ich immer noch versuchte, meine Atmung zu kontrollieren.

»Nein, *Frosties*«, beharrte Sam, bevor er in Tränen ausbrach.

Meine Mutter versuchte einzugreifen.

»Komm schon, Sam, nimm doch einen Krispies-Riegel«, sagte sie beschwichtigend. Sie verstand nicht, dass es fast unmöglich war, den Anfall aufzuhalten, wenn er einmal begonnen hatte.

Sams Tränen verwandelten sich in tiefe, laute Schluchzer.

Ich nahm ihn in die Arme und wiegte ihn sanft vor und zurück, sang ihm ein Kinderlied vor und strich ihm übers Haar. Erst über eine Stunde später hatte Sam sich so weit verausgabt, dass ich ihn ins Bett bringen konnte. Völlig entkräftet rollte ich mich neben ihm zu einem Ball zusammen.

»Morgen fahren wir zur Pennywell-Farm«, flüsterte ich. Ich konnte kaum noch sprechen, meine Zunge war schwer vor Erschöpfung. Ich lag noch lange Zeit so da, nachdem Sam eingeschlafen war.

Dann sah ich einen Lichtstrahl an der Wand, als meine Mutter die Tür weit öffnete.

»Jo, alles in Ordnung mit dir?«, fragte sie vorsichtig.

»Ja«, schwindelte ich.

Ich war alles andere als in Ordnung. Ich wusste nicht, wie ein Nervenzusammenbruch sich anfühlte, aber ich hatte das Gefühl, nicht weit davon entfernt zu sein. Als Mutter wollte ich meine Kinder in allererster Linie beschützen, aber Sams Verhalten nahm gefährliche Züge an – für ihn, für Will und für mich. Ich hatte Sam mit Bildmaterialien auf diesen Familienbesuch vorbereitet, aber es hatte nicht gereicht. Würde irgendetwas je ausreichen, um zu verhindern, dass er ausrastete?

Meine Mutter blieb im Türrahmen stehen. Sie kannte mich gut genug, um zu wissen, wann ich die Wahrheit sagte. Sie wusste, dass ich nicht in Ordnung war.

Das Engegefühl in meiner Brust wurde so stark, dass es sich anfühlte, als würde jemand darauf sitzen und mich zerquetschen. Ich bekam kaum noch Luft. Ich weiß nicht genau, ob es mir gelungen wäre, mich zusammenzunehmen und von meiner wachsenden Panik zu befreien, wenn meine Mutter nicht gewesen wäre. Aber sie war für mich da, so wie sie es immer gewesen war.

Genauso wie ich Sam zu Bett gebracht hatte, führte sie mich jetzt in meines. Dann legte sie sich neben mich und versuchte, mich zu trösten, mich aufzubauen.

»Was soll ich bloß tun?«, fragte ich sie.

Es kam mir vor, als durchlebten wir erneut jenen Augenblick in Spanien, als ich am Ende meiner Kräfte gewesen war und mich im Arbeitszimmer verkrochen hatte, um hilfesuchend bei meiner Mutter anzurufen. Ich fühlte mich genauso verzweifelt wie damals. Es schien keine Rolle zu spielen, wie sehr ich mich anstrengte – jeder Weg, den ich einschlug, endete in einer Sackgasse.

Ich hatte einen Kreuzzug gestartet, um herauszufinden, was mit Sam los war. Ich hatte um meine Ehe gekämpft, dann hatte ich vor Gericht um das Recht gestritten, meinem Sohn die Betreuung zukommen zu lassen, die er so dringend brauchte; ich hatte mich dafür eingesetzt, dass Sam auf eine der besten Schulen für Kinder mit Autismus kam. Ich hatte alles aufgegeben, was mir seit siebzehn Jahren vertraut gewesen war, um ein neues Leben anzufangen. Aber es war alles umsonst gewesen. Auch unser »Neustart« hatte sich nur als weitere enttäuschte Hoffnung erwiesen.

Und wenn du die Hoffnung verlierst, was bleibt dann noch?

9. Kapitel
Ein Silberstreif

Meine Familie lehrte mich, wie die Antwort darauf lautet, nämlich *Liebe*. Zum Glück hatte ich meine Familie und Darren, die mich in meinen dunkelsten Stunden auffingen.

Mum sagte mir, dass ich mich nicht unterkriegen lassen sollte, und als sie mich am folgenden Morgen begrüßte, verfolgte sie noch immer das Ziel, mich aufzuheitern.

»Heute werden wir die kleinen Schweinchen in Pennywell besuchen, vielleicht geht es Sam dann besser«, erklärte sie fröhlich und drückte mir tröstend die Hand.

Ich hatte einige wunderbare Geschichten über die Teacup-Schweine und ihre heilenden Kräfte gehört. Zwar war ich eher skeptisch und bezweifelte, dass ein Minischwein tatsächlich große Veränderungen, geschweige denn »Heilungen« bewirken konnte, aber es gab eine spezielle Geschichte, die sich mir eingeprägt hatte.

Eine Mutter, die ich bei meiner Arbeit in Manor Primary kennengelernt hatte, hatte mir von einem behinderten Jungen erzählt, der einige Tage, nachdem auf Pennywell ein Wurf von acht Ferkeln zur Welt gekommen war, einen Besuch auf der Farm gemacht hatte. Der Teenager war anscheinend in einem wirklich schlechten Zustand: Er litt unter einer schweren Form von Kinderlähmung, seine Beine mussten im Rollstuhl festgeschnallt werden, damit er nicht herausfiel, und er brauchte eine Sauerstoffmaske zum Atmen.

Der Junge schaute so sehnsüchtig auf die zwei Tage alten Ferkel, die gerade von ihrer Mutter gesäugt wurden, dass der Farmer ihn fragte, ob er eines auf den Arm nehmen wolle. Die besorgten Eltern fürchteten, dass er nicht genügend Kraft in den Händen hätte, um das Ferkel zu halten, aber der Farmer hatte volles Vertrauen zu dem Jungen. Außerdem sei er ja dabei, meinte er, um nötigenfalls einzugreifen.

Wie sich herausstellte, landete das Schweinchen in mehr als kompetenten Händen. Als man es auf den Schoß des Jungen absetzte, kuschelte es sich sofort in dessen Armbeuge. Der Junge streichelte es ganz sanft in den Schlaf. Die winzigen Augenlider wurden schwer und fielen zu. Der Farmer musste sich schließlich wieder um seine Arbeit kümmern, doch als er eine Stunde später zurückkam, streichelte der Junge das Ferkelchen noch immer. Die Eltern des Teenagers erklärten, sie hätten ihren Sohn noch nie so glücklich und entspannt gesehen.

Die Geschichte hatte sich mir eingeprägt, weil ein Teil von mir sich gefragt hatte, ob die Ferkel wohl auch auf Sam eine so beruhigende Wirkung haben könnten.

Ich sehnte mich so verzweifelt nach Hilfe, dass mir die Geschichte an diesem Morgen die ganze Zeit im Kopf herumspukte. Als wir schließlich zum Aufbruch rüsteten, setzte ich meine ganzen Hoffnungen auf die Teacup-Ferkel.

Es klingt lächerlich, ich weiß, aber ich wollte mich unbedingt an irgendeine Hoffnung klammern.

Meine Schwester Sarah brachte die Jungen in Stimmung, indem sie Grunzlaute ausstieß und ein Ferkellied zum Besten gab.

»Dieses Schweinchen ist ganz rund,
dieses Schweinchen ist ganz bunt ...«
»Dieses Schweinchen macht Sam gesund ...«, trällerte ich dazu in meinem Kopf.

Ich sagte meiner Mutter und Sarah, dass wir uns auf dem Parkplatz des Supermarkts in Totnes treffen würden, einer Stadt, die fünfzehn Minuten Autofahrt von Pennywell entfernt ist, weil ich auf dem Weg zur Farm noch in die Bank springen musste.

Ich schnallte meine Söhne im Auto an und fuhr los. Will freute sich sehr darauf, die Schweine zu sehen, klatschte in die Hände und zappelte in seinem Kindersitz herum. Die Jungen waren schon im Zoo und auf einer Otterfarm gewesen, aber sie hatten noch nie ein Schwein gesehen, geschweige denn ein Minischwein! Auch ich war sehr neugierig: Ich stellte mir entzückende kleine Tierchen vor, klein genug, um sie in der Handfläche zu halten. Als wir unseren Weg durch das Tal mäanderten, schaute Sam aus dem Fenster, versunken in seine eigene Welt – aber wenigstens war er ruhig.

Es war ein kühler Tag Ende November 2008. Die letzten Herbstblätter, die am Wegrand lagen, hatten sich in braunen Matsch verwandelt, und die laubabwerfenden

Hecken waren mit kahlen Stellen durchsetzt. Wir fuhren an einem Obstgarten vorbei, wo sich nur noch ein paar letzte Äpfel tapfer an die kahlen Äste klammerten.

Mich erstaunte noch immer, wie stark sich die Landschaft in Devon von der in Spanien unterschied. Die Straßen zu den Küstenstädten von Malaga waren übersät von neonbeleuchteten Straßenschildern, aber als wir auf Totnes zufuhren, tauchte nur ein einziges schlichtes Schwarzweißschild auf, das den Weg zum »Stadtzentrum, geradeaus« und »Morrisons Supermarkt, rechts« anzeigte.

Ich fand einen Parkplatz nahe am Eingang von Morrison, schaltete den Motor aus und drehte mich zu den Jungen um. Sofort bemerkte ich, dass Sams Stimmung umgeschlagen war – von Ruhe zu extremer Agitiertheit. Er wedelte mit den Händen vor seinem Gesicht. Der arme Will sah beunruhigt aus; er war in letzter Zeit zu häufig zur Zielscheibe von Sams Ausbrüchen geworden. Wills Augen huschten zwischen Sam und mir hin und her, als ob er insgeheim darum betete, dass es friedlich bleiben möge. Ich hatte ein ungutes Gefühl in der Magengegend, als ich versuchte, die Situation in den Griff zu bekommen.

»Sam, Mami geht nur schnell zur Bank, und dann besuchen wir die Schweine«, erklärte ich.

Sam explodierte.

»Sam geht nicht zur Pennywell Farm!«, brüllte er.

Will hielt sich vor Schreck die Ohren zu.

Das darf nicht sein – Sam muss die Schweine sehen, dachte ich verzweifelt, aber ich ließ mir die Panik nicht anmerken.

»Ich dachte, du wolltest die Schweine sehen?«, sagte ich

stattdessen ganz leichthin und versuchte, die Angst in meiner Stimme zu verbergen.

»Sam geht nicht zur Pennywell Farm!«, schrie er abermals.

Besonders besorgniserregend fand ich, dass er zum ersten Mal von sich selbst in der dritten Person sprach. Bleib ruhig, sagte ich mir. Doch Sams Geschrei setzte sich fort, als wir aus dem Auto ausstiegen und die Straße zur Bank entlanggingen. Er klammerte sich an jeden Laternenpfahl, an dem wir vorbeikamen, und wiederholte brüllend, dass er nicht gehen wolle.

Inzwischen starrten uns Passanten an und tuschelten miteinander. Sie hielten Sam garantiert alle für ein verzogenes Balg, dem es an ordentlicher Erziehung mangelte. Ich empfand eine schreckliche Mischung aus Ärger und Scham. Ich war wütend auf die fremden Leute in der Straße, die mir das Gefühl gaben, ich müsste mich für meinen Sohn rechtfertigen.

»Er hat Autismus«, sagte ich leise zu einer Frau, die ihren Sohn von meinem wegzerrte. Sie blickte zu Boden und hatte eindeutig Angst, Blickkontakt zu mir aufzunehmen.

Das erinnerte mich an eine Situation in Spanien, in der ich zwei Frauen erklärt hatte, warum Sam seinen Blick am Bordstein ausrichtete.

»Oh, wie schön! Singt und tanzt er auch?«, hatten sie ausgerufen. Sie dachten, ich hätte *artista* gesagt, was im Spanischen »Künstler« bedeutet, und nicht *autista,* was »autistisch« heißt. Ich hatte allerdings keine Zeit, meinen Gedanken nachzuhängen, weil Sam wieder loslegte.

»Ich hab dich satt, Mama«, wütete er.

Ich hatte gelernt, auf zweierlei zu achten, wenn Sam die Selbstbeherrschung verlor: Erstens musste ich ihm Sicherheit vermitteln, und zweitens durfte ich selbst keine Gefühle zeigen, auch wenn es schwierig war, derartige Bemerkungen zu ignorieren. »Reagier nicht auf den Wutanfall, vermeide Blickkontakt mit ihm. Erst wenn er sich beruhigt hat, solltest du das Problem ansprechen und herausfinden, was das Verhalten ausgelöst hat«, hatte Lynda mir geraten. Die Lehrerin meines Sohnes hatte mich in letzter Zeit unglaublich unterstützt. Dass sich Sams Verhalten verschlimmert hatte, lag eindeutig nicht an der hervorragenden Arbeit, die sie in Manor Primary leistete, sondern war einfach Teil seiner Störung.

»Ich hab dich satt, Lady!«, brüllte Sam jetzt abermals rüpelhaft.

Ich ignorierte ihn und betete, dass der Koller vorbeigehen möge, damit ich mit ihm zu den Schweinen fahren konnte. *Dann wird alles besser*, versprach ich mir selbst und klammerte mich an meine neue Hoffnung.

Und dann spürte ich, wie sich eine kleine Hand in meine schob. Will war zwar erst vier, aber in emotionaler Hinsicht zeigte er zunehmend die Reife eines wesentlich älteren Kindes. Er versuchte, einen Ausgleich dafür zu schaffen, dass Sam keine Empathie zeigte oder, besser gesagt, nicht zeigen konnte.

»Ich hab dich lieb, Mami«, sagte er jetzt und zog an meiner Hand, als ob er spürte, wie kurz ich vorm Zusammenbruch stand.

Irgendwie schafften wir es, die Bank zu erreichen. Doch

sobald wir hineingingen, ging es in die nächste Runde. Sam schmiss sich auf den grauen Teppich und hämmerte mit den Fäusten auf den Boden.

»Sam, steh auf«, zischte ich.

Mir wurde heiß – jeder in der Bank starrte uns an.

»Sam, steh jetzt auf«, flehte ich.

Situationen wie diese waren extrem schwierig. Ich fürchtete, dass Sam anfangen würde, Autismus als etwas Negatives zu betrachten, wenn ich sein Verhalten ständig damit entschuldigte. Mit seinen fünf Jahren war Sam immer noch zu jung, um zu verstehen, was Autismus war, aber wenn er älter und sich seiner selbst stärker bewusst wurde, würde er sich mit seinem Zustand arrangieren müssen. Das wollte ich ihm nicht unnötig erschweren.

Wenn man unter derartigem Druck steht, ist Kindererziehung gelinde gesagt schwierig.

»Ich will nach Hause«, schluchzte Sam.

Ich gab mich geschlagen, erklärte unsere Bank-Exkursion für beendet und machte mich auf den Weg zurück zum Parkplatz, um Mum, Sarah und die Cousins zu treffen. Sie merkten sofort, dass etwas nicht stimmte. Abgesehen davon, dass wir Ewigkeiten unterwegs gewesen waren, stand mir das Wort »Stress« praktisch auf die Stirn geschrieben, und Sams Augen waren rot und geschwollen vom Weinen. Mum hielt sich mit besorgter Miene an der Autotür fest und machte sich auf Hiobsbotschaften gefasst.

Tom und Dan waren noch nicht schlauer geworden und stürmten los, um ihre Cousins zu begrüßen. Nachdem sie drei Monate lang von meinen Jungs getrennt gewesen waren, wollten sie natürlich jede gemeinsame Minute genießen. Doch Sam hielt nichts von dem Wiedersehen.

Ich machte einen letzten Versuch, unseren Ausflug zu den Schweinen zu retten.

»Sam.« Ich sprach seinen Namen mit Nachdruck aus, versuchte zu ihm durchzudringen. »Tom und Dan möchten gern mit dir zur Pennywell-Farm fahren.«

Doch Sam wollte nichts davon hören. »Sam geht NICHT!«, tobte er los. Die anderen Jungen rückten von ihm ab, als wäre er eine Bombe, die jeden Moment explodieren konnte.

Ich bat Mum und Sarah, Will mitzunehmen und ohne uns zu fahren. Meine Mutter protestierte: »Jo, Liebes, ohne dich fahren wir auch nicht.«

Es war ein tapferer, aber fruchtloser Versuch von ihr.

»LOS! LOS!«, winkte ich ab.

Wenn Sam einen Koller bekam, war es das Beste, ihn nach Hause zu bringen, weil er sich dort sicher fühlte – er konnte in sein Zimmer gehen, sich auf seinem »Reg dich ab«-Kissen ausruhen und war von seinen Modellflugzeugen und Zeichensachen umgeben.

Meine Familie stieg zögernd wieder in ihr Auto ein. Mum schüttelte unglücklich den Kopf, als sie wendeten. Will sah traurig aus dem Rückfenster.

Es war schrecklich, den anderen nachzuwinken und zu wissen, wie viel Spaß sie auf der Farm haben würden – und wie sehr es Sam gefallen hätte, wenn es mir nur gelungen wäre, ihn dorthin zu bringen.

Ich machte mir Vorwürfe, weil ich es nicht geschafft hatte, ihm dieses Erlebnis zu ermöglichen.

Sam verbrachte den Vormittag mit Zeichnen. Es brach mir das Herz, ihn allein am Küchentisch sitzen zu sehen. Ich musste immer wieder im Wohnzimmer verschwinden, um nicht in seiner Gegenwart loszuheulen.

Gelegentlich warf er einen Blick in meine Richtung. Er hatte einen glasigen, entrückten Ausdruck in den Augen, den ich zuletzt vor dreieinhalb Jahren in Spanien bei ihm gesehen hatte, als er anfing, in seiner Entwicklung zurückzufallen. Es war erschreckend. Die Uhr im Wohnzimmer tickte laut und machte mir die Stunden, die Sam isoliert im Haus verbrachte, immer bewusster.

Plötzlich wurde die Haustür aufgerissen. Lachend und aufgeregt stürmten Tom, Dan und Will in die Küche und sprudelten über vor begeisterten Geschichten über die Schweine. Alle drei hatten die kleinen Ferkelbabys im Arm gehalten. Lautstark durcheinanderredend berichteten sie, dass die Schweinchen winzig klein seien und verschiedene Farben hätten – schwarz und weiß, rosafarben und rotbraun; dass die Ferkel im Stall zu ihnen hingelaufen seien und versucht hätten, Wills Schnürsenkel zu fressen, fast so wie Hundewelpen.

Auch Sarah und meine Mutter waren dem Zauber dieser Minischweine eindeutig erlegen und strahlten übers ganze Gesicht. Mum hatte einige Fakten parat, die sie sofort herunterratterte: Minischweine könnten genauso wie Hunde zu Haustieren erzogen werden. Schweine, schwärmte sie weiter, seien die drittklügsten Tiere nach Delfinen und Schimpansen, deshalb könne man ihnen viele Tricks beibringen. Im Gegensatz zu landläufigen Überzeugungen seien Schweine auch extrem saubere

Tiere. Sie hätten Gefühle und könnten zwischen Liebe, Hass und Vergebung unterscheiden ...

Ich sah zu Sam, während meine Mutter ihren Vortrag fortsetzte. Er saß immer noch allein am Tisch, während sein Bruder und seine Cousins lachend durchs Haus tobten. Ich war so unendlich traurig, dass sich mein Magen schmerzlich zusammenkrampfte – nicht nur, weil Sam allein war, sondern weil ihm seine Einsamkeit nichts auszumachen schien. Aber *mir* machte sie etwas aus. Sehr viel sogar. Ich wollte, dass er einen Freund hatte, nur einen einzigen Freund für sich allein.

Ich hatte gehofft, dass die Minischweine dazu beitragen könnten, ihm einen Weg aus der Einsamkeit zu zeigen, aber ich wusste nur zu genau, dass es einer monumentalen Anstrengung bedurfte, um Sam, wenn er sich einmal etwas in den Kopf gesetzt hatte – wie zum Beispiel, dass er die Schweine nicht sehen wollte – vom Gegenteil zu überzeugen. Ich musste mich mit der Tatsache abfinden, dass Sam diesen Minischweinen mit ihren heilenden Kräften wohl nie begegnen würde.

Sobald alle im Bett waren, griff ich zum Telefon und rief Darren an. Nach so einem enttäuschenden, niederschmetternden Tag musste ich einfach seine Stimme hören.

»Sam wird niemals in der Lage sein, ein normales Leben zu führen wie sein Bruder«, sagte ich bedrückt. »Was soll ich denn noch tun?«

Ich saß auf den kalten Flurfliesen, den Rücken gegen die Wand gelehnt. Trotz der Kälte, die vom Boden aufstieg, war ich innerlich so aufgewühlt, dass sich meine Hand am Hörer heiß und feucht anfühlte.

Wir redeten eineinhalb Stunden miteinander, und Darren sprach mir mit sanften, liebevollen Worten Trost zu. Ich zählte die Tage, bis wir wieder zusammen sein würden. »Morgen ist ein neuer Tag«, sagte er aufmunternd, »gib nicht auf!« Er versicherte mir, dass ich eine gute Mutter sei, die ihr Bestes gebe.

»Hör mir zu, Jo«, beharrte er. »Du musst aufhören, dir selbst das Leben schwer zu machen.«

Allmählich fing ich an, ihm zu glauben. Niemand konnte mich besser aufbauen als Darren. Mit seiner Hilfe vertrieb ich die düsteren Gedanken, die mich zu überwältigen drohten, und konzentrierte mich darauf, was ich für Sam tun musste.

»Morgen wird alles besser«, sagte Darren zum Abschied.

Und ich wusste, dass er recht hatte. »*Hallo, Morgen!*«, dachte ich. »*Ich komme!*«

Nichts würde mich aufhalten.

10. Kapitel
Pennywell Pig Farm

Ich war felsenfest entschlossen, Sam nach Pennywell zu bringen. Nachdem ich mir die Idee einmal in den Kopf gesetzt hatte, ließ sie mich nicht wieder los. Schon gar nicht, wenn die Chance bestand, dass sie meinem Jungen helfen könnte.

Als Erstes rief ich Lynda Russell an. Die mentale Blockade in Sams Kopf aufzuheben würde mir nur gelingen, wenn wir ihn auf den Besuch bei den Schweinchen vorbereiteten. Lynda war sofort bereit, ein entsprechendes Bilderbuch anzufertigen, das »Sams Ausflug« in Bildern und Worten erklärte. Sie meinte, dass der Trip zu den Minischweinen nicht nur hilfreich für Sam sein, sondern auch mir außerordentlich guttun würde.

Nach und nach fügte ich die Bausteine zusammen, auf denen ich ein sicheres Gerüst für Sams Tagesausflug errichten konnte. Wir brauchten allein einen Monat, um ihn an den Gedanken zu gewöhnen, dass er die Farm besuchen würde. Es war jetzt Januar 2009, und Sam war gerade sechs geworden.

Darren war inzwischen von seinen Bohrinseln zurück

und fand die »Operation Schwein« höchst amüsant. Als Nordländer mit leichten Machotendenzen konnte er Minischweinen nicht viel abgewinnen, ließ mir aber trotzdem meinen Willen.

»Mach doch lieber einen Ausflug in den Safari-Park«, witzelte er.

Ich erklärte ihm, dass die Minischweine einen legendären Ruf in der Region genössen und dass Will, Tom und Dan – und sogar meine Mutter – ganz hingerissen von den niedlichen, klugen Tieren seien. Und trotz seiner Frotzeleien war Darren neugierig darauf, was es mit diesem Hype auf sich hatte.

Es war ein bitterkalter, aber wunderschöner Tag, als es schließlich so weit war und wir uns für Sams Ausflug rüsteten. Die Sonnenstrahlen brachen sich im Raureif und verwandelten die Landschaft in ein glitzerndes weißes Wunderland. Wir packten die Jungs mollig warm in Mützen, Schals und Handschuhe ein, und dann starteten wir vier zu unserem großen Abenteuer.

Will war ganz aus dem Häuschen, weil es wieder nach Pennywell ging, und sang und klatschte auf dem ganzen Weg dorthin. Ich denke, er war auch glücklich, weil sein älterer Bruder ihn dieses Mal begleitete. Pennywell lag nicht weit von unserem Haus entfernt – zwanzig Minuten mit dem Auto –, trotzdem behielt ich Sam während der Fahrt im Auge.

»Sam, freust du dich darauf, die Schweinchen zu sehen?«, fragte ich und schaute genauer in den Rückspiegel, um seinen Gesichtsausdruck zu erkennen.

»Ja«, antwortete er knapp und starrte weiter aus dem

Fenster. Doch für Sam war das eine äußerst positive Reaktion, also richtete ich meine Aufmerksamkeit in gehobener Stimmung wieder auf die Straße.

Dass Darren dabei war, trug ebenfalls zu meiner gehobenen Stimmung bei: Ich hatte ihn schrecklich vermisst. Er hatte etwas an sich, das mich beruhigte, so wie gerade jetzt durch seine Hilfe beim Navigieren über die schmalen, gewundenen Landstraßen, die sich die Hügel hinaufschlängelten. Darren war ein fantastischer Kartenleser, und in seiner Obhut fühlte ich mich sicher.

Pennywell Farm lag auf einer Hügelkuppe mit Blick über das Tal. Der Ausblick war grandios – hügelige, von Frost überzogene Felder, so weit das Auge reichte.

Wir kletterten alle aus dem Auto. Die kalte Luft, die uns entgegenschlug, brachte Sam zum Niesen.

»Komm, Sam.« Ich ging neben ihm in die Hocke, zog den Reißverschluss seiner Jacke hoch und stülpte ihm die Handschuhe wieder über. Der glasige, leere Blick, der mir vor einigen Wochen bei ihm aufgefallen war, war verschwunden, aber er kam mir immer noch traurig vor. Sein Blick klebte am Boden, als gäbe es nichts, was ein Hochschauen lohnte – als hätte die Welt ihm nichts mehr zu bieten.

Darren spürte meine Besorgnis und griff ein.

»Also dann, auf zu den Minischweinen!« Begeistert rieb er sich die Hände.

Das Farmgebäude machte von außen nicht viel her, es war einfach eine riesengroße Holzscheune. Wir folgten den Schildern, die zum Eingang führten – einem kleineren hölzernen Vorbau am Hauptgebäude. Hinter dem

Kassentresen erwartete uns eine sehr freundliche Frau, ausgerüstet mit einsatzbereiten Stickern, die sie den Jungen an die Jacken heftete.

Will strahlte, als er sein Namensschild erhielt, aber Sam starrte weiter zu Boden.

Es war schade, dass Sam kein Interesse an seiner Umgebung hatte, denn der Eingang bot ein farbenfrohes Schauspiel. Er diente unübersehbar auch als Shop, in dem es jede Menge Minischwein-Artikel gab: Kalender, Tagebücher, Notizhefte ... Ich hatte ja keine Ahnung, dass das so ein großes Geschäft war. Die Schweinebilder auf den Kalendern waren echt zum Niederknien – sooo süß! Mein Favorit war ein Bild von einem schwarz-weiß gefleckten Ferkel in winzigen knallroten Gummistiefeln.

»Darren, sieh mal!« Ich gurrte fast.

»Oh, hör auf!«, lachte Darren, während er uns alle auf den Eingang zutrieb.

Ich war nicht sicher, wer der Begegnung mit den Minischweinen jetzt mehr entgegenfieberte – Will oder ich!

Die kleine hölzerne Eingangshütte führte auf einen enorm großen Hof hinaus. Ich hatte ein bisschen das Gefühl, aus dem Kleiderschrank herauszutreten und in Narnia zu landen. Mit dem Raureif auf den Ställen, Gehegen und Feldern sah alles wie verzaubert aus, und überall liefen Tiere herum.

Die Minischweine waren zwar die Hauptattraktion, aber es gab auch Esel und Shire Horses, Alpakas, Rot- und Damwild, Kühe, Enten, Gänse, Lämmer, Igel, Ziegen – die Liste ließ sich endlos fortsetzen. Ich hatte keine Ahnung gehabt, dass Leute aus dem ganzen Land anreisten, um die Tiere zu sehen, aber Pennywell zog mehr als 100.000 Besucher pro Jahr an.

»Iiiih, das stinkt!«, rief Will und fächelte sich die Nase.

Er hatte nicht unrecht: Tierexkremente und Stroh ergaben einen eindrucksvollen Duftcocktail. Doch irgendwie hatten diese Gerüche nach Natur und Landleben auch etwas Angenehmes. Wir gingen an den Ziegen vorbei und dann an den Eseln. Letztere streckten die Köpfe über das Gatter, um gestreichelt zu werden. Will winkte den Shire Horses zu und rannte dann zu dem Feld, auf dem die Hirsche gehalten wurden. Ich gab ihm ein Zeichen, dass er weitergehen sollte. Wir hatten keine Zeit für Hirsche, dies war Operation Minischwein. Ich machte Sam auf die ganzen tollen Tiere aufmerksam, an denen wir vorbeikamen, aber er hatte kein Interesse.

»Mami, wann fahren wir nach Hause?«, fragte er stattdessen.

Diesmal war er nicht bockig, sondern einfach gleichgültig. Sam war von Schönheit umgeben, aber er konnte keine Beziehung dazu herstellen. Ich sah zu Darren, und er schenkte mir ein »Das wird schon«-Lächeln.

»Sam, wir schauen uns nur die Schweine an, und dann fahren wir wieder los.« Ich versuchte ihn von dem Wunsch, gleich wieder nach Hause zurückzukehren, abzulenken.

Wir mussten uns keine Gedanken darüber machen, in welche Richtung wir gehen sollten: Gleich darauf stießen wir auf ein großes Schild mit einem Cartoon-Schweinchen und dem Hinweis: »Pennywell-Minischweine. Hier entlang.«

Das Schild ließ mein Herz höher schlagen. Ich hatte ein gutes Gefühl bei dieser Sache.

Will marschierte voran und drückte eine Tür auf, die uns in eine kleine Scheune führte. Das Erste, was uns auffiel, war nicht der Geruch, sondern der Lärm! Der Raum war erfüllt von Grunzen und Quieken. Außerdem hörte man lautes Geplapper und Lachen von dem etwa ein Dutzend Kinder, das sich um den Pferch am anderen Ende der Scheune drängte. Ich warf Sam einen prüfenden Blick zu. Hoffentlich geriet er nicht in einen Zustand der Reizüberflutung. Er hatte die Arme abwehrend vor der Brust verschränkt und die Augen immer noch fest auf den Boden gerichtet, aber ansonsten schien es ihm gut zu gehen.

»Komm.« Will zog an meiner Hand und wollte unbedingt herausfinden, was den ganzen Lärm verursachte. Als wir langsam vorrückten, wurde das Quieken lauter. Ich drehte mich um, um mit Sam zu sprechen und ihn neugierig auf die Schweine zu machen, aber er war verschwunden.

»Wo ist Sam?«, fragte ich Darren.

Er deutete auf eine Bank in einer Ecke der Scheune. Sam hatte sich dorthin zurückgezogen und schnipste mit den Fingern vor seinem Gesicht. Ich sah zu den ganzen Kindern, die fröhlich lachten und Spaß hatten, und dann wieder zu Sam, der dort ganz allein saß. Ich würde das nicht dulden. Dieses Erlebnis würde er nicht verpassen.

Ich ging zu ihm und hockte mich neben ihn, schloss sanft meine Hände um seine zuckenden Finger.

»Sam, Schatz, lass uns gehen und die Schweine anschauen.«

Er sah mit traurigen Augen zu mir hoch, und sofort

wollte ich ihn nur noch in die Arme nehmen und ihn vor allem beschützen, was ihm Angst machte. Aber ich wusste, dass ich ihn weiter drängen musste, damit er erkannte, dass die Welt nicht so furchterregend war, wie er dachte. Ich nahm seine Hand in meine und führte ihn durch die Scheune zu Will und all den anderen fröhlichen Kindern.

Darren sah uns kommen und sorgte für etwas freien Raum vor dem Verschlag, damit Sam hineinsehen konnte. Mit einem breiten Grinsen im Gesicht winkte Darren uns heran.

»Oh mein Gott!«, quiekte jetzt ich vor Entzücken, als ich über die Absperrung schaute.

Im Stroh waren sieben kleine Ferkel, die umherliefen, bei der Mutter saugten oder auf ihr herumturnten. Es waren echte Winzlinge, höchstens fünfzehn Zentimeter lang. Einige waren schwarz mit weißen Flecken, einige weiß mit schwarzen Flecken, andere gelbbraun, die winzigen Äuglein umrahmt von langen Wimpern. Ein paar waren aufeinandergeklettert, um sich gegenseitig zu wärmen, und eines der gefleckten Schweinchen hatte sich eine Decke aus Stroh gemacht – nur die kleine Nase, die wie ein Schnorchel herausschaute, verriet, dass es da war.

Ich schmolz dahin.

»Schau mal, Sam!« Ich rechnete fast damit, dass mein Sohn auf den Boden starrte, aber zu meinem großen Erstaunen war er fasziniert von den kleinen Ferkeln. Mit den Händen hatte er das Tor gepackt, als ob er es auf der Stelle aufstemmen wollte. Sein Ausdruck erinnerte mich an seine Begegnung mit dem Tiger im Zoo in Spanien – er hatte denselben bewundernden Blick in den Augen.

Eine Mitarbeiterin der Farm bekam mit, dass Sam gern zu den Schweinebabys wollte.

»Möchtest du sie halten?«, fragte sie.

»Ja, bitte!«, meldete sich Will zu Wort und hüpfte auf der Stelle. Aber auch Sam fing an, freudig erregt mit den Armen zu flattern. Ich konnte mich nicht erinnern, wann ich ihn zuletzt so lebhaft gesehen hatte.

»Ist das ungefährlich?«, schaltete Darren sich ein. Er war schließlich Sicherheitsbeamter.

Unter normalen Umständen wäre die Sau vielleicht aggressiv geworden, um ihren Nachwuchs zu beschützen, aber für eine Pennywell-Sau galt das nicht. Die Farmmitarbeiterin erklärte, dass die Schweine speziell darauf gezüchtet seien, besonders ruhig und gelassen – und klein – zu bleiben.

Langsam öffnete die Frau, die einen blauen Overall mit dem Farm-Logo auf der Brust trug, das Tor. Meine Jungen waren so begierig darauf, ebenfalls hineinzukommen, dass sie quasi mit den Hufen scharrten wie zwei Rennpferde, die auf den Startschuss warten.

Sobald Will den Koben betrat, liefen die neugierigen Ferkel auf ihn zu, um ihn zu beschnüffeln, und rasten grunzend und quiekend um seine Füße.

»Arrrrgh!«, kicherte Will, als sie an seinen Schuhen knabberten, an den Schnürsenkeln zogen und ihn mit ihren winzigen Zähnchen durch den Turnschuhstoff zwickten.

Sam dagegen hatte nur Augen für ein einziges Schweinchen.

Es war so klein, dass ich es zuerst gar nicht gesehen

hatte: Versteckt in der Ecke lag das einzige rotbraune Ferkel des Wurfs. Es sah genauso verloren und traurig aus, wie Sam noch vor ein paar Minuten ausgesehen hatte.

Vorsichtig stapfte Sam durch das Stroh und kniete sich neben den teetassengroßen Winzling. Es war, als ob Sam verstehen würde, was das Schweinchen durchmachte.

Ich griff nach Darrens Arm und machte ihn flüsternd darauf aufmerksam. Den Zauber dieses Augenblicks wollte ich auf keinen Fall zerstören.

Sam nahm das Ferkel in die Arme und vergrub seine Nase in dem weichen rotbraunen Fell (ältere Schweine bekommen Borsten, aber diese winzigen Ferkel waren noch wie von Samt überzogen). Erstaunlicherweise erwiderte das kleine Geschöpf die Geste, indem es seine Schnauze sofort in Sams Hals, Ohr und Gesicht drückte. Sam lachte schallend auf, als das Schweinchen ihm überschwänglich seine Zuneigung zeigte und die feinen Härchen an seiner Haut kitzelten.

Inmitten des Schweinequiekens und des ganzen Wirbels vollzog sich ganz leise ein kleines Wunder. Zwischen dem rotbraunen Knirps und Sam bestand ganz offensichtlich eine Verbindung. Das Schweinchen hatte eine so beruhigende Wirkung auf Sam, wie ich es noch nie erlebt hatte. Es war genauso wie in der Geschichte, die ich über den Jungen im Rollstuhl gehört hatte. Mit jedem Streicheln des Ferkels auf seinem Arm wurde Sam entspannter.

Und das Schwein wusste die Zuneigung, mit der Sam es überschüttete, ganz eindeutig zu schätzen. Es quittierte jede Streicheleinheit auf seinem weichen Fell mit einem kleinen Quiekser, wie eine vor Zufriedenheit schnurrende Katze.

Ich schlug mir die Hand vor den Mund, um nicht vor Freude aufzujuchzen. War dies die Lösung, nach der ich gesucht hatte?

Ich drehte mich zu Darren um, der zu wissen schien, was als Nächstes kommen würde.

»Das ist nicht dein Ernst, oder?«, lachte er.

»Meinst du nicht, wir sollten das Schwein kaufen?«, fragte ich aufgeregt.

Sam hatte sich inzwischen neben seinen neuen Freund – *seinen Freund!* – ins Stroh gelegt, und so konnte ich das kleine Ferkel genauer betrachten. Es war hinreißend: Seine winzige, weiche Schnauze hatte Falten wie eine Ziehharmonika, und die hochgezogenen Mundwinkel malten ihm ein Dauerlächeln ins Gesicht.

»Wenn du ein Haustier für Sam möchtest, könnten wir uns einen Hund anschaffen«, schlug Darren vor.

»Ein Schwein ist ein viel besseres Haustier als ein Hund«, übertönte eine dröhnende Stimme den Tumult.

Es war der Besitzer der Farm, Chris Murray. Mit großen Schritten kam er auf uns zu.

»Hallo!« Er wischte sich die Hand an der Hose ab, bevor er sie Darren und mir zur Begrüßung entgegenstreckte. Er war ein äußerst wortgewandter, sehr fescher Mann – nicht unbedingt das, was man sich unter einem Schweinebauern vorstellt.

»Wieso ist ein Schwein besser als ein Hund?«, fragte Darren lächelnd.

Mr Murray rieb sich vergnügt die Hände, sichtlich erfreut über die Frage.

»Das ist ganz einfach. Sie sind sauberer. Klüger. Leichter zu halten. Billiger zu halten. Sie erfordern nicht so viel Zeit und sind unglaublich anhänglich«, sagte er und hob ein schwarzweißes Ferkel hoch. »Man kann sie stubenrein machen und ihnen sogar tolle Tricks beibringen. Und man spart die ganzen Impfungen und Ausgaben, die man bei anderen Haustieren hat.«

Mit diesen Worten war seine Beweisführung abgeschlossen, und Mr Murray setzte zu einem Vortrag über Pennywell Farm an. Er erklärte, dass die Begriffe »Mikroschwein« und »Teacup Pig« von den Medien geprägt worden seien. *Seine* Schweine hießen offiziell »Pennywell-Minischweine«.

»Sehen Sie den Smiley-Mund?« Er deutete auf das Lächeln des rotbraunen Ferkels.

»Ja«, bestätigte ich, erneut dahinschmelzend.

»Tja, das ist das Pennywell-Markenzeichen. Meine Schweine sind glücklich«, erklärte er mit Nachdruck. Dann fuhr er mit einigen Ausführungen zur Geschichte der Pennywell Farm und zum Zuchtprozess fort.

Vor fünfundzwanzig Jahren hatte Murray sein Geld mit dem Verkauf von Schweinefleisch verdient. Ganz plötzlich hatte sich der Markt gedreht, wie es im Schweinegeschäft häufig der Fall ist, und er hatte pro Schwein zwischen sieben und zwölf Pfund verloren.

»›Du musst sie alle abschaffen‹, hat meine Frau gesagt.« Mr Murray warf die Arme in die Luft – er war ein sehr temperamentvoller Farmer. Aber er konnte die Schweine nicht abschaffen, weil er mit Leib und Seele Schweinezüchter war. Er beschloss, ein paar Exemplare als Haustiere zu behalten.

»Dann ist etwas Seltsames passiert.« Er legte eine dramatische Pause ein, um die Spannung zu erhöhen.

Darren und ich hingen mittlerweile fasziniert an seinen Lippen.

»Mir fiel auf, dass sich Freunde und Verwandte, die uns auf der Farm besuchten, zu meinen Hausschweinen hingezogen fühlten.«

Mr Murray beschrieb, wie sie übers ganze Gesicht gestrahlt hatten, wenn sie die Tiere streichelten und mit ihnen kuschelten – genauso wie wir es eben bei Sam beobachtet hatten. Alle erklärten, sie wünschten nur, dass die Schweine kleiner wären, damit sie sie zum Knuddeln auf den Arm nehmen könnten.

»Es war ein Aha-Erlebnis! Ich dachte: ›Warum züchte ich nicht ein Schwein, das so klein ist, dass man es auf der Handfläche halten kann?‹ Außerdem würde die Haltung kleiner Schweine nicht so viele Kosten verursachen. Ich würde in jeder Hinsicht gewinnen.«

»Luxusschweine«, frotzelte Darren. Ich boxte ihn in die Rippen, um ihn zum Schweigen zu bringen.

Darren und ich waren nicht die Einzigen, die von den Schweinegeschichten fasziniert waren – auch Sam hörte aufmerksam zu; er wollte alles über seinen neuen Freund erfahren.

Dann berichtete Mr Murray vom Zuchtprozess. Nach langem Herumprobieren und einem komplizierten Verfahren, zu dem gehörte, dass er eine bestimmte Sau mit einem bestimmten Eber paarte, entstand schließlich das perfekte Pennywell-Miniaturschwein.

»Ich wusste, wie man Schweine so züchtet, dass sie ordentlich groß und fett werden – also habe ich dieses Wissen einfach umgekehrt. Ich habe die besten Ferkel von jedem Wurf ausgewählt – und *voilà*!«

Mr Murray hatte etwa fünf Jahre gebraucht, um ein Minischwein zu züchten, das zu seiner Zufriedenheit ausfiel, und er räumte ein, dass die Züchtung des perfekten Pennywell-Schweins immer noch ein laufendes Projekt sei.

»Die weiblichen Tiere sind entscheidend für die Größe des Nachwuchses. Die Kerle glauben gern, dass sie den Ausschlag geben, aber in Wahrheit sind es die Mädels«, gluckste er, und der Schalk blitzte ihm aus den Augen.

Während er sprach, hatte ich Sam beobachtet und gesehen, dass er völlig vernarrt in seinen kleinen Ferkelfreund war. Als Mr Murray jetzt innehielt, um Luft zu holen, konnte ich mich nicht länger zurückhalten.

»Sind die Schweine verkäuflich?«, platzte es aus mir heraus. Fast bereute ich die Worte, als ich sie ausgesprochen hatte, weil ich noch nicht wirklich bereit war, die freudige Erregung, die mich erfasst hatte, wieder loszulassen und eine negative Antwort zu akzeptieren. Was, wenn er Nein sagte? Was, wenn Sam dieses wunderbare rotbraune Ferkel, das solche Wirkung auf ihn hatte, gar nicht haben konnte?

Mr Murray streckte auf exzentrische Manier den Brustkorb heraus.

»Also, das ist ein komischer Zufall, dass Sie das fragen. Das Ferkel, das Ihr Sohn da auf dem Arm hält, ist das einzige aus dem Wurf, das noch nicht verkauft ist.«

Ich war traurig und glücklich zugleich – traurig, weil

niemand diesen kleinen Außenseiter, der allein in der Ecke gestanden hatte, haben wollte, und glücklich, weil ich in der Lage sein würde, den Zauber, der über dieser Begegnung zwischen Sam und seinem neuen Freund lag, fortzusetzen.

Begeistert klatschte ich in die Hände. Darren verdrehte die Augen in scherzhafter Verzweiflung.

Der Verkauf von Minischweinen aus kommerziellen Gründen sei nie sein Ziel gewesen, betonte Mr Murray.

»Ursprünglich habe ich sie als Haustiere für die Farm gezüchtet, nicht um sie zu verkaufen, aber alle sind ganz verrückt nach ihnen, deshalb bin ich ein bisschen eingeknickt.«

Mr Murray erklärte, dass er nach wie vor relativ wenige Schweine verkaufe – wenn es hochkomme, vielleicht fünfundfünfzig pro Jahr. Hauptsächlich lebe er davon, dass er seinen Bauernhof für Besucher öffne.

»Und ich bin sehr wählerisch darin, wem ich ein Schwein verkaufe.« Er beugte sich zu uns herüber und zog vielsagend eine Augenbraue hoch. »Der Grund ist, dass Schweine – *auch* Minischweine – sehr viel Platz brauchen. Eine beengte Londoner Stadtwohnung reicht da nicht aus!«

Mr Murray wollte sicher sein, dass seine Schweine glücklich wurden, bevor er auch nur in Erwägung zog, eines seiner Tiere an einen Interessenten abzugeben. Er erzählte uns, dass er zunächst sogar gezögert habe, dem Fernsehmoderator Jonathan Ross, der zu seinen ersten Kunden gehört hatte, ein Schwein zu verkaufen.

»Damals wusste ich nicht, wer Rossy war.« Mr Murray

kicherte bei der Erinnerung an das peinliche Telefongespräch. »Ich fragte ihn, wer sich um das Schwein kümmern würde. Rossy sagte mir, dass seine Frau und seine Tochter das übernehmen würden und er nur zwei Tiere wolle. Dann wollte ich von ihm wissen, wo er wohnte. Als er ›London‹ antwortete, sagte ich ihm, dann sei das mit den Schweinen keine gute Idee. ›Warum nicht‹, fragte er schroff. Ich erklärte ihm, dass Schweine Platz brauchen.

Ich wusste nicht, dass er ein berühmter Moderator ist und ein weitläufiges Anwesen hat. Vor meinem geistigen Auge sah ich eine winzige Hochhauswohnung mit Ausblick auf Eisenbahngleise vor mir. ›Reichen 10.000 Quadratmeter?‹, fragte Rossy, eindeutig belustigt von dem Ganzen.

Obwohl er genügend Platz hatte, bestand ich trotzdem darauf, mit seiner Frau zu sprechen, um sicherzustellen, dass sie sich gut um ihre Schützlinge kümmern würde. Sie war ganz reizend und hatte alles in Erfahrung gebracht, was man über Schweinehaltung wissen muss. Also erklärte ich mich damit einverstanden, die notwendigen Formulare für die Tierverbringung fertig zu machen.

Leider konnte Rossy nicht wie geplant selber kommen, sondern musste im letzten Moment absagen. Stattdessen schickte er zwei Männer, die die Schweine abholen sollten. Sie kamen in einem Showbiz-Vehikel mit geschwärzten Fenstern auf der Farm an und trugen Anzüge. Ich hab mich köstlich amüsiert, als sie durch den Matsch stapften. Es war ein Anblick für die Götter! So was sieht man nicht alle Tage auf einem Bauernhof in Devon.« Bei der Erinnerung musste Mr Murray lachen.

Und das war nicht seine einzige Promi-Story. Er berichtete, dass eine ganze Reihe berühmter Schweinefans in Jonathans Fußstapfen getreten war, auch wenn er nicht sagen wollte, um wen es sich handelte.

»Kein Wort darüber!« Er tippte sich diskret an die Nase. Aber da die Sängerin Charlotte Church selbst mit der Presse darüber geredet hatte, dass sie ein Pennywell-Schwein kaufen wollte, durfte er ihren Namen wohl getrost erwähnen …

»Wann können wir …«, setzte ich zu der hochwichtigen Frage an, wann wir unser Schwein nach Hause holen konnten.

Aber Mr Murray hatte gerade einen Lauf; er genoss das Rampenlicht und sein Thema. Er hob ein weiteres Ferkel aus dem Wurf hoch. Die kleinen Füße paddelten durch die Luft, während es leise Quiekser von sich gab.

Als Mr Murray es sicher im Arm hielt, fing er an, den Bauch des Ferkels zu streicheln. Langsam schlossen sich die Äuglein, und der Zwerg wurde zurück in den Schlaf gelullt.

»Sie mögen gern am Bauch gekrault werden«, sagte Mr Murray und rieb mit dem Zeigefinger über das winzige rosa Bäuchlein. Wenn ein weibliches Schwein glücklich sei, erklärte er, stünden ihm die Haare zu Berge. Sträube hingegen ein Eber die Haare, könne das zweierlei bedeuten, nämlich entweder, dass er glücklich sei oder dass man gleich von einem wütenden Schwein angegriffen werde.

Woraufhin plötzlich Darren die Haare zu Berge standen.

»Wären wir dann mit einem Mädel nicht besser bedient?«, fragte er.

»Nein, lass uns das Rotbraune nehmen«, schaltete ich mich ein. Das war das Ferkel, mit dem Sam sich angefreundet hatte.

»Na gut«, gab Darren nach. »Das passt auch besser zu deiner Haarfarbe.« Ich bedachte ihn mit einem sarkastischen Lächeln, während Mr Murray uns beruhigend erklärte, dass alle männlichen Minischweine kastriert seien und wir uns von daher keine Sorgen über gesträubte Borsten machen müssten.

Ich wollte gerade erneut fragen, wann wir das Schweinchen mitnehmen könnten, als Will mir zuvorkam. »Wann können wir ihn nach Hause holen?«, kreischte er.

Sam spitzte die Ohren. Aufmerksam hörten wir alle zu, wie Mr Murray uns erklärte, dass wir noch sechs Wochen warten müssten. Die Ferkel seien gerade erst zwei Wochen alt und müssten noch eine Weile bei der Mutter bleiben. Das war okay für mich, weil wir dadurch genügend Zeit hatten, um uns auf seine Ankunft vorzubereiten.

Ich sah zu Sam, der neben seinem Schweinchen lag, und stellte mir unser neues Leben mit diesem kleinen rotbraunen Wesen vor. Eine Welle des Glücks stieg in mir auf. Zum ersten Mal seit Monaten hatte ich das Gefühl, dass die dunklen Wolken, die über unserer Familie hingen, aufrissen.

Es gab noch etwas, das wir in dieser Zeit erledigen mussten – wir mussten mit unserem Vermieter klären, wie er zu Haustieren stand.

»Ich bin sicher, dass er nichts dagegen hat«, sagte ich zuversichtlich zu Darren. »Es ist schließlich nur ein Minischwein.«

Das war vielleicht etwas voreilig.

11. Kapitel
Das artigste Ferkel der Welt

Unser Vermieter nahm die Nachricht nicht gut auf.

»Nein, ich erlaube keine Haustiere, auch nicht in Teetassengröße«, erklärte er kategorisch. Er wollte nicht einmal darüber diskutieren.

Oh-oh. Ich geriet in Panik. Ich hatte Sam noch nie so glücklich gesehen wie mit dem Schweinchen. Nichts würde mich davon abhalten, die beiden zusammenzubringen.

»Du machst Witze, oder?«, gluckste Darren, als ich ihm einen Umzug vorschlug.

»Ich meine es todernst«, erklärte ich wild entschlossen.

Er kannte mich inzwischen lange genug, um zu wissen, dass ich nicht so leicht aufgab, und nachdem wir die Frage noch einmal durchgesprochen hatten, waren wir uns einig, dass es für Sam die absolut beste Entscheidung wäre.

Wieder einmal arbeiteten wir gegen die Uhr. Wir hatten nur sechs Wochen Zeit, um ein neues Zuhause zu finden und all unsere Sachen dorthin zu transportieren.

Darren war unglaublich: Stundenlang recherchierte er von seiner Bohrinsel in Ägypten aus. Die Teamarbeit klappte großartig – er suchte online nach Häusern, und ich ging zu den Besichtigungen. Leider hatte mein Haus in Spanien noch immer keinen Käufer gefunden, deshalb mussten wir wieder etwas zur Miete suchen.

Sobald ich die umgebaute Scheune in dem malerischen Dörfchen Ugborough sah, wusste ich, dass es das Richtige für uns war. Das Haus lag am Fuß eines Hügels neben einem Bauernhaus und einem weiteren umgebauten Stallgebäude. Wir würden den Hof mit unseren Nachbarn teilen, aber wir hatten einen eigenen Garten, in dem viele Apfelbäume und Blumen wuchsen und sogar ein kleiner Bach verlief.

Die Scheune hatte einen etwas verrückten Grundriss – das Wohnzimmer befand sich im Obergeschoss, und die Schlafzimmer waren über das Erdgeschoss verteilt. Es war genau so, wie man sich eine umgebaute Scheune vorstellt, mit alten Holzbalken und geschliffenen Eichendielen. Unser neues Domizil wurde voll möbliert vermietet, und einige der Einrichtungsgegenstände wie der Perserteppich vor dem Kamin und das Plüschsofa sahen ziemlich teuer aus. Das Wichtigste an unserem rustikalen neuen Zuhause war natürlich die Tatsache, dass der Vermieter Haustiere erlaubte. Ich hielt es nicht für notwendig, sofort auf Details einzugehen und zu sagen, dass wir ein Schwein beherbergen würden. Haustier war Haustier, und unseres war dazu noch mikro!

Als der Zeitpunkt näherrückte, an dem wir unser Minischwein abholen sollten, fing Darren an, immer mehr Fragen zu stellen. Als Sicherheitsbeamter wollte er dafür sorgen, dass wir für alle Eventualitäten gerüstet waren. Sein Fokus lag auf den praktischen Dingen. Vielleicht hätte ich auch daran denken sollen, bevor ich sagte, dass wir das Schwein nehmen würden – aber ich war so entschlossen, Sams Freund zu uns zu holen, dass mir grundlegende Dinge gar nicht in den Sinn gekommen waren ... wie zum Beispiel, wie viel das Schwein eigentlich kostete.

Darren rief auf der Farm an, um einige Antworten zu bekommen.

Er sprach mit Katie, der Mitarbeiterin, die sich um uns gekümmert hatte, als wir Pennywell besucht hatten, und die selber einige Minischweine besaß.

»Dreihundertfünfzig Pfund!«, wiederholte Darren ungläubig, als sie ihm den Preis mitteilte.

Mir fiel die Kinnlade herunter. Das war der Preis für einen Rassehund.

»Ich hab ja gesagt, das sind Luxusschweine«, flüsterte er mir zu.

Aber für mich war der wahre Wert des Ferkels mit Geld gar nicht aufzuwiegen, nachdem ich gesehen hatte, welche Wirkung es innerhalb weniger Minuten auf Sam gehabt hatte. Darren und ich diskutierten darüber und kamen überein, dass wir den Kauf durchziehen würden.

Darren hatte noch weitere praktische Fragen, zu denen er sich telefonisch Auskunft geben ließ. »Wie groß werden sie? Wie reinlich sind sie? Wie erzieht man sie? Wie hoch ist die Lebenserwartung?«

Katie hatte offensichtlich Erfahrung im Umgang mit nervösen Neubesitzern und versicherte Darren, dass kein

Anlass zur Sorge bestehe. Die Minischweine seien mit zwei Jahren ausgewachsen und würden etwa so groß wie ein Cockerspaniel. Sie würden zwölf bis fünfzehn Jahre alt werden; sie seien bereits relativ stubenrein, da Schweine sich selbst instinktiv eine Latrine machten, und man trainiere sie genauso wie einen Hund, indem man ihnen Kommandos wie »Sitz!«, »Platz!« oder »Rolle!« beibringe. Das Beste war, dass man sie ausschließlich mit »Ferkelnüssen« füttern konnte – Trockenfutter in Form von Pellets, die voller Proteine, dem Grundnahrungsmittel für Schweine, steckten. Diese preisgünstigen Pellets kosteten nur 5 Pfund pro Monat. Unser Schwein würde keine Impfungen brauchen. Das Einzige, was wir tun mussten, war, ein »Schweinverbringungsformular« zu unterschreiben – eine Vorschrift für Schweinebesitzer, die seit dem Ausbruch der Maul-und-Klauenseuche im Jahr 2001 galt.

»Es gibt also überhaupt keinen Unterschied zwischen einem Schwein und einem Hund?« Ungläubig schüttelte ich den Kopf.

»Nein, offenbar nicht«, sagte Darren, nachdem all seine Fragen beantwortet waren.

Und damit war es beschlossene Sache. Das Ferkel würde uns in unser neues Heim begleiten. Darren und ich packten unseren Hausrat zusammen, den wir vor weniger als einem Jahr so sorgfältig in Kisten verstaut hatten. Will war supergespannt auf sein neues Zuhause, und sogar Sam wirkte seit unserem Besuch auf der Pennywell Farm relativ glücklich, obwohl so eine große Veränderung bevorstand. Lächelnd beobachtete er, wie Darren herumalberte und Will zum Spaß in eine Umzugskiste setzte.

»All das für ein Schwein!«, neckte Darren mich, während er einen weiteren Karton in den Umzugswagen hievte. Dennoch war auch er der Ansicht, dass alles, was Sam vielleicht half, die Mühe lohnte.

Es war nur noch eine Woche bis zur Ankunft unseres Borstentiers. Immer wenn die Rede darauf kam, dass wir das Schweinchen holen würden, spitzte Sam die Ohren und fing an, aufgeregt mit den Händen zu flattern. Auch seine Besessenheit vom Zeichnen hatte ein wenig nachgelassen, was darauf hindeutete, dass sein Angstpegel allmählich sank. Ich sprach ihn nicht darauf an, weil ich nicht riskieren wollte, die Blase zum Platzen zu bringen. Ich genoss es einfach, dass an den wenigen Tagen, die unserer Rückkehr nach Pennywell vorausgingen, etwas mehr Ruhe einkehrte.

Im Grunde hatte ich keine Ahnung, wie ich mich auf die Ankunft des Schweinchens vorbereiten sollte, aber Darren sagte, wir sollten es genauso behandeln wie einen Hund, was bedeutete, dass wir ihm einen Korb beschaffen mussten. Sam war ganz wild darauf, uns zu helfen, ein Körbchen für seinen neuen Freund auszusuchen. Am Ende erstand Darren ein sündhaft teures Teil mit dicker blau-weiß karierter Polsterung. Wir wählten eine kleine Größe, passend für einen Jack Russell. Natürlich würde unser Zwerg irgendwann zu groß dafür werden, aber im Moment würde sein winziger Körper in allem, was größer war, ertrinken. Außerdem kauften wir ihm einen Porzellannapf mit der Aufschrift »Dog«, in dem wir ihm seine »Ferkelnüsse« servieren konnten, und ein süßes Stoffschwein zum Spielen. Wir besorgten ihm sogar ein Halsband und eine Leine, damit wir mit ihm spazieren gehen konnten.

Sam fiel es schwer, Entscheidungen zu treffen, aber ich merkte, dass er an den Vorbereitungen beteiligt werden wollte. Ich ermunterte ihn, mir dabei zu helfen, einen Platz für den Korb zu finden. Er nahm meine Hand und führte mich zum Heizkörper im Wohnzimmer. Das Wohl des Schweinchens lag ihm eindeutig am Herzen, und er hatte sich überlegt, dass es nachts ein warmes und gemütliches Plätzchen zum Schlafen brauchen würde.

Das war ein sehr reifer Denkprozess für meinen Sohn. Eine bemerkenswerte Veränderung, die wir bei ihm bemerkt hatten, war, dass er seit unserem Besuch bei dem Minischwein angefangen hatte, eine gewisse Empathie zu zeigen – etwas, das bei Kindern mit Autismus sehr selten ist. Er war nicht nur auf das einsamste Ferkel des Wurfs zugegangen, um ihm Gesellschaft zu leisten, sondern hatte jetzt auch noch fürsorglich einen warmen Ort zum Schlafen für es ausgesucht. Ihn dabei zu beobachten war herzerwärmend, aber es war sogar noch mehr als das! Sam verbrachte im Grunde den Großteil seiner Zeit allein in seiner eigenen stillen Welt: Wenn er sich selbst überlassen blieb und wir ihn nicht dazu überredeten, sich auf etwas Neues einzulassen, tat er nichts anderes, als stumm zu zeichnen oder vor dem Fernseher zu sitzen. Zu sehen, wie er an diesem Abend das Bett für sein Schwein vorbereitete, machte mir Hoffnung, dass er vielleicht anfangen würde zu interagieren und zu kommunizieren, sobald sein neuer Freund eingetroffen war. Vielleicht würde es ihm helfen, sich der vielen schönen Dinge, die das Leben um ihn herum zu bieten hatte, bewusster zu werden. Ich war optimistisch, dass er weniger Zeit in seiner stillen Welt verbringen würde, sobald das Schwein bei uns lebte.

Ich erinnere mich an den Morgen, an dem wir nach Pennywell aufbrachen, als ob es gestern gewesen wäre. Es war ein ungewöhnlich warmer Frühlingstag im April 2009. Die Jungen waren aufgeregt, weil Oma aus Spanien angereist war, um das Schwein kennenzulernen. Der Umzug meiner Mutter nach Devon war für den Sommer geplant, aber sie wollte das große Ereignis nicht verpassen und war extra deswegen gekommen.

Mit einer grünen Katzentransportbox, die wir von den Nachbarn geliehen hatten, quetschten meine Mutter, Darren, die Jungen und ich uns alle in unseren neuen Landrover, den die Jungen auf den Namen »Lightning McQueen« getauft hatten (nach einem sprechenden Auto aus dem Pixarfilm »Cars«), und dann ging's los.

Sam war so aufgeregt, wie ich ihn noch nie erlebt hatte: Er flatterte und stieß schrille Freudenschreie aus. Will plapperte pausenlos darüber, wie wir unser Schwein nennen wollten, und wir fingen an, abwechselnd Vorschläge zu machen:

Boris? Bruno? Babe?

»Porky«, lautete Darrens Beitrag.

Es war schwerer, als ich gedacht hatte, einen Namen zu finden, und wir konnten nur hoffen, dass wir eine spontane Eingebung haben würden, wenn wir das Schweinchen wiedersahen.

Bei unserer Ankunft wurden wir empfangen wie die

Könige. Wir mussten nicht mit all den anderen Touristen durch den Haupteingang gehen, sondern wurden bereits von einer Mitarbeiterin erwartet, die uns zu einem Seiteneingang brachte. Katie führte uns ins Büro und holte Tee für die Erwachsenen, während ich die relevanten Papiere für die Übergabe des Schweins unterzeichnete. Will stellte sich auf die Zehenspitzen, um zu sehen, was ich da machte, während Sam sich in die Ecke des Raums zurückzog, um mit den Händen zu flattern – er konnte seine Aufregung kaum noch beherrschen.

Dann leitete Katie uns durch die Scheune mit den Schweineställen. Ich ging mit unserer grünen Katzentransportbox voran, während Darren, meine Mutter und die Jungs im Gänsemarsch hinter mir hertrippelten. Als wir uns dem Verschlag näherten und das bezaubernde leise Quieken und Grunzen lauter wurde, sah ich etwas, das ein fast vergessenes Gefühl bei mir auslöste.

Eifersucht.

Da stand eine Frau in grauem Regenmantel, und sie schmuste mit dem rotbraunen Ferkel – mit *unserem* Ferkel. Die ältere, grauhaarige Dame war offenbar völlig hingerissen von den Schweinen. Wir gingen zu ihr hinüber und blieben abwartend neben ihr stehen. »Es ist so wunderhübsch«, sagte sie und strahlte das Ferkel in ihrem Arm an. Ihre Augen leuchteten vor Glück.

Sofort hatte ich Schuldgefühle wegen meines Eifersuchtsanfalls, da die Frau offenbar ganz genauso wie Sam vom Zauber dieses Ferkels berührt worden war.

»Ja, das gehört uns«, erklärte ich mit einem Anflug von Besitzerstolz.

»Es wird Sie bestimmt sehr glücklich machen«, sagte sie zuversichtlich und streichelte sein weiches Fell. Es schlief tief und fest in ihren Armen, und ich mochte sie nicht auffordern, es herauszurücken. Ich beschloss zu warten, bis sie bereit war, es abzugeben, und wandte mich an Katie, um mich solange abzulenken.

»Es ist sehr brav, nicht wahr?«, bemerkte ich.

Katie erklärte, dass Pennywell-Schweine darauf gezüchtet seien, ruhig und brav zu sein. Sie seien so an Publikum gewöhnt, sagte sie, dass sie abgesehen von einem gelegentlichen Quieken oder Grunzen praktisch nie einen Laut von sich gäben. Ich musste grinsen, weil das gemeinschaftliche Grunzen aller Schweine im Stall einen ziemlichen Geräuschpegel erzeugte – aber glücklicherweise nahmen wir ja nur *ein* Schwein mit nach Hause.

Ich stieß Darren an, immer noch in Lobrednerstimmung über die Großartigkeit von Schweinen: »Noch ein Grund, weshalb Schweine besser sind als Hunde«, verkündete ich. »Sie bellen nicht!«

»Ich bin auf deiner Seite. Du brauchst mich nicht mehr zu überzeugen«, lachte er.

Sam wedelte immer noch mit den Händen und fing jetzt an, ein summendes Geräusch zu machen – ich glaube, er stand kurz davor, vor Freude zu explodieren. Es war einfach zu viel für ihn, dass er sein Schwein sehen, aber nicht auf den Arm nehmen konnte. Die Dame bemerkte Sams Ungeduld und deutete mit der Hand neben sich auf die Bank, auf die sie sich inzwischen mit unserem schlummernden Ferkel gesetzt hatte.

Sam wusste instinktiv, dass er versuchen musste, seine

Hände zur Ruhe zu bringen, um das Tier nicht zu erschrecken. Langsam ging er auf die Bank zu und blieb neben der Frau stehen. Ich glaube, das Ferkel hat Sams Geruch in die Nase bekommen, denn seine winzige Steckdose zuckte plötzlich schnuppernd nach oben. Dann klappte es langsam die Augen auf und klimperte mit seinen langen roten Wimpern.

Es war klar, dass es auf Sams Schoß sitzen wollte, denn es fing an zu zappeln und seine Haxen gegen die Lady zu stemmen, um zu meinem Sohn zu gelangen. Die Frau übergab es an Sam, und sobald es Kontakt zu Sam aufgenommen hatte, sprang es zu seinem Hals hoch, drückte die Schnauze hinein und überschüttete ihn mit Ferkelküsschen. Es war eindeutig überglücklich, wieder in Sams Armen zu sein.

»Es ist größer geworden!«, stellte Will lautstark fest.

Tatsächlich war es ein bisschen gewachsen – hatte jetzt eine Länge von etwa dreißig Zentimetern, war also nicht mehr ganz Teetassengröße, aber immer noch zum Niederknien. In Hundemaßen entsprach es jetzt einem Chihuahua.

Wir alle schmusten abwechselnd mit unserem neuen Haustier und fingen wieder an, Namensvorschläge zu machen. Aus irgendeinem unerfindlichen Grund lag mir ein bestimmter Name auf der Zunge. Ich habe keine Ahnung, woher er kam.

»Chester?«, schlug ich vor.

Alle sahen hoch, einschließlich des Schweins.

»Er mag seinen neuen Namen«, sagte Will und rieb den Bauch des Ferkels.

Also einigten wir uns auf Chester für unser rotbraunes Minischwein.

Bevor wir gehen konnten, gab es noch eine Sache, die wir erledigen mussten. Wir mussten Chesters Vater kennenlernen. Das war üblich in Pennywell, damit neue Besitzer sehen konnten, von wem der Nachwuchs abstammte, und eine Vorstellung davon bekamen, wie groß ihr Schwein werden würde. Viele Leute glauben, dass Minischweine immer ganz winzig bleiben, und das traurige Ende der Geschichte ist dann oft, dass sie ihr Schwein wieder abschaffen, wenn sie feststellen, dass es so groß wird wie ein Hund. Pennywell wollte solche »Retouren« unbedingt vermeiden. Nachdem wir die Mutter bereits kennengelernt hatten, war es jetzt also Zeit für den Dad – Pumbaa. Mr Murray, der Besitzer der Farm, kam, um uns zu ihm zu bringen.

»Pumbaa – wie das Warzenschwein aus dem *König der Löwen*?«, fragte ich Mr Murray.

»Genau. Er ist der King hier.« Augenzwinkernd führte uns der Farmer zu einer weiteren Scheune.

Darren blieb bei den Jungen und bei Chester, während Mum mich begleitete – diese Begegnung wollte sie auf keinen Fall verpassen.

Als wir uns dem Verschlag näherten, rannte ein zottliges Schwein, so groß wie ein kleiner Hund, laut grunzend auf uns zu.

»Hallo, mein Kleiner!« Mr Murray begrüßte ihn mit einem Kraulen hinter den Ohren. Pumbaa hatte den gleichen Smiley-Mund wie Chester, und auch wenn er größer war als unser Schwein, war er doch trotzdem sehr niedlich.

Pumbaa war der Zuchteber der Farm und hatte schon zahllose Ferkel gezeugt.

Mr Murray winkte uns zu sich in den Verschlag. Mum zögerte ein wenig – sie trug eine hübsche maßgeschneiderte Hose –, aber jetzt war es zu spät für einen Rückzieher. Pumbaa lechzte nach Aufmerksamkeit. Er rollte sich auf die Seite und wartete darauf, dass sein Herrchen ihm den Bauch kraulte.

»Hier, schauen Sie, er ist ganz verrückt nach dem Besen.« Mr Murray fing an, mit den Borsten über den Bauch des Ebers zu streichen.

Mum und ich lachten schallend auf. Es sah echt urkomisch aus.

Ganz plötzlich hatte Pumbaa genug und sprang blitzschnell auf die Füße. Die Nackenhaare sträubten sich.

»Oha! Jetzt wird er munter.« Mum trat den Rückzug an.

Als sie das Pferchtor öffnete, versuchte Pumbaa, durch ihre Beine hindurchzuflitzen, und warf sie dabei fast über den Haufen. Glücklicherweise war Mr Murray da, um sie aufzufangen – was ihr furchtbar peinlich war. Ich konnte mich vor Lachen nicht mehr halten, während die Wangen meiner Mutter sich puterrot färbten.

»Ich glaube, wir sollten wieder zu Sam und Will gehen«, erklärte Mum mit hochrotem Kopf und zupfte ihre Jacke zurecht.

Als wir in die Ferkelscheune zurückkamen, schmuste Will gerade mit Chester. Sam stand daneben, aufgeregt und begierig, sein Schwein wieder zu übernehmen. Er würde später noch ausreichend Gelegenheit dazu haben.

Jetzt wurde es Zeit, unser neues Babyschwein nach Hause zu bringen.

Katie beugte sich in den Verschlag, griff sich eine Handvoll Stroh und packte es in die Transportbox, damit Chester einen vertrauten Geruch um sich hatte. Chester quiekte nicht, sondern blieb ganz ruhig, als Katie ihn in die Box setzte. Er war das perfekte, artigste Schwein, das man sich vorstellen konnte. *Das ist echt ein Kinderspiel!,* dachte ich.

Der tröstliche Geruch des Strohs, zusammen mit der Schaukelbewegung des Autos, führten dazu, dass Chester in der Box auf meinem Schoß sofort einschlief. Er lag mit ausgestreckten Beinen auf der Seite, und die kleinen Füße ragten durchs Gitter der Box.

»Er ist sooo süß!« Will konnte gar nicht aufhören zu grinsen.

Sam ließ seinen neuen Freund während der gesamten Heimfahrt nicht aus den Augen. Gelegentlich lehnte er sich vor, um sich zu vergewissern, dass Chester immer noch wohlauf war.

Als wir zu Hause ankamen, trugen wir Chester als Erstes nach oben ins Wohnzimmer. Er war jetzt hellwach und drückte die rosa Schnauze gegen das Gitter, um die neuen Gerüche aufzunehmen. Behutsam setzte ich die Transportbox auf dem Holzfußboden des Wohnzimmers ab und öffnete sie.

Chester war alles andere als schüchtern, was seine neue Umgebung anging, und schoss wie ein Windhund aus der Box. Die Jungen jagten hinter ihm her, während er in dem großen, offenen Wohn- und Essbereich herumsauste und die Nase in jeden Winkel steckte.

Und dann machte er Pipi auf den Boden.

»Uuups!«, jaulte ich und rannte los, um ein Geschirrhandtuch zu holen. Da er ein kleines Ferkel war, war es auch nur eine winzige Pfütze, aber ich wollte verhindern, dass sie einen Fleck auf den Designerdielen unseres Vermieters hinterließ.

»Wir müssen ihn stubenrein kriegen, und zwar pronto!«, erklärte ich und wischte das Malheur auf.

Die nächste Stunde verbrachte ich damit, bewaffnet mit einer Rolle Küchenpapier hinter Chester herzulaufen. Und Chester zu folgen bedeutete Sam zu folgen – weil sie sich weigerten, einander von der Seite zu weichen.

Wenn Sam sich aufs Sofa setzte, wollte Chester bei ihm sitzen. Wenn Sam zum Klo musste, bestand Chester darauf, ihn zu begleiten. Schließlich schlugen die beiden ihr Lager unter dem Esszimmertisch auf – nicht unbedingt der zugänglichste Ort für mich, um potenzielle Pfützen zu beseitigen. Trotzdem brachte ich es nicht über mich, die beiden aus ihrer Höhle zu vertreiben. Sie wirkten wie zwei alte Freunde, die sich nach ewigen Zeiten wiedergefunden hatten und jede Sekunde nutzen wollten, um sich auf den neuesten Stand zu bringen.

Ich erinnerte mich an den schrecklichen Tag, an dem ich aus dem Fenster des Klassenraums geblickt und meinen Sohn allein beim Spielen beobachtet hatte. Es war fast, als ob Chester wüsste, dass Sam einen Freund brauchte, und deshalb nicht von seiner Seite wich. Sams Art, Chester für diese bedingungslose Liebe zu danken, bestand darin, dass er seinen Freund streichelte und umarmte und mit Küssen überschüttete.

Die aufkeimende Freundschaft der beiden war mehr, als ich mir je erträumt hatte.

Da Chester noch klein war, ging ihm bald die Puste aus, und er schlief in Sams Armen ein. Sam hielt sein »Baby« sanft umfangen und krabbelte unter dem Tisch hervor. Er sah besorgt aus, weil Chester ein wenig zitterte.

»Mach dir keine Sorgen, wir holen ihm eine Decke«, beruhigte ich Sam.

Wir wickelten den kleinen Körper in eine cremefarbene Fleecedecke. Jetzt sah er wirklich aus wie ein Neugeborenes. Abwechselnd wiegten wir ihn alle in den Schlaf, und ich konnte der Versuchung nicht widerstehen, den Fotoapparat herauszuholen, als meine Mum an der Reihe war, ihn zu halten. Nur die kleine Schnauze und die roten Haare guckten oben aus der Decke heraus, und es sah einfach hinreißend aus.

»Ich schicke einen Abzug davon an alle meine Freunde in Spanien und sage ihnen, dass du noch ein Kind bekommen hast«, scherzte meine Mutter und spielte damit auf die Tatsache an, dass Chester genau die gleiche Haarfarbe hatte wie ich.

Darren machte sich ebenfalls Sorgen um das Wohlergehen unseres Schweins und beschloss, ein Feuer anzuzünden, damit er es warm hatte. Chester machte es sich prompt gemütlich. Sobald das Feuer brannte, trippelte er zum Teppich und streckte seinen kleinen Körper mit nach vorn gerecktem Bauch vor dem Feuer aus, um die Wärme zu genießen.

Sam legte sich neben seinen Freund und strich ihm sanft über das rotbraune Fell. Ab und zu stieß Chester einen kleinen glücklichen Grunzer aus. Im Laufe des Abends zogen wir alle in den kleinen Fernsehraum um und ließen Chester am Feuer im Wohnzimmer zurück. Sam kuschelte sich an mich, sein Gesicht der Inbegriff von Ruhe und Zufriedenheit. Ich konnte kaum glauben, dass es derselbe Junge war, der noch vor wenigen Monaten einen Koller bekommen hatte, weil wir überhaupt zur Farm fahren wollten. Ich wünschte, dieser Tag würde niemals enden, doch leider rückte die Nacht unaufhaltsam voran.

»Zeit fürs Bett«, sagte ich zu den Jungen und tippte auf meine Armbanduhr.

»Ach, Maaaam«, stöhnte Will.

Wir gingen zurück ins Wohnzimmer, um unserem Ferkel Gute Nacht zu sagen – aber Chester war verschwunden.

»Oh mein Gott, wo ist er?« Ich spürte einen Anflug von Panik.

Doch es bestand kein Grund zur Sorge. Chester war einfach schon allein ins Bett gegangen. Das schlaue kleine Kerlchen hatte sofort kapiert, dass der Hundekorb unter der Heizung sein Schlafplatz sein sollte, und lag bereits zusammengerollt auf dem Polster, erschöpft von seinem aufregenden Tag.

Unglaublich, dachten wir. Es schien einfach alles zu schön, um wahr zu sein.

Wir deckten ihn mit dem Fleece zu, so dass nur noch die kleine Schnauze, die Ohren und Augen herausschauten. Sam legte das Stoffschwein neben Chester, für den Fall, dass er sich nachts einsam fühlen sollte. Er beugte sich zu seinem neuen besten Freund herunter und gab ihm einen

Kuss auf die Nase. Es machte mich so glücklich, dass ich hätte heulen können.

Chesters Gegenwart hatte eindeutig einen positiven Einfluss auf Sam. Unser neues Schwein schien sich problemlos einzufügen – es war, als ob Chester schon immer ein Mitglied unserer Familie gewesen wäre.

12. Kapitel
Nachbarschafts-
kontakte

Chester war kein Frühaufsteher. Er lag am nächsten Morgen im Tiefschlaf in haargenau derselben Position in seinem Körbchen, wie wir ihn zurückgelassen hatten, sogar die Nase schaute noch genauso unter der »Bettdecke« hervor wie am Abend zuvor. Wir alle spähten in den Hundekorb, beobachteten die flatternden Augenlider und die zuckende Schnauze – er sah aus, als hätte er einen schönen Traum.

Es war Sonntagmorgen, die Jungen konnten also noch einen ganzen Tag mit ihrem neuen Haustier verbringen, bevor sie wieder zur Schule mussten. Während Chester schlief, zeichnete Sam. Er schüttete seinen Becher mit Filzstiften auf dem Küchentisch aus und nahm nacheinander jede Farbe genauestens in Augenschein, um den perfekten Stift auszuwählen. Ich wünschte mir inständig, dass er seine zwanghafte Besessenheit von Flugzeugen überwinden und diesmal ein Schwein malen würde.

Ich tat so, als sei ich in der Küche beschäftigt, und ging

immer wieder zufällig an Sam vorbei, um einen prüfenden Blick auf die Linien zu werfen, die er aufs Papier malte. Meine Zuversicht schwand – er zeichnete ein Flugzeug. Es war wohl zu viel erwartet, dass sich über Nacht etwas veränderte. Ich wusste, dass ich nichts für selbstverständlich halten durfte, wenn es um Sams Autismus ging: Ich musste den gestrigen Tag als glückliche Erinnerung abspeichern und durfte nicht erwarten, dass derselbe zufriedene Junge heute auch wieder auftauchen würde.

Sam legte den Kopf schräg und richtete den Blick an der Flügellinie seines Modellflugzeugs aus. Frustriert kniff er die Augenbrauen zusammen.

»Grrrrrr!«, brüllte er und hieb so heftig auf das Papier ein, dass die Spitze seines Filzers umknickte.

Er drehte sich um, und ich machte mich innerlich auf einen Ausbruch gefasst.

Doch dann sah ich aus dem Augenwinkel etwas Rotbraunes aufblitzen. Ich hatte keine Ahnung, dass ein Minischwein sich so schnell bewegen kann! Vor allem ein Minischwein, das noch wenige Augenblicke zuvor im Tiefschlaf gelegen hat. Eh ich mich versah, saß Chester zu Sams Füßen und blickte zu ihm hoch. Er musste Sams Kummer mitbekommen haben und wollte seinem Freund helfen. Der Sturm legte sich, einfach so – Sam beugte sich herunter und umfing Chester mit den Armen, und das Ferkel erwiderte die Geste mit einem Quieken und einem Nasenstubser.

Jetzt hatte ich allerdings ein neues Problem. Chester hatte die ganze Nacht über sein Pipi angestaut; es war nur eine Frage von Sekunden, bis er es herauslassen würde.

Im letzten Moment schnappte ich mir Chester aus Sams Armen.

»Oh nein!«, jammerte ich und trug das pinkelnde Minischwein am ausgestreckten Arm durchs Wohnzimmer.

»Mach die Tür auf!«, rief ich Darren zu. Ich brauchte alle Matrosen an Bord, um die Fluten einzudämmen.

Darren stieß die Fenstertüren auf, die auf die Holzterrasse und zum Garten führten. Mum quietschte entsetzt. Will wollte sich totlachen. Ich setzte Chester draußen auf den hölzernen Bohlen ab. Er pinkelte *immer noch* – und ich hatte gedacht, dass so ein winziges Schweinchen nur winzige Mengen Pipi produzieren würde!

»Ab heute startet die Reinlichkeitserziehung«, verkündete ich, während ich auf allen vieren herumrutschte, um die Ferkelei zu beseitigen, die er im ganzen Wohnzimmer hinterlassen hatte. Doch Chester war nicht in der Stimmung, irgendetwas zu lernen. Er steckte voller Energie und war zum Spielen aufgelegt. Sam nahm ihn hoch und trug ihn auf den Rasen hinaus.

Es war ein herrlicher Frühlingstag. Die Osterglocken standen in voller Blüte und streckten ihre großen gelben Köpfe der Sonne entgegen. Überall im Garten machten sich bunte Farbtupfer breit. Die Natur erwachte hörbar zum Leben – von den Singvögeln bis hin zum laut plätschernden Bach am Ende des Gartens.

Sam setzte Chester behutsam im Gras ab. Wir waren noch nicht dazu gekommen, den Rasen zu mähen, aber wir mussten uns keine Sorgen machen, dass Chester in den hohen Grashalmen verloren ging – sein rotbraunes Fell stach hervor wie ein Feuermelder.

Sam fing an, aufgeregt mit den Armen zu flattern. Anders als die Kinder in der Schule, die Sams Verhalten vielleicht merkwürdig gefunden hätten, hielt Chester das Flattern für eine Aufforderung zum Spiel. Er schoss durchs Gras wie ein kleiner roter Kugelblitz und bewegte sich Richtung Bach. Sam jagte ihm nach und kreischte vor Vergnügen. Hin und wieder blieb Chester stehen, um auf Sam zu warten, aber wenn dieser ihn gerade greifen wollte, gab er wieder Fersengeld. Sam quietschte lauter als das Ferkel.

Wir standen alle auf der Terrassendiele und beobachteten das Schauspiel, das sich vor unseren Augen abspielte. Will schlang die Arme um mein Bein.

»Willst du auch mitspielen?«, fragte ich, weil ich das Gefühl hatte, dass er sich ausgeschlossen fühlte.

Doch Will schien zögerlich. Für einen Vierjährigen war er unglaublich aufgeweckt. Er begriff, dass dies ein großer Moment für Sam war – sein Bruder hatte aufgehört zu zeichnen, um zu rennen –, aber er fürchtete auch, dass Sam ihn nicht dabeihaben wollte. Sie hatten schon seit Jahren nicht mehr miteinander gespielt. Traurig und sehnsüchtig verfolgte er das lustige Treiben im Garten.

Doch jetzt schritt Darren ein, nahm Will huckepack und trug ihn die Stufen zum Garten herunter. Unten angekommen konnte Will sich keine Sekunde länger beherrschen: Sobald Darren ihn abgesetzt hatte, jagte er begeistert hinter Sam und Chester her. Chester genoss die Aufmerksamkeit und grunzte vor Vergnügen, als die Jungen ihm quer durch den Garten hinterherrannten.

Sam und Will hatten ziemliche Mühe, mit dem kleinen

Kerl Schritt zu halten. Jedes Mal, wenn sie innehielten, um zu verschnaufen, foppte Chester sie, indem er auch stehen blieb, aber so, dass er immer gerade außer Reichweite war. Als die Jungs nicht mehr laufen konnten, drehte Chester den Spieß um und fing an, hinter den Jungen herzujagen. Schließlich rannten sie immer wieder im Kreis um den Apfelbaum herum.

Dann hörte ich etwas sehr Ungewohntes – ich hörte meinen älteren Sohn lachen, *richtig* lachen. Die Frustrationen und die Wutausbrüche beherrschten Sams Verhalten schon so lange, dass er praktisch überhaupt nicht mehr gelacht hatte. Jetzt in diesem Augenblick schien sich irgendetwas in seinem Innern gelöst zu haben, denn er konzentrierte sich ausschließlich auf den Spaß, den er mit seinem neuen Freund hatte.

Es war ein Durchbruch, und mit Tränen in den Augen fiel ich Darren um den Hals – mein trauriger Junge war glücklich! Und mehr noch – er spielte endlich so mit seinem Bruder, wie ich es mir immer für die beiden gewünscht hatte; so wie sie es getan hatten, bevor Sam in seiner Entwicklung zurückgefallen war. Sam *freute* sich tatsächlich darüber, Will an seiner Seite zu haben. Will raste los, um den Football zu holen, und dann folgte ein Match zwischen Team Bailey und Team Chester.

»Oh, schaut euch das an!«, rief meine Mutter. Wie ein Pingpong flog Chester zwischen Will und Sam hin und her, als sie einander den Ball zuschossen. Er war so schnell, dass er es schaffte, den Ball einzuholen, und es sah aus, als würde er ihn zwischen den Beinen dribbeln und mit der Schnauze vorwärtsstoßen.

Sam warf den Kopf in den Nacken und gluckste erneut vor Lachen über seinen kleinen Football-Champion.

»Sieh mal, Mum!« Sam *zeigte* auf Chester. Seit dem Zeitpunkt seiner Regression in Spanien hatte Sam aufgehört, auf irgendetwas zu deuten, aber die fußballerischen Talente seines Schweins hatten auch diese spezielle Blockade durchbrochen.

Sams Gekicher war ansteckend, und schon bald bogen auch wir drei Erwachsenen uns vor Lachen beim Anblick des dribbelnden Minischweins.

Nach einer halben Stunde Football hatte Darren eine Idee.

»Lasst uns das Geschirr holen«, schlug er vor. Wir hatten es zusammen mit dem Hundenapf, dem Korb und dem Stofftier erworben. So wie alles andere, was wir gekauft hatten, war es für Welpen bestimmt. Es war so konstruiert, dass man die Vorderbeine des Hundes bzw. Schweines hindurchsteckte, die Riemen auf dem Rücken zusammenschnallte und dort die Leine befestigte. Sinn des Ganzen war, dass wir mit unserem Schweinchen Gassi gehen wollten. Sobald wir Chester an das Geschirr gewöhnt hatten, wollten wir uns die (gesetzlich vorgeschriebene) »Erlaubnis zum Schweine-Ausführen« besorgen, damit wir öffentliche Plätze – vielleicht sogar einen Pub! – mit ihm besuchen konnten.

»Kommt, Jungs, ich zeig euch, wie's geht«, sagte Darren und forderte sie auf, Chester zu ihm zu bringen. Sam klemmte sich das Schwein unter den Arm und setzte es vor Darrens Füßen ab. Chester schaute neugierig hoch, als ob er sagen wollte: »Wen haben wir denn hier?« Darren kniete sich hin, in der einen Hand das Welpengeschirr, die andere ausgestreckt, um Chester zu greifen.

Doch unser Schweinchen hatte andere Pläne. Es tänzelte rückwärts, gerade so weit, dass es außer Reichweite war.

Darren schob sich vorwärts und versuchte erneut, nach Chester zu greifen.

Chester tänzelte noch weiter zurück. Er hielt das Ganze für ein sehr lustiges Spiel.

Mum und ich bemühten uns, unser Kichern zu unterdrücken, als Darren abermals vergeblich versuchte, unserem Ferkel das Geschirr anzulegen. Chester dachte gar nicht daran, sich einfangen zu lassen, und schien Darren mit seinem frechen Grinsen zu foppen.

»Das ist nicht so einfach, wie es aussieht«, erklärte Darren in dem Versuch, das Gesicht zu wahren.

Will hatte eine viel bessere Idee.

»Lass es doch Sam machen, Daddy«, sagte er.

Ich konnte Darrens Gesicht nicht sehen, aber ich wusste, dass er innerlich und äußerlich strahlte – es war das erste Mal, dass Will »Daddy« zu ihm gesagt hatte. Will hatte auch erkannt, dass zwischen Sam und Chester eine besondere Verbindung bestand, und deshalb vorgeschlagen, dass Darren das Geschirr an seinen Bruder übergab. Es war ein sehr berührender Moment, der zeigte, dass wir jetzt tatsächlich eine Familie waren. Offenbar hatte Chester nicht nur eine positive Wirkung auf Sam, er veränderte uns alle.

»Gute Idee«, sagte Darren gut gelaunt und überließ Sam die Zügel.

Chester schien instinktiv zu wissen, wann er etwas für

seinen Freund tun konnte. Bei Sam verzichtete er auf die ganzen Mätzchen, die er gerade noch bei Darren ausprobiert hatte. Geduldig wartete er an Sams Seite auf weitere Anweisungen.

In Anbetracht der Tatsache, dass Sam kaum in der Lage war, sich ohne Hilfe anzuziehen, war es unwahrscheinlich, dass er fähig sein würde, ein kompliziertes Geschirr zu handhaben, doch Darren bestärkte ihn in dem Gefühl, dass er es ganz allein schaffen konnte. Er zeigte Sam, wie das Geschirr funktionierte, und ließ es ihn dann selbst machen. Sobald Sam die Regie übernahm, verhielt sich Chester wie eine schlaffe Stoffpuppe und ließ alles mit sich machen. Er schien Sam blind zu vertrauen.

»*Ta-da!* Geschafft!« Stolz blickte Darren zu mir und meiner Mutter hoch. Über das Geländer der Holzterrasse gelehnt beobachteten wir das Geschehen.

Mit Chester in seinem Geschirr war jetzt Showtime angesagt. Doch im Gegensatz zum üblichen Ablauf bei einer Hunde- oder Tiervorführung, wo die *Besitzer* die Hunde um die Arena führen, führte *Chester* die Jungen. Sam und Will drehten abwechselnd ihre Runden durch den Garten.

Das löste nicht nur jede Menge Gelächter aus, für Sam war es auch eine exzellente Übung im Teilen – etwas, das ihm normalerweise nicht leichtfiel.

Ohne Murren überließ er Chester seinem Bruder, wenn ich ihn darum bat – viel problemloser, als ich es je für möglich gehalten hätte, wenn man an sein Verhalten in den letzten Monaten dachte. Wenn Will dran war, ging Sam zur Seite und wedelte ein bisschen mit den Händen, um

Dampf abzulassen; war er selbst dran, gluckste er vor Vergnügen.

Chester genoss die Aufmerksamkeit, die ihm zuteilwurde, in vollen Zügen. Er war die geborene Rampensau und paradierte mit hocherhobener Schnauze durch den Garten. Ich weiß nicht, ob ich je etwas Lustigeres gesehen habe. Jeder, der in diesem Moment aufgetaucht wäre, hätte uns für verrückt gehalten!

Ich fing an zu lachen.

»Was ist so witzig, Jo?«, fragte meine Mutter.

»Mein autistischer Sohn, ein rotes Minischwein, ein Umzug, damit wir ein Schwein als Haustier halten können, und dann wird besagtes Schwein an die Leine gelegt und im Garten Gassi geführt – das ist verrückter als alles, was man sich ausdenken könnte.« Ungläubig schüttelte ich den Kopf.

»Also, ich bin stolz auf dich, Liebes.« Sie nahm meine Hand in ihre und drückte sie sanft. »Du hast so hart darum gekämpft.«

»Danke, Mum.« Ich nahm sie fest in die Arme.

Wenn ich irgendetwas in den letzten Jahren gelernt hatte, so war es, dass man nie vorhersagen kann, was als Nächstes geschieht. Man weiß nie, was der nächste Tag bringt, deshalb sollte man das Heute genießen.

Dieses Wochenende war das Schönste, was ich mir vorstellen konnte.

Nachdem das Ferkel und die Jungen den ganzen Vormittag im Garten getobt hatten, waren sie alle drei völlig verdreckt. Nun werden Schweine vielleicht normalerweise mit Matsch in Verbindung gebracht, aber für uns würde das nicht gelten. Mir missfiel der Gedanke, dass unser kostbares Minischweinchen schmutzig ins Bett ging, und ich machte mir auch ein bisschen Sorge, dass er unser Vorzeigehaus »einsauen« könnte. Plötzlich fiel mir das Planschbecken ein, das ich aus Spanien mitgebracht hatte. Wenn ich die Jungs und Chester dazu kriegen könnte, es gemeinsam zu benutzen, würde ich zwei Fliegen mit einer Klappe schlagen.

»Mum, würdest du bitte einen Kessel Wasser für mich aufsetzen?«, startete ich die Operation »Sauberes Schwein«. Für ein Bad auf dem Hof mussten wir Wasser aus dem Schlauch mit heißem Wasser aus dem Kessel mischen.

Während ich auf der Suche nach dem alten blauen Planschbecken den Schuppen durchstöberte, kam mir ein Gedanke. *Wie wäscht man eigentlich ein Schwein?*, fragte ich mich. Ich durfte nicht riskieren, dass Chester irgendwelche Hautausschläge bekam, weil ich das falsche Shampoo benutzte.

»Darren, würdest du mal in Pennywell anrufen?«, rief ich aus dem Schuppen.

Darren erledigte den Anruf, während ich alles vorbereitete. Er kam mit einer Flasche Johnson & Johnson-Babyshampoo, die er im Bad gefunden hatte, auf den Hof.

»Das ist okay, oder?«, fragte ich, als ich mir die Liste mit den Inhaltsstoffen durchlas.

Darren berichtete von seinem Gespräch mit Katie von der Farm. Schweinehaut ähnelt der menschlichen Haut, deshalb konnten wir unsere Hautpflegemittel auch für Chester benutzen. Katie hatte Darren außerdem darauf hingewiesen, dass Chester, da er ein Rotschopf war, im

Sommer leicht einen Sonnenbrand bekommen würde, dass wir aber zu seinem Schutz unsere eigene normale Sonnencreme verwenden könnten.

»Trotzdem habe ich lieber ein mildes Shampoo ausgewählt.« Er lächelte verlegen. Auch wenn er äußerlich den Macho gab, war er doch innerlich ein Riesensoftie.

Schließlich konnte es losgehen: Das Planschbecken war mit warmem Wasser gefüllt, wenn auch nicht sehr hoch, weil Chester so klein war und wir nicht Gefahr laufen wollten, dass er darin ertrank. Mum hatte Sam geholfen, seine Schwimmsachen anzuziehen, und er machte ein Wettrennen mit Will zum Pool. Draußen war es so warm wie an einem Sommertag.

»Hört mal zu, planscht nicht zu doll herum, sonst kriegt Chester Angst oder bekommt Wasser in seine Lungen«, sagte ich nachdrücklich zu den Jungen.

»Ja, Mum!«, sagte Will und stöhnte ein bisschen, weil er beim Baden für sein Leben gern planschte.

Dann ging ich los, um unser Schweinchen zu holen, aber Chester war mir zwei Schritte voraus. Er wuselte mir bereits zwischen den Füßen herum und wartete darauf, ins Wasser gesetzt zu werden. Ich dachte, er wäre wasserscheu, aber er fand es toll. Er watete quietschfidel darin herum und fühlte sich offenkundig sauwohl.

So wie Chester vor einer Weile auf Sam aufgepasst hatte, als er sich über sein Flugzeugbild aufgeregt hatte, erwiderte Sam diese Fürsorge jetzt und passte seinerseits auf seinen Freund auf. Er hatte sich meine Warnung zu Herzen genommen, beschützte sein Ferkelchen und achtete darauf, dass Chesters Kopf keine Spritzer abbekam.

»Streckt mal die Hände aus«, forderte ich die Jungen auf und drückte einen Klacks Shampoo auf ihre Handflächen.

Sie machten sich daran, Chester in eine dicke Schaumschicht einzuhüllen. Ein Ferkelbeinchen nach dem anderen wurde gründlich gewaschen, und Chester ließ sich bereitwillig hierhin und dorthin schieben, während Will und Sam den ganzen Schmutz abschrubbten. Am Ende sah er aus wie eine kleine weiße Flauschwolke, aus der nur noch die braunen Augen, rosa Ohren und die Steckdosennase herausguckten. Es war ein wirklich wundervoller Anblick, wie die drei im Planschbecken auf dem von alten Steingebäuden umrahmten Hof miteinander spielten.

Die Nachbarn – wir hatten je ein Set auf jeder Seite – müssen sich zu diesem Zeitpunkt gefragt haben, was um alles in der Welt da vor sich ging. Ich hatte beide Ehepaare mehrmals getroffen, seit wir eingezogen waren, und jetzt lockte das Gelächter – oder vielmehr der Anblick eines Schweins – sie nach draußen. Das erste Ehepaar, das kam, um Hallo zu sagen, waren Neil und Brenda. Die beiden hielten Hühner in ihrem Garten und hatten außerdem ein Trampolin, das meine Jungs seit unserem Einzug mit begehrlichen Blicken bedachten.

»Oh, ist das ein Schwein?«, rief Brenda aus. Es überraschte mich, dass sie das trotz des ganzen Seifenschaums erkennen konnte.

Chester sah mit seinem Smiley-Gesicht zu den Fremden hoch.

»Och, ist der niiiedlich! Schau mal, Neil, das ist ein Minischwein!« Sie klatschte begeistert in die Hände.

Ihr Ehemann Neil schien nicht ganz so angetan von unserem neuen Familienzuwachs.

Er stand einfach schweigend da und musterte Chester mit leicht missbilligendem Blick.

»Er scheint nicht sehr begeistert zu sein«, sagte ich, nachdem Neil wieder ins Haus gegangen war.

»Ach, kümmer dich nicht um ihn«, erklärte Brenda mit einer wegwerfenden Handbewegung.

Darren fand die ganze Sache amüsant, als ob er die Situation vorausgesehen hätte. Mir war nicht bewusst gewesen, dass irgendetwas Anstoßerregendes an einem kleinen Schwein sein könnte, aber vielleicht befürchtete Neil, dass Chester ihr Hühnerfutter stibitzen würde. Ich hätte erklären sollen, dass unser Schwein sich bislang als ein überaus gesittetes Haustier profiliert hatte.

Als Nächstes kamen Henry und Liz, denen das Haupthaus der Farm gehörte, um zu sehen, was es mit dem Aufruhr auf sich hatte. Sie hatten uns sehr herzlich aufgenommen und uns aufgefordert, irgendwann zum Essen herüberzukommen. Bei Liz malte die frische Landluft immer große rosige Apfelbäckchen auf die Wangen.

Auch sie wirkte ein wenig skeptisch und strich sich den braunen Pony aus dem Gesicht, während sie Chester in Augenschein nahm.

»Wir haben früher Schweine gehalten«, sagte sie in einem Ton, der andeutete, dass da noch mehr hinter der Geschichte steckte.

»Oh, sind sie nicht einfach fantastisch?«, schwärmte ich in nichtsahnender Unbekümmertheit.

»Hmmm. Ich frage mich, wann er wohl anfängt, den

ganzen Garten umzuwühlen.« Sie warf Henry einen wissenden Blick zu.

Den Garten umwühlen? Der Gedanke war mir noch nicht gekommen. Ich betrachtete Chester immer noch eher als Hund denn als Schwein.

»Das wird er doch bestimmt nicht machen! Oder?«, platzte ich heraus.

Henry zog die Augenbrauen hoch. »Viel Glück«, sagte er mit säuerlichem Lächeln.

Aber ich glaubte nicht, dass wir Glück brauchten. Unser Schwein war das artigste Schwein der Welt. Die Nachbarn mochten schlechte Erfahrungen gemacht haben, aber wir hatten ein Minischwein, und die waren anders – Luxusschweine haben gute Manieren!

Es war an der Zeit, die Seife abzuspülen und Chester trockenzureiben, bevor er sich eine Erkältung einfing. Ganz vorsichtig rubbelte Sam seinen Freund ab. Fast rechnete ich damit, dass Chester sich gleich schütteln würde wie ein Hund, aber er presste stattdessen sein nasses Fell gegen unsere Beine.

»Danke, Chester«, sagte ich und klopfte leicht gegen den feuchten Fleck auf meiner Jeans.

Die Jungen waren so erschöpft von der ganzen Aufregung, dass sie sich in der Fernsehecke hinlegten, um das Sonntagabendprogramm zu gucken. Chester lag zwischen ihnen auf dem grünen Habitat-Sofa aus Spanien.

Ich setzte mich derweil mit Darren und Mum und einer Tasse Tee an den Esstisch. Mir ging so einiges durch den Kopf – vor allem die Sorge, dass man uns unser Schwein wegnehmen könnte.

»Was, wenn die Nachbarn sich beim Vermieter über Chester beschweren?«, fragte ich beunruhigt und nahm einen Schluck von meinem heißen Tee. Der Vermieter hatte uns gesagt, dass wir Katzen und Hunde halten dürften, und weil Chester quasi einem Hund *entsprach*, hatte ich nicht weiter darüber nachgedacht, seit wir den Mietvertrag unterschrieben hatten. Jetzt sorgte ich mich wegen der Reaktion der Nachbarn. Ich konnte den Gedanken, dass der Vermieter Sam und Chester auseinanderbrachte, nicht ertragen.

Darren beschwichtigte mich wie immer mit einem Scherz zum richtigen Zeitpunkt.

»Wir können ja wieder umziehen«, erklärte er trocken.

Mum spuckte fast ihren Tee aus.

Darren mochte das nicht ganz ernst gemeint haben, aber im Moment hätte ich alles getan, damit Sam und Chester zusammenbleiben konnten.

Und wie es aussah, würde auch Sam alles tun, um Chester an seiner Seite zu behalten.

Gegen neunzehn Uhr brachte ich die Jungen ins Bett. Chester war mir schon wieder einen Schritt voraus. Er hatte sich bereits in seinem Hundekorb unter der Heizung zusammengerollt.

Auch Mum entschied, früh ins Bett zu gehen, und ich war froh, dass ich Darren an diesem Abend für mich hatte. Wir kuschelten uns auf dem Sofa im Fernsehzimmer zusammen. Er legte den Arm um mich, und ich drückte mein Gesicht in seine breite Brust. Jedes Mal, wenn wir uns wiedersahen, wuchs die Nähe zwischen uns, und mir fiel es jedes Mal schwerer, mich von ihm zu trennen, wenn er wieder auf die Bohrinseln musste. Mir wurde immer bewusster, wie ungeheuer positiv sich Darrens beruhigender Einfluss auf unser Leben auswirkte, und ich war einfach glücklich, mit ihm zusammen zu sein.

Es gab nur eine Sache, die diesen Augenblick noch vollkommener machen konnte – also schlich ich mich in die Küche, um einen Riegel Schokolade zu holen.

»Oh, Shit!«, kreischte ich plötzlich, als ich an Chesters Korb unter der Heizung vorbeikam.

Er war leer. Wo war Chester?

Ich überprüfte alle Ecken und Winkel des Raums und fürchtete mit einem Anflug von Panik, dass er ausgebüxt war oder irgendwo feststeckte. Ich sah unter die Stühle, unter das Sofa, unter den Esstisch, hinter die Vorhänge … Ich durchsuchte sogar die Küchenschränke. Er war so winzig, dass er sich überall hineinzwängen konnte.

Dann dämmerte mir plötzlich, wo er sein könnte. Ich klopfte mir den Staub von den Knien und steuerte Sams Zimmer an.

Auf Zehenspitzen schlich ich die Treppe hinunter und drückte leise die Tür auf. Ich sah den Hügel der Bettdecke und dann zwei Köpfe, die auf dem Kissen lagen. Sam und Chester. Mein Junge hatte den Arm über sein Minischwein gelegt.

Ich sah, dass Sam blinzelte. Er tat nur so, als würde er schlafen.

»Sam, nein!«, erklärte ich mit Nachdruck. »Chester darf nicht mit ins Bett.«

Es fiel mir allerdings schwer, ernst zu bleiben. Die beiden sahen einfach bezaubernd aus. Aber Chester war noch nicht stubenrein, und einige Regeln mussten einfach eingehalten werden.

»Du kannst morgen mit ihm spielen.« Ich nahm ihm das Ferkel aus dem Arm. »Und für *dich* ist es Zeit, in dein eigenes Bett zu gehen«, sagte ich zu Chester und hob ihn auf Augenhöhe.

Die rosa Steckdosennase zuckte, und dann blinzelte er ebenfalls ein paar Mal mit den Augen – der Inbegriff der Unschuld.

Ich ertappte mich bei der Frage, ob er die Müdigkeit auch nur vortäuschte – wie Sam. Dann schüttelte ich den Gedanken ab. *Chester ist nur ein Ferkel. So schlau kann er unmöglich sein!*

13. Kapitel
Lustige Ferkeleien

Tropf. Tropf. Tropf.

Irgendetwas spritzte auf unsere Bettdecke. Und es tropfte nicht nur – es pladderte.

»Darren.« Ich rüttelte ihn wach, deutete auf einen Flüssigkeitsstrom, der sich von der Decke auf unser darunter befindliches Bett ergoss.

»Wie spät ist es?« Er rieb sich verschlafen die Augen.

Es war sechs Uhr morgens, und Darren brauchte einige Minuten, um wach zu werden und zu begreifen, was vor sich ging. Weil unser Haus »umgedreht« war, das heißt, weil die Schlafzimmer im Erdgeschoss lagen, dachten wir zuerst, dass die Ursache ein Rohrbruch oder ein leckender Heizkörper wäre. Doch dann kam uns ein anderer Gedanke. Wir sahen uns an und schrien wie aus einem Munde: »*Chester!*«

Ich hatte Darren noch nie so schnell gesehen. Er warf die durchnässte Bettdecke zurück und raste die Treppe hoch. Dann hörte ich nur noch eine Reihe von Kraftausdrücken. Es war kaum zu glauben, aber Chester hatte eine so enorme Menge Pipi herausgelassen, dass sie durch den

Fußboden des Wohnzimmers in unser darunter liegendes Schlafzimmer gesickert war.

»Ach herrje, das ist ja wirklich Schweinepisse!« Ich sprang hastig aus dem Bett, griff einige Handtücher und platzierte sie unter dem Leck.

Unser Geschrei hatte die Jungen geweckt. Sie schlurften in ihren Pyjamas in unser Schlafzimmer und rieben sich den Schlaf aus den Augen.

»Was ist los, Mami?«, fragte Will.

»Chester pinkelt aufs Bett, bleib da stehen!«

»Igitt!«, rief Will.

Sam machte sich mehr Sorgen um Chesters Wohl und stieg die Treppe hoch, um nach ihm zu sehen.

Ich muss zugeben, dass ich ziemlich pikiert war. Er hatte unsere schöne weiße Bettwäsche ruiniert, von dem Farbschaden an der Decke ganz zu schweigen. Ich erklärte den Jungs, dass sie nicht mehr mit Chester spielen dürften, bis wir ihn stubenrein gemacht hätten, und dass wir damit anfangen würden, sobald ich sie am Nachmittag von der Schule abgeholt hätte.

Ich wollte ungern nach oben gehen – angesichts der Schweinerei in unserem Schlafzimmer wollte ich lieber gar nicht wissen, wie das Wohnzimmer aussah. Glücklicherweise hatte es nur Holzdielen, so dass wir uns wenigstens nicht mit einem durchweichten Teppich abplagen mussten, aber ich machte mich trotzdem auf das Schlimmste gefasst.

Als ich die Treppe hochkam, fand ich meine Leute draußen auf der Terrasse vor, wo sie im Kreis um unser Minischwein herumstanden. Chester saß auf den Hinterbeinen und sah mit unschuldigem Lächeln zu ihnen hoch, als ob er sagen wollte: »Ich? Was habe ich falsch gemacht?«

Es war schwer, ihm böse zu sein, wenn er so niedlich aussah. Außerdem war es ja nicht seine Schuld, sondern unsere, weil wir nicht früher damit angefangen hatten, ihn stubenrein zu machen. Zudem war er noch ein »Welpe«, von daher musste man ab und zu mit so einem Malheur rechnen.

»Los, Jungs. Es wird Zeit. Wir müssen uns für die Schule fertig machen.« Chester sorgte für so viel Ablenkung, dass man leicht die Zeit vertrödelte – aber Montagmorgen bedeutete Schule, auch wenn jetzt ein Schwein im Haus war.

Während Darren den Schlamassel im Wohnzimmer beseitigte, folgte ich Sam in sein Zimmer, um ihm beim Anziehen der Schuluniform zu helfen. Auch wenn sich seine grobmotorischen Fähigkeiten nicht so bald verbessern würden, erzählte ich ihm immer, in welcher Reihenfolge ich ihn ankleidete, in der Hoffnung, dass er es eines Tages selbst in den Griff bekommen würde. Wiederkehrende Routinen waren wichtig für sein Wohlbefinden.

»Als Nächstes ziehen wir die Schuhe an«, instruierte ich und steckte seine Füße in die schwarzen Schnürschuhe, während er auf dem Bett saß. Es war sehr schwierig, Sam bei der Stange zu halten. In diesem speziellen Augenblick wollte er nur zurück zu Chester. Von daher war es ein hartes Stück Arbeit, ihn anzuziehen.

Für Sam war heute ein ganz besonderer Tag in der Schule, weil es das erste Mal seit Chesters Ankunft war, dass er wieder hinging: Das hieß, er konnte den anderen

Kindern im CAIRB-Programm von seinem Ferkel erzählen – mit Hilfe von Lynda Russell. Lynda hatte ein Kommunikationssystem eingeführt, das sich »Homelink-Tagebuch« nannte. Das war einfach ein liniertes Schulheft, in das wir beide hineinschrieben und das von Sam in seiner Schultasche hin und her getragen wurde. Lynda notierte, was Sam während seines Schultages erlebte und wie er sich verhalten hatte, und ich für meinen Teil trug ein, wie Sam sich zu Hause benommen hatte. Wenn man es recht bedenkt, war es ein ziemlich altmodisches System, aber sehr effektiv. Es füllte die Lücken für mich und für Lynda, und noch wichtiger war, dass es Kontinuität für Sam bot. Das Homelink-Tagebuch versetzte Lynda in die Lage, Sam dazu aufzufordern, von Chester zu erzählen, und dann alle Kinder in Gespräche über das Schwein zu verwickeln.

Außerdem gab es mir Anregungen, worüber ich am Nachmittag mit Sam reden konnte. Wenn Sam zum Beispiel den Vormittag im »Sinnes-Garten« verbracht hatte, konnte ich ihn nach den Besonderheiten des Wassers fragen, mit dem er gespielt hatte. Verfiel Sam in seine Zeichenobsession, half das Tagebuch mir dabei, ihn auf etwas Bestimmtes anzusprechen und zu ihm durchzudringen. Im Moment brauchte ich diese Hilfsmittel allerdings nicht, weil ich Chester hatte. Ich fragte mich, ob auch Lynda die Veränderung in Sams Verhalten bemerken würde, die mir in der kurzen Zeit seit Chesters Ankunft aufgefallen war.

An diesem Morgen hatte ich Mühe, Sam ins Auto zu bekommen – er wollte Chester nicht allein lassen. Er stand neben seinem Schweinchen wie ein Bodyguard, die Arme trotzig vor der Brust verschränkt.

»Sam, steig jetzt ins Auto.« Ich deutete auf den silbernen Landrover.

»Sam will nicht gehen«, blaffte er. Sein Körper war starr vor Anspannung, in seinen Augen schimmerten Tränen. Ich betete, dass nicht gleich ein Ausbruch folgen möge.

»Sam, wenn du ein braver Junge bist und jetzt zur Schule gehst, darfst du heute Abend helfen, Chester stubenrein zu bekommen.« Ich erinnerte ihn an das Extravergnügen, das vor ihm lag.

Er sah zu Chester herunter, seine Unterlippe bebte vor Traurigkeit.

»Chester braucht dich. Für ihn ist es wichtig, dass du ein artiger Junge bist und zur Schule gehst«, versuchte ich, die Bedürfnisse seines Freundes zu nutzen, um ihn zu überreden.

Sam legte den Kopf schräg, um über den Deal nachzudenken.

»Na gut«, seufzte er, ein bisschen beleidigt, aber nichtsdestotrotz einverstanden mit meiner Bitte.

Das war ein bisschen leichter gewesen als üblich.

Ich hatte Lynda Russell mitgeteilt, dass wir ein Schwein als Haustier bekamen, die Information als solche war also keine Neuigkeit, doch Sams Verwandlung im Laufe des Wochenendes schon. Am Schultor erzählte ich ihr aufgeregt von den Fortschritten, die Sam innerhalb weniger Tage gemacht hatte, insbesondere die Geschichte, wie mein Junge beim Spielen mit dem Schwein gekichert und gelacht hatte. Es war ein krasser Gegensatz zu dem verängstigten, angespannten kleinen Schulanfänger, der nach Manor Primary gekommen war.

Lynda war sichtlich gerührt, als sie von Sams Erfahrungen am Wochenende hörte. Wir standen inmitten des morgendlichen Hochbetriebs und stießen Begeisterungsrufe über Sams Errungenschaften aus, während Eltern kamen und gingen, um ihre Kinder abzuliefern.

»Mach's gut, mein Schatz«, sagte ich schließlich und küsste Sam zum Abschied auf die Stirn. Als ich wegging, hoffte ich inständig, dass sich die positive Entwicklung des Wochenendes auch auf seinen Schulalltag ausweiten würde.

In der Zwischenzeit hatte ich genug zu tun – vor allem versuchte ich herauszufinden, welche Methoden ich anwenden konnte, um Chester stubenrein zu machen. Darren war mit Hunden groß geworden und hatte von daher auch einige eigene Ideen. Er wollte jedoch sicherstellen, dass sein Ansatz im Einklang mit den Ausführungen des Minischwein-Handbuchs stand, also rief er vorsichtshalber noch einmal in Pennywell an.

Katie zog uns mit unserer Anhänglichkeit auf – immerhin riefen wir das zweite Mal innerhalb von 24 Stunden an. Dann gab sie uns einen Tipp, auf den ich nie im Leben gekommen wäre – sie empfahl uns Reinlichkeitserziehung mit Hilfe von Weintrauben. Offenbar können Minischweine gar nicht genug von den süßen Früchten bekommen. Wenn man sie also bestechen möchte, etwas Bestimmtes zu tun, hält man ihnen einfach ein oder zwei davon vor die Nase.

Darren und ich eilten nach Totnes in den Supermarkt. Ich konnte mir ein Lachen nicht verkneifen, als ich beobachtete, wie Darren die Obst- und Gemüseabteilung durchstöberte – der taffe Kerl, der sich normalerweise mit ausbrechenden Bränden auf Bohrinseln befasste, schlug sich jetzt mit der Entscheidung herum, ob er weiße oder rote Trauben für ein Minischwein kaufen sollte. Schließlich entschieden wir uns für einen Karton mit weißen Trauben. Jetzt hatten wir alles, was wir brauchten, um später am Tag mit Chesters Reinlichkeitserziehung zu beginnen.

Als es an der Zeit war, die Jungen von der Schule abzuholen, konnte ich es kaum erwarten, ihnen zu sagen, was wir vorhatten. Ich brannte auch darauf zu erfahren, ob Sam im Unterricht von seinem neuen Freund erzählt hatte. Leider war dieser Wunsch ein bisschen zu hoch gegriffen. Es erinnerte mich daran, dass es immer noch unzählige offene Fragen gab, was Sams Autismus betraf.

Das Verwirrende war, dass ich zwar immer besser lernte, Sams Verhalten zu deuten, es aber nicht vorhersagen konnte. Sein Inneres funktionierte nach eigenen Gesetzen. Die banalste Kleinigkeit, die Sie oder ich wahrscheinlich nicht einmal bemerken würden, konnte bei Sam eine extreme Reaktion auslösen. Etwas so Geringfügiges wie ein anderer Sitzplatz als üblich konnte ihn für den Rest des Tages aus der Fassung bringen.

In der Schule war nichts geschehen, das ihn aufgeregt hatte – aber es hatte sich auch nicht viel verändert. Lynda berichtete, dass Sam sich eine Weile mit den Spaghetti-Lichtern im Sinnesraum beruhigt und dann lange gezeichnet hatte.

»Er hat allerdings etwas Neues gezeichnet«, sagte sie.
Mein Herz machte einen Hüpfer – Chester?
»Ben 10.«

Ben Tennyson ist eine Zeichentrickfigur, ein zehnjähriger Junge, der ein magisches Gerät entdeckt, durch das er sich in zehn verschiedene außerirdische Helden mit unterschiedlichen Superkräften verwandeln kann. Immerhin mal etwas anderes als Flugzeuge. Vielleicht hatte Chester ihn *doch* irgendwie beeinflusst.

Lynda hatte jedoch allen Kindern im CAIRB-Programm von Chester erzählt, und alle hatten es total interessant gefunden. Obwohl Sam nicht gern im Mittelpunkt stand, hatte Lynda bemerkt, dass ein kleines stolzes Lächeln über sein Gesicht gehuscht war, als sie von seinem neuen Haustier berichtet hatte.

»Chester hat dich heute sehr vermisst«, sagte ich zu Sam, als wir nach Hause fuhren.

Sam war in seine eigene Welt versunken, schaute aus dem Fenster und ignorierte mich. Aber ich wusste, dass seine mangelnde Kommunikation kein Grund zur Beunruhigung war. Sein Verhalten war wie das Wetter: an einigen Tagen sonnig, an anderen regnerisch, und ab und zu zogen einige turbulente Stürme durch. Wir mussten es einfach so nehmen, wie es kam.

Chester wartete schon auf Sam, als wir nach Hause kamen. Sobald wir die große grüne Haustür aufgestoßen hatten, überfiel uns unser Hausschwein mit seiner überschäumenden Begrüßungsfreude.

»Schau mal, er wackelt mit dem Schwanz!«, quietschte ich entzückt. Von diesem Talent hatte Pennywell uns nichts erzählt – er war tatsächlich wie ein Hund. Es reichte, um Sam aus seinem Tagtraum zu reißen und ihn zu uns zurückzubringen.

Er ging in die Hocke und breitete seine Arme so weit wie möglich aus, um seinen Freund zu umarmen. Chester drückte seine Nase gegen Sams Gesicht – die beiden hatten einander eindeutig vermisst.

So berührend das Wiedersehen war, wusste ich doch, dass ich die Freunde nicht den ganzen Nachmittag sich selbst überlassen durfte: Wir hatten einen Plan, den wir ausführen mussten.

»Also, Jungs!« Ich klatschte in die Hände, um ihre Aufmerksamkeit auf mich zu lenken. Darren stand bereits mit dem Weintraubenpäckchen hinter mir. »Jedes Mal, wenn Chester zu pinkeln anfängt«, instruierte ich, »müssen wir ihn nach draußen bringen und ihm eine Weintraube geben.« Wenn alles nach Plan lief, würde Chester den Toilettengang schnell mit Futter assoziieren und so begierig auf besagtes Futter werden, dass er schließlich immer zum Pinkeln nach draußen gehen würde. Die Jungen nickten: Alle wussten, was sie zu tun hatten.

Eine halbe Stunde später spielten die Jungen mit Chester auf dem Teppich, und er zeigte immer noch keinerlei Anzeichen dafür, dass er eine »Pinkelpause« brauchte. Erst konnten wir ihn nicht vom Pinkeln abhalten, und jetzt wollte er nicht. Darren saß auf dem Sofa und tappte ungeduldig mit dem Fuß. Ich beobachtete mit Argusaugen jede Bewegung und Lautäußerung, um beim ersten Anzeichen eines drängenden Bedürfnisses eingreifen zu können.

Als es dann losging, hatte ich mich natürlich gerade umgedreht.

»Jetzt!«, rief Darren den Jungen zu.

Sam hob das tröpfelnde Ferkel hoch und lief auf die Terrasse, dicht gefolgt von Darren mit den Weintrauben. Sobald Chester sein Geschäft erledigt hatte, überreichte Darren Sam die Schale.

»Sam, gib Chester eine Weintraube«, wies er ihn an.

Sam hielt die ovale Frucht auf der Handfläche. Das musste man Chester nicht zweimal sagen. In Nullkommanichts hatte er sein Leckerli verputzt.

»Braver Junge«, lobte ich unser Ferkel. Mit zuckender rosa Nase schnupperte er wie wild, ob irgendwo Nachschub wartete.

Und mit dieser Methode erzogen wir unser Minischwein zur Stubenreinheit.

Sam genoss jede Sekunde des Trainings. Routinen hatten immer etwas Tröstendes für ihn, und das vorhersagbare Wissen, dass Weintrauben und Lob auf das Pipi folgten, beruhigten ihn, was wiederum Chester entspannte. Erstaunlicherweise war Chester schon nach wenigen Wochen stubenrein.

Nach einer Weile bekam Sam sogar den richtigen Dreh beim Loben heraus: »Braver Junge, Chester«, sagte er, was ein großer Fortschritt war, da er immer noch Probleme mit der Sprache hatte. Normalerweise bildete er kurze Sätze, und die Wörter hielten sich auch nicht unbedingt an die richtige Reihenfolge oder grammatische Regeln.

Darren konnte etwas unbeschwerter zu seiner Bohrinsel aufbrechen, weil er sich nun nicht mehr darum sorgen musste, dass Chester sämtliche Holzdielen des Vermieters ruinieren würde. Mir fiel es noch schwerer als sonst, ihn gehen zu lassen, weil das Leben gerade so unglaublich positiv war und ich ihn so gern bei allem dabeigehabt hätte.

Ich versprach, dass ich ihn über alle Neuigkeiten an der Ferkel-Front auf dem Laufenden halten würde, als ich ihn am Flughafen in Exeter verabschiedete. Er flog diesmal nach Rio de Janeiro. Zwar tat er so, als wäre ihm ein Fortschrittsbericht nicht so wichtig – aber ich wusste, dass er es insgeheim kaum abwarten konnte, von Chesters neuesten Schandtaten zu erfahren. Ich fragte mich, ob er den anderen Männern auf der Bohrinsel wohl erzählen würde, dass er sich statt eines Hundes ein Minischwein als Haustier angeschafft hatte.

Chester stellte sich schnell als ein wahnsinnig schlauer Kerl heraus: Tatsächlich hatte ich das wahre Ausmaß seiner Cleverness unterschätzt. Kurz nach Darrens Abreise spielten Sam und Will einmal draußen im Garten mit ihm, als Will ein verdächtiges Verhalten bemerkte.

»Mum!«, rief er laut.

Ich schaute über das Geländer der hölzernen Terrasse.

»Wenn Chester Pipi macht, macht er gar nicht richtig Pipi!« Will deutete auf unser Schwein, während Sam ihm gerade eine weitere Weintraube feilbot.

Was hat das denn zu bedeuten? Hält Chester seinen Urin zurück? Ich beschloss, der Sache auf den Grund zu gehen.

Ich musste nicht lange warten, um herauszufinden, was Will meinte. Schon etwa fünf Minuten später hockte Chester sich ins Gras – nur dass nichts herauskam. Trotzdem rannte er dann zu Sam, um sich sein Leckerli abzuholen. Dieser Schlawiner! Er tat so, als würde er auf die Toilette gehen, um noch mehr Weintrauben abzustauben.

Ich beobachtete, wie er das Spiel wiederholte. Es war saukomisch. Unser Schwein hatte uns an der Nase herumgeführt!

»Sam, Schatz, gib ihm keine Weintrauben mehr, sonst bekommt er Bauchweh«, sagte ich ihm. Wie viele Extra-Weintrauben mochte Chester sich wohl im Laufe der letzten Woche ergaunert haben? *Eigentlich hatten wir doch einen Riesenvorrat*, dachte ich insgeheim, als ich die fast leere Schale inspizierte.

Ich konnte nichts tun, außer den Jungen zu erklären, dass Chester eine Show abzog, und ihnen zu sagen, dass sie ihn nur belohnen sollten, wenn er »in echt« pinkelte.

Das Ganze hatte aber auch sein Gutes ... es brachte Sam zum Lachen. Und Chesters Schlauheit und seine Liebe zu Weintrauben bedeuteten auch, dass wir ihm viel mehr beibringen konnten, als einfach nur draußen zu pinkeln. Die Jungen übernahmen es, Chester mit demselben Belohnungssystem die Kommandos »Sitz«, »Bleib« und »Rolle« beizubringen. Es war ihre Idee, Darren mit diesen Tricks zu überraschen, wenn er aus Rio zurückkam.

Natürlich half ich ihnen ein bisschen, aber nur am Anfang.

»Sitz, Chester.« Ich drückte sein winziges Hinterteil ins Gras. Er saß auf den Haxen und sah durch seine langen Wimpern zu mir und den Jungs hoch.

»Braver Junge!« Ich fuhr ihm mit der Hand durch seinen Haarmopp, so wie man es bei einem Hund tun würde, und gab ihm eine Weintraube. Schwupps war sie von meiner Hand verschwunden, und übrig blieb nur ein bisschen Ferkelspucke.

Nachdem die Jungen das Prinzip verstanden hatten, brachten sie ihm abwechselnd Tricks bei. Ich beschränkte die Leckerlis auf eine halbe Schale Weintrauben pro Unterrichtssitzung, damit Chester sich nicht den Magen verdarb. Ich hätte es natürlich schrecklich gefunden, ihn leiden zu sehen. Davon abgesehen, fing ich gerade an, es zu genießen, dass ich nicht hinter ihm herwischen musste!

Chester lernte also zunächst »Sitz«, dann »Bleib«, und schließlich brachte Sam ihm versehentlich den Moonwalk bei ...

Sam hielt eine Weintraube über Chesters Kopf, und als er einen Schritt zurücktrat, bewegte er die Traube über Chesters Rücken in Richtung Schwanz. Anstatt sich umzudrehen, um an die Weintraube zu kommen, schaltete unser Schweinchen einen schlängelnden Rückwärtsgang ein und bewegte sich im Gleitschritt nach hinten, während er versuchte, die Schnauze an der Traube auszurichten.

»Mami!« Sam kreischte vor Vergnügen.

Erstaunt beobachtete ich, wie Sam den Trick wiederholte. Er machte einen Schritt zurück und hielt die Traube auf Chesters Augenhöhe. Unser Ferkel schaltete erneut den Rückwärtsgang ein und bewegte sich im geschmeidigen Moonwalk à la Michael Jackson nach hinten.

Es war zu viel. Schade, dass ich den Camcorder nicht dabeihatte! Tatsächlich wünschte ich oft, wir würden Chester die ganze Zeit filmen, weil er so viele lustige Dinge anstellte.

»Darren wird begeistert sein!«, schwärmte ich und lobte Sam dafür, dass er die berühmten Bewegungen des King of Pop heraufbeschworen hatte.

Jeder Tag mit unserem Hausschwein brachte eine neue Überraschung. Einige waren allerdings besser als andere. Nach drei Wochen fing Chester an, sein wahres Gesicht zu zeigen. Wenn man an Schweine denkt, denkt man an Geräusche wie Grunzen, Oinken, Quieken und Quietschen. Man denkt nicht an ununterbrochenes ohrenzerreißendes Geheul, das man im ganzen Dorf hören kann.

Diese Entdeckung machten wir eines Abends, als ich Chester hochhob, um ihn aus dem Garten ins Wohnzimmer zu bringen (unser Kopfüber-Haus bedeutete, dass er die Terrassenstufen nicht allein hochlaufen konnte). Als seine Füße vom Boden abhoben, fing er an zu schreien – ein schrilles Kreischen wie ein explodierender Feuerwerkskörper – und hörte erst auf, als ich ihn wieder absetzte.

»Was fehlt dir denn?«, fragte ich das Ferkel. Ich dachte zuerst, dass es vielleicht krank sei. Vielleicht hatte es zu viele Weintrauben gefressen und hatte Schmerzen, wenn ich seinen Bauch berührte.

Aber weit gefehlt: Wie sich herausstellte, war es Chesters neuester Party-Trick. Von diesem Moment an schrie er jedes Mal, wenn irgendjemand, einschließlich Sam, ihn hochheben wollte, wie am Spieß. Sobald er eine Hand unter seinem Bauch spürte, ging das Gekreische los und setzte sich so lange fort, bis man ihn wieder herunterließ. Es war fast so, als ob es ihm Spaß machte, seine Grenzen auszutesten, nachdem er sich eingewöhnt hatte und wusste, dass er uns um seinen kleinen Ferkelzeh wickeln konnte.

Wenn Chester müde war, kreischte er nicht – dann tat er nichts lieber, als aufs Sofa zu springen und bei uns zu liegen. Doch wenn er wach war, wollte er ungestört durch Haus und Garten stromern. Kamen wir ihm dabei mit irgendetwas in die Quere, quiekte er wie ein Verrückter. Es war wohl ein bisschen wie bei Sam und seinem Zeichnen – Chester war so vertieft in seine Aktivitäten, dass er nicht abgelenkt werden wollte. Die Jungen fanden das Ganze natürlich urkomisch und hoben Chester absichtlich hoch, um ihn zum Schreien zu bringen.

Ich machte mir auch Sorgen wegen der Nachbarn. Ich wollte nicht, dass sie sich durch Chester belästigt fühlten. Dass plötzlich der Vermieter vor der Tür stand, hätte mir gerade noch gefehlt.

»Was soll ich machen?« Wie immer suchte ich Rat bei Darren.

Während ich auf seine goldenen Worte wartete, hörte ich ein komisches Geräusch: Am anderen Ende der Leitung versuchte jemand, sein Lachen zu unterdrücken.

»Das ist nicht witzig«, sagte ich, musste aber wider Willen grinsen.

Darren erinnerte mich daran, dass der Vermieter weit oben im Norden wohnte – er hatte die Farm ursprünglich als Ferienhaus für sich selbst gekauft, bevor er es an andere Leute vermietete –, und mit ein bisschen Glück hätte er einfach nicht die Zeit, um die lange Fahrt auf sich zu nehmen und uns einen Besuch abzustatten. Ich hatte sorgsam darauf geachtet, immer sofort hinter Chester sauberzumachen, von daher musste ich mir keine Sorgen wegen irgendwelcher Sachbeschädigungen machen. Nur der Krach war schwer unter Kontrolle zu bringen. *Ich muss einfach eine Möglichkeit finden, das Schwein nicht mehr hoch-*

zuheben, beschloss ich. Ich beruhigte mich damit, dass wir wenigstens an einem relativ abgeschiedenen Ort lebten, so dass wir nur zwei Nachbarn hatten, was die Kollateralschäden in Grenzen hielt.

Dachte ich jedenfalls.

In der folgenden Woche kam Darren wieder nach Hause (nach vier Wochen Arbeit auf der Bohrinsel hatte er immer vier Wochen frei) und führte uns zum Sonntagsessen in den örtlichen Pub von Ugborough aus. Ugborough ist dank seines pittoresken Dorfplatzes ein beliebtes Ausflugsziel für Touristen. Außerdem hat es eine große alte Kirche, erbaut 1112, und ein Postamt. Das *Ship Inn* ist ein wunderschönes weißes altes Gebäude, das oben auf dem Hügel liegt. Pub und Postamt sind natürlich die Hauptumschlagplätze für den Dorfklatsch.

Da es ein warmer Frühlingstag war, beschlossen wir, uns zum Essen in den Biergarten zu setzen. Chester hatten wir wie immer, wenn wir ausgingen, im Wohnzimmer eingeschlossen. Die Treppe zu den Schlafzimmern hatten wir mit einem Bücherregal verbarrikadiert, damit er nicht die Stufen herunterfallen konnte.

Darren und ich waren schon mehrmals im *Ship* gewesen, seit ich nach Devon gezogen war, deshalb kannten wir Paul, den Barmann, schon so gut, dass er uns in den neuesten Dorfklatsch einweihte. Er war ein junger Typ mit einem verschmitzten Grinsen, sympathischen Grübchen und dunkelbraunem Haar. Er kam nach draußen, um unsere Bestellung aufzunehmen. Als wir Chester bekommen hatten, hatten wir ihm davon erzählt, und er erzählte uns jetzt, worüber alle Welt sprach.

»Die Leute im Pub haben gefragt, ob ein Schwein im Dorf ist«, feixte er und warf uns einen wissenden Blick zu.

Mir fiel die Kinnlade herunter. Entsetzt sah ich zu Darren. Es konnte doch wohl nicht sein, dass Chesters Geschrei bis ganz nach oben auf den Hügel drang? Aber so war es.

»Alle sagen, dass sie lautes Schweinequieken gehört haben!«

Will fing an zu kichern, Sams Augen weiteten sich bei der Erwähnung von Chesters Namen, und Darren gluckste leise in sich hinein – aber ich fand das gar nicht komisch. Darren hatte gut lachen: Er war schließlich die meiste Zeit weg und musste sich nicht mit aufgebrachten Einheimischen herumschlagen.

»Das ist nicht witzig«, beharrte ich.

»Doch. Irgendwie schon.« Darren konnte sich das Lachen nicht länger verkneifen und prustete los, ebenso wie Paul, Sam und Will. Wir waren also jetzt berühmt im Dorf, weil wir ein schreiendes Minischwein hatten. Toll! Auch wenn es wohl Schlimmeres gab, für das man berühmt sein konnte.

Sam, der vielleicht mitbekommen hatte, dass Chester Anlass zu Beschwerden geben könnte, schien plötzlich von Stolz und Beschützerdrang erfüllt und sprang so heftig von der Holzbank hoch, dass er dabei beinah die Salz- und Pfefferstreuer umstieß.

»Chester!«, rief er.

Paul erkannte, worauf er hinauswollte,

»Dein Schwein heißt Chester, oder?«, fragte er mit seinem starken Devonshire-Akzent.

Sam nickte und stemmte in wortloser Verteidigung seines Schweins die Hände in die Hüften.

»Nun, ich werde dafür sorgen, dass das alle erfahren.« Paul zwinkerte Sam freundlich zu.

Ich strahlte mein Kind an: Ich war unglaublich stolz auf ihn, weil er den Mut gefunden hatte, für seinen Freund einzustehen. Vor sechs Monaten war er noch ausgerastet, weil wir nach Pennywell fahren wollten – er hatte unübersehbare Fortschritte gemacht!

Darren half mir, das Gute an der Situation zu sehen, und am Ende des Sonntagsbratens kicherten wir darüber, wie berühmt unser Schwein war und wie weit sein Ruf ihm vorauseilte. Wahrscheinlich würde Chester noch so berühmt werden, witzelte ich, dass die BBC einen Film über ihn drehen würde.

Inzwischen dachte Sam natürlich über Chester nach und was er für ihn tun könnte – ich ertappte ihn dabei, wie er einen Yorkshire-Pudding in einer Serviette aus dem Pub schmuggeln wollte.

»Erwischt!« Ich überraschte ihn mit einer dicken Umarmung. Er lächelte verlegen und drückte das Leckerli für Chester in seinen Schoß. Es war herzerwärmend, wie Sam an das Wohl eines anderen Wesens dachte, und es unterstrich, wie gut ihm das Zusammensein mit Chester tat. Ich durfte nicht vergessen, Lynda am Montagmorgen davon zu erzählen.

Doch auch wenn Sam zu Hause sein Glück und seine Liebe zu Sam zeigen konnte, musste er doch noch lernen, etwas Ähnliches auch in der Schule zu tun. Sein Gehirn hatte die beiden Bereiche irgendwie voneinander abgespalten und zu völlig getrennten Welten erklärt. Trotzdem gaben Lynda Russell und die Lehrassistenten im CAIRB-Programm die ganzen lustigen Ferkelgeschichten, die ich im Homelink-Tagebuch festhielt, häufig an die anderen Kinder weiter und machten Chester dadurch im Unterricht lebendig, in der Hoffnung, dass alle Kinder, einschließlich Sam, sich darauf einlassen würden.

Es gab einen kleinen Jungen in Sams Klasse, der die Geschichten über Chester besonders gern hörte. Wie sich herausstellte, teilte er mit Sam die Leidenschaft für Ben 10. Als dieser spezielle kleine Junge einmal einen schlechten Tag hatte, bekam Sam mit, wie ihm zumute war, und gab sich große Mühe, ihn aufzuheitern. Er malte einige Ben-10-Figuren, und Lynda half ihm, sie auszuschneiden, so dass sie sie auf die Arbeitsstation des Jungen kleben konnten. Es war nur eine kleine Geste, aber sie bedeutete sehr viel, und ich freute mich, als Lynda mir davon erzählte.

Dann machte Lynda eine Pause, bevor sie mir noch etwas sehr Wichtiges sagte: »Ich habe noch nie erlebt, dass ein Kind im CAIRB-Programm sich in dieser Form um ein anderes gekümmert hat.«

Tränen stiegen mir in die Augen, als ich auf meinen Sohn heruntersah. Sam hatte viel mit sich selbst zu tun gehabt, aber in seinem Herzen war immer noch Platz für die Liebe zu anderen.

Ich hatte nicht den geringsten Zweifel, dass dies Chester zu verdanken war.

14. Kapitel
Eine Party mit Käse und Schwein

Der Sommer 2009 war fantastisch. Nicht nur weil Sam so tolle Fortschritte machte, sondern auch, weil das herrliche Wetter uns allen guttat. Vor allem Chester genoss es, dass er viel draußen sein und mit Sam und Will im Garten herumtoben konnte, als ein sonniger Tag auf den anderen folgte. Sam fütterte sein Hausschwein des Öfteren mit Wassereis, um ihm eine Abkühlung zu verschaffen. Das mit Orangengeschmack war Chester am liebsten!

An einem Juniwochenende arrangierte ich ein kleines Gartenfest für Familie, Freunde und Nachbarn. Nachdem der Umzug nach England so Hals über Kopf erfolgt war und Sam nach seiner Einschulung in Manor Primary regelmäßig ausgerastet war, hatte ich gar keine Gelegenheit gehabt, eine Einweihungsparty zu feiern. Aber besser spät als nie!

Meine Mutter, meine Schwester und ihr Freund Simon würden kommen, und ich konnte es kaum erwarten, dass Sam und Will ihre Cousins Tom und Dan wiedersehen würden – nach dem Desaster ihres letzten Zusammentreffens hoffte ich, dass dieser Besuch wesentlich glatter verlaufen würde. Das Beste war allerdings, dass Darren von den Bohrinseln zurück war.

Chester wartete an der Tür, um uns zu begrüßen, als ich mit Darren vom Flughafen zurückkam. Die Schnauze unseres Schweinchens zuckte schnuppernd in die Luft, als er Darren am Geruch wiedererkannte. Schweine haben sehr schlechte Augen, aber einen ausgeprägten Geruchssinn, an dem sie sich orientieren. Ich schaute zu Darren und sah, dass er lächelte. Das war das Tolle an Chester – beim Anblick seines kleinen, roten Smiley-Gesichts musste man unwillkürlich selber lächeln.

Und dann machte Darren eine etwas beunruhigende Bemerkung.

»Mann, ist der gewachsen!«, rief er aus.

Chester war jetzt fünf Monate alt und mehr als doppelt so groß wie bei unserer ersten Begegnung. Natürlich würde er noch eine ganze Zeit lang weiterwachsen, bis auf die Größe eines Cockerspaniels, um genau zu sein, aber Darren bemerkte, dass Chester seit dem letzten Mal einen Riesensprung gemacht hatte. Es war klar, dass ihm dieser Unterschied viel stärker auffiel, weil er Chester eine ganze Weile nicht gesehen hatte.

»Er kann ja nicht immer ein Baby bleiben«, sagte ich.

Darren runzelte die Stirn, und einen Moment lang hatte er genau denselben Ausdruck im Gesicht wie Neil, unser Nachbar, als er Chester das erste Mal im Planschbecken gesehen hatte. Es war ein »Dieses Schwein ist mir nicht geheuer«-Blick.

»Lass mein Schwein in Ruhe«, scherzte ich und ging in die Küche, um uns etwas zu essen zu machen. Doch Darren hatte den Keim eines Zweifels gelegt. Wuchs Chester schneller, als er sollte?

Am Tag der Party empfing uns herrlichstes Sommerwetter. Ich schloss meine Schwester Sarah in die Arme und freute mich über das Wiedersehen. Sarah und ihre Jungs hatten Chester bisher noch nicht kennengelernt, und ich fragte mich, was sie wohl zu unserem Minischwein sagen würden. Sarah reagierte erwartungsgemäß.

»Oh, was für ein Schatz!«, jubelte sie und nahm Chester auf den Arm, bevor ich einschreiten konnte …

Chester schrie natürlich los. Laut! Dan und Tom hielten sich die Ohren zu, während Sam und Will glucksten. Das mit dem Quieken lief noch nicht optimal, aber wir konnten inzwischen damit umgehen. Chester wollte einfach gern darauf aufmerksam machen, dass er da war.

Mal abgesehen von gelegentlichen Schreisalven hatte sich Chester in den drei Monaten, die er jetzt bei uns war, als das perfekte Haustier erwiesen. Ich brannte darauf, vor den Partygästen mit ihm anzugeben, vor allem vor unseren neuen Freunden aus dem Dorf. Ein Teil von mir weidete sich an der Vorstellung, alle Tratschgeschichten, die über seine Vokalakrobatik kursierten, aus der Welt zu schaffen. Sobald sie auch nur einen einzigen Blick auf unser engelsgleiches Schwein geworfen hätten, würden sie garantiert nie wieder etwas Böses über ihn sagen können.

Berühmte letzte Worte.

Ich hatte sehr viel Zeit auf die Planung der Party verwandt, weil wir immerhin an die fünfundzwanzig Leute erwarteten. Unter anderem hatte ich ein Buffet bei einem Partyservice bestellt, mir bei jemandem im Dorf einen Pavillon ausgeliehen und einen Zauberer engagiert, der die Kinder mit seinem Auftritt unterhalten sollte. Sam und Will halfen mir, den Tisch und die Stühle in den Garten hinauszutragen. Ich legte ein weißes Tischtuch auf unseren langen, hölzernen Esstisch und stellte alle Champagnerflöten an einem Ende des Tisches zusammen: Es sollte eine richtig tolle Feier werden.

Ich wollte, dass alle ihren Spaß hatten – das war meine Art, allen, die mir nahestanden, dafür zu danken, dass sie in den schwierigen Zeiten der letzten Jahre immer zu mir gestanden hatten. Außerdem war es auch eine Art Jubiläum, denn es war fast genau zwei Jahre her, seit Darren in unser Leben getreten war, und auch das wollte ich feiern. Es gab so viel, für das ich ihm zu danken hatte. Er hatte die »Vaterrolle« übernommen und sich keine Sekunde an Sams Zustand gestört. Er hatte uns finanzielle Hilfe angeboten. Er hatte mich aus der tiefen Depression herausgeholt, in die ich bei unserer ersten Begegnung abzugleiten drohte, und das alles mit einem Lächeln, mit einer »Wir-schaffen-das«-Haltung und seiner liebenswerten, fürsorglichen Art, die ich zu lieben gelernt hatte.

Es war ein so besonderer Anlass, dass ich den Jungen neue weiße Hemden und beigefarbene Chinos mit passenden Westen gekauft hatte. Es war das erste Mal, dass ich wirklich eine große Sache daraus machte, sie fein herauszuputzen, und ich war die stolzeste Mutter der Welt, als sie geschniegelt vor mir standen.

Doch dann bekam Sam ein bisschen die Flatter. Obwohl

ich ihn mit einem Bilderbuch auf die Party vorbereitet hatte, war ihm die Vorstellung, dass so viele Menschen in unserem Haus waren, unbehaglich. Er hat sich immer schwer damit getan, anderen Menschen in die Augen zu sehen oder im Mittelpunkt zu stehen. Personen mit Störungen aus dem autistischen Spektrum nehmen ihre Umwelt intensiver wahr als andere, deshalb versuchen sie häufig, die Intensität ihrer Umgebung abzuschwächen, indem sie weniger Kontakt mit Menschen und weniger Sinnesreize suchen oder indem sie sich an einem sicheren, vertrauten Ort verstecken. Die Vorstellung, dass lauter Menschen in sein Haus eindrangen, war zu viel.

Nicht umsonst bezeichnet man die Augen als »Fenster zur Seele«. Das menschliche Gehirn ist eigentlich darauf programmiert, dass es Augen reizvoll findet. Bei Personen des autistischen Spektrums ist das anders. Der Versuch, gleichzeitig Worte zu verstehen *und* Gesichtsausdrücke zu deuten, ist somit extrem schwierig für sie. Durch die Vermeidung von Blickkontakten reduziert Sam diese Aufgabe darauf, dass er nur Sprache verstehen und deuten muss. Doch manchmal ist selbst das zu viel – so wie in diesem Moment, als ich versuchte, ihn vor der Ankunft der Gäste zu beruhigen.

Trotz meiner Bitten konnte ich ihn nicht zum Aufstehen bewegen. Er hatte sich zu einem Ball zusammengerollt, zog die Knie eng an die Brust, fuchtelte mit den Händen vor den Augen und starrte ins Leere.

»Sam, Liebes!« Ich setzte mich neben ihn und rieb ihm sanft übers Knie.

Will kam ins Zimmer getrippelt und trippelte gleich

wieder hinaus, nachdem er einen Blick auf mich und Sam geworfen hatte. Er spürte, dass Sam kurz vor einem Ausbruch stand.

»Lass. Mich. Allein!«, stieß Sam heftig hervor, jedes Wort nachdrücklich betonend.

Dass ich eine Schule für Sam gefunden hatte, die auf Autismus spezialisiert war, hatte mich nicht davon abgehalten, mich weiter über die Entwicklungsstörung zu informieren. Ich recherchierte zwar nicht mehr so wild im Internet wie damals in Spanien, aber ich war immer noch wissbegierig. Erst kürzlich hatte ich einen Artikel über »vestibulären und propriozeptiven Input« gelesen – das heißt, wie ich Sam bei Reizüberflutung oder einem »Koller« beruhigen konnte, indem ich ihn hin und her schaukelte, ihn umarmte und sogar mit einem Teil meines Körpergewichts Tiefendruck ausübte, wenn er tatsächlich völlig die Beherrschung verlor. Also wandte ich mein Wissen an: Ich nahm meinen Sohn in die Arme und drückte ihn.

Zuerst wehrte er sich und machte sich steif wie ein Brett. Doch als ich ihn eine Weile sanft hin und her schaukelte und aufs Haar küsste, entspannte er sich.

»Es ist alles gut, du musst nichts tun, was du nicht willst.« Ich versicherte ihm, dass er in seinem Zimmer bleiben könne, wenn er sich dort sicherer fühle. Dann hörten wir beide ein vertrautes Geräusch – das Geräusch kleiner trippelnder Schweinefüße. Neu war, dass sie von oben nach unten trippelten … Chester hatte gerade herausgefunden, wie man vom Wohnzimmer in die Schlafzimmer des Erdgeschosses gelangte.

Er streckte seinen Rotschopf durch die Tür.

»Chester!« Sams Gesicht leuchtete auf.

Das Schwein zwängte seinen Körper durch den Türspalt und stürmte in unsere Richtung.

»Nicht auf das ...«

»Bett«, wollte ich sagen, aber Sam hatte Chester bereits in seine Arme geschaufelt. Seltsamerweise quiekte Chester diesmal nicht. Es war, als ob er wüsste, dass Sam dringend eine Umarmung brauchte.

In diesem Moment düste Will ins Zimmer, denn Sams Gekicher konnte nur eines bedeuten – dass ein Schwein zugegen war. Er sprang mit Anlauf aufs Bett, und schon kuschelten wir zu dritt mit unserem Minischwein.

Dann hörte ich eine Stampede von oben, weil Tom und Dan sich auf den Weg nach unten machten, um auch am Spaß teilzuhaben. Das gab mir das Zeichen zum Gehen. Die Gäste kamen in gut einer Stunde, und ich hatte noch jede Menge zu tun. Ich machte mich daran, letzte Hand an den Tisch zu legen.

Der Partyservice hatte einen eindrucksvollen Festschmaus geliefert. Es gab geräucherten Lachs, Krönungshühnchen in dicker, cremiger Gewürzmayonnaise, Würstchen und alle erdenklichen Salate, von Reis bis Blattgrün mit Granatapfel.

Ich hätte mir keinen traumhafteren Sommertag in der Landschaft von Devonshire wünschen können. Unser Garten war jetzt das reinste Farbenmeer, Gänseblümchen sprenkelten den sattgrünen Rasen, der Apfelbaum trug rosa Blüten, und an der grauen Steinmauer rankte sich Geißblatt empor.

Nach und nach trudelten die Gäste ein. Bald standen Freunde und Familienangehörige auf dem Rasen zusammen, und Gelächter und fröhliches Stimmengewirr erfüllten die Luft. Die Kinder spielten miteinander und schlängelten sich durch den Pulk der Erwachsenen.

Ich bin mir nicht sicher, ob es Chester war, der Sam den Mut gab, sich der Menge zu stellen, aber mein Sohn tauchte schließlich mit Chester an seiner Seite auf. Als die Gäste nach und nach unser süßes Minischwein entdeckten, erhob sich ein Chor von verzückten Oh- und Ah-Rufen.

Im Gegensatz zu Sam war Chester die geborene Rampensau. Er wetzte von Gast zu Gast, hob schnuppernd die Nase in die Luft und wartete darauf, gestreichelt zu werden. Ich war froh, dass ich Chester sich selbst überlassen konnte. Er war ein so artiges und wohlerzogenes Schwein, dass ich mir keine Sorgen machen musste.

»Hallo!« Unsere Nachbarn Henry und Liz kamen auf einen Sprung vorbei, um mitzufeiern. Chester lief zu ihnen, um sie zu begrüßen. Wahrscheinlich war ihr Geruch ihm vertraut. Henry zog die Augenbrauen hoch und ließ sich von der freundlichen Begrüßung offensichtlich nicht erweichen, aber Liz freute sich über die Aufmerksamkeit.

Als Nächstes traf der Zauberer ein. Er schlug seine Zelte vor dem Atrium auf (das den Flur im Erdgeschoss mit dem Gästezimmer verband). Die Kinder scharten sich zusammen, setzten sich im Schneidersitz ins Gras und blickten erwartungsvoll zu dem Magier hoch, der ein hellgrünes Hemd und eine gepunktete Fliege trug.

Ich griff mir eine Flasche Schampus, um herumzugehen und gegebenenfalls nachzuschenken. Ich erspähte

Darren, der mit meiner Mutter auf der Terrasse plauderte, und gesellte mich zu ihnen.

»Na, was meint ihr?«, fragte ich sie nach ihrer Einschätzung der Partystimmung. Aber ich merkte, dass sie mich gar nicht gehört hatten; sie waren ganz vertieft in die Vorführung des Zauberers. Über das Terrassengeländer sah ich, dass er gerade eine Geldbörse in Flammen aufgehen ließ. Die Kinder schrien alle vor Überraschung auf. Sam hatte sich ganz nach hinten gesetzt und starrte fasziniert auf die Hände des Zauberers.

Von der Terrasse aus hatte ich einen guten Überblick über alles, was im Garten vor sich ging. Ich konnte die Kinder sehen, die Erwachsenen, die plaudernd umherschlenderten und ihre Teller am Buffet auffüllten, und Chester ...

... der gerade das Essen vom Teller meiner Schwester verputzte, die ihm den Rücken zukehrte. Es war, als ob ich das Ganze in Zeitlupe beobachtete: Sarah griff mit der Hand nach hinten, tastete nach ihrem Teller, stieß aber stattdessen auf Chester. Sie schrie erschrocken auf, Chester nahm Reißaus und stieß dabei ihr Weinglas um.

»Das Schwein!«, kreischte sie.

Alle hielten abrupt in ihren Aktivitäten inne, um zu sehen, was die Aufregung verursachte. Als sie mitbekamen, dass es sich um Chester drehte, lachten sie und deuteten mit dem Finger auf ihn.

»Ist er nicht goldig?«, hörte ich jemanden sagen.

Die Leute nahmen ihre Gespräche wieder auf, und ich plauderte weiter mit Mum und Darren. Ab und zu spähte ich über das Geländer, um nach den Jungen zu schauen.

Dann musste ich zweimal hinsehen. Ich konnte es kaum glauben – Chester verschlang das Essen von einem weiteren Teller, der verwaist im Gras stand. Sobald er ihn leer gefuttert hatte, machte er sich über den nächsten her … und den nächsten. Er räumte systematisch den Rasen ab. Sein Tun blieb allerdings nicht unbemerkt. Ein Gast nach dem anderen schrie überrascht auf.

Ich musste seinem Treiben ein Ende bereiten, und zwar schnellstens.

Mit ausgebreiteten Armen rannte ich die Stufen herunter, um den kleinen Hooligan einzufangen. Es war mir egal, ob er quiekte, wenn ich ihn hochhob. Das war immer noch besser, als ihn alle Teller abschlabbern zu lassen.

Chester sah mich kommen. Er flitzte im Zickzack hierhin und dorthin, zwischen den Beinen der Gäste hindurch. Ich folgte ihm, so gut es ging. Alles lachte, aber ich fand das alles andere als lustig, auch wenn ich im Rückblick zugeben muss, dass es wahrscheinlich urkomisch aussah – wie ein Benny-Hill-Sketch mit einem Minischwein in der Hauptrolle.

Sam kam mir zu Hilfe. Chester wollte gerade wieder loswetzen, als Sam ihn im letzten Moment einfing.

»Halt ihn fest!«, rief ich, hocherfreut über das Einschreiten meines Sohnes.

Chester zappelte wie verrückt, mit mayonnaiseverschmierter Schnauze. Ich klemmte mir das unartige Ferkel unter den Arm und steuerte die Terrassentüren im Erdgeschoss an. Chester protestierte natürlich lautstark und wollte abgesetzt werden, um sein Snackfest fortzusetzen. Und wir hatten einen kleinen Schatten: Sam heftete sich an meine Fersen und wollte sicherstellen, dass es Chester gut ging.

Ich musste Chester irgendwo wegschließen, weil es im Wohnzimmer zuging wie im Taubenschlag. Ich beschloss, ihn ins Bad im Erdgeschoss zu bringen.

»Sam, könntest du mir Chesters Korb holen?«, fragte ich meinen kleinen Schatten. Unser Haustier sollte es zumindest behaglich haben, wenn er schon allein war.

Sam kam bepackt mit Chesters Korb und seinem Stoffschwein zurück. Es war lieb von Sam, dass er sich Gedanken um Chesters Wohlbefinden machte. Aber wie ich unser Schwein kannte, würde es sich seine eigenen Vergnügungen suchen. Ich entfernte alle kaubaren Gegenstände aus dem Bad, wie die Rolle Klopapier und den kleinen Plastikmülleimer.

»Bleib!« Ich drohte ihm mit dem Finger.

Er setzte sich auf sein Hinterteil und sah todtraurig zu uns hoch. Ich hatte Gewissensbisse, als ich die Tür von außen zumachte. Ich fand es schrecklich, ihn von dem Spaß auszuschließen, aber ich hatte das Gefühl, keine andere Wahl zu haben.

»Lass uns gehen, Sam.« Ich nahm meinen Sohn an die Hand und zog ihn sanft von der Tür weg, weil er nur widerstrebend von Chesters Seite wich. Ich versprach ihm, dass wir bald wieder nach unserem Ferkel sehen würden.

Etwa eine Dreiviertelstunde später kehrte ich ins Bad zurück, um nach Chester zu schauen. Wahrscheinlich schläft er tief und fest in seinem Körbchen auf den Terrakottafliesen, dachte ich.

Doch Chester schlief nicht. Ganz im Gegenteil: Er saß

Oben
Dieses tolle Foto entstand an dem Tag, als Chester zu uns kam. Sam hat den Platz für Chesters Körbchen neben der Heizung selbst ausgesucht.

Rechts
Chester aalt sich in der Wärme des Kamins.

Unten
Meine Mutter zusammen mit Chester: »Ich werde dieses Bild an alle meine Freunde in Spanien schicken und ihnen erzählen, dass du ein neues Baby bekommen hast!«

Links
Aufgenommen in der Zeit, als Chester ein perfektes kleines Minischwein war. Ein warmer und glücklicher Frühlingstag 2009, den wir im Garten verbrachten.

Rechts
Wenn die Jungs ins Bett gegangen sind, leistete Chester meiner Mutter auf dem Sofa Gesellschaft. Damals zeigte er ein tadelloses Verhalten (na ja, meistens) – aber es gab schon erste Anzeichen für rasantes Wachstum.

Unten
Meine Neffen, Tom und Dan, mit Chester, der begierig auf seine Trauben wartet. Chester erweckt den Anschein eines vorbildlichen Minischweins – aber das Foto entstand nur einen Tag, nachdem er im Bad die Tapete heruntergerissen und jedermanns Teller auf der Einweihungsparty leergefressen hatte. Würde man gar nicht denken, oder?

Ein Ausflug zur Pennywell Farm, um auch die anderen Tiere kennenzulernen (nachdem wir Chester zu uns geholt hatten).
Sam und Will knuddeln mit Meerschweinchen und füttern die Schafe und Ziegen.

Links
Schnee in Devon! Zum ersten Mal, seit wir Spanien verlassen haben, können William und Sam Schnee bestaunen – und bauen gleich ihren allerersten Schneemann! Selbst als der Schnee schon lange geschmolzen war, stand ihr Schneemann noch tagelang.

Rechts
Chester im Garten unseres Mietshauses: Auf einem Spaziergang führt er seinen neuen Bandana aus. Auf dem Foto ist er etwa ein Jahr alt. Wenn Sie genau hingucken, sehen Sie ein paar der Löcher, die er im Garten gegraben hat.

Links
Ostersonntag. Die Jungs legen eine Pause vom Ostereiersuchen ein, um Chester Hallo zu sagen.

Unten
Weihnachten. Als dieses Foto entstand, hatte Chester schon eine ganze Runde ums Haus gedreht, und Sam hatte alle Hände voll zu tun, ihn wieder einzufangen.

Oben (Mitte)
Chester ist mal wieder ausgebüxt. Zur großen Freude der Jungs fanden wir ihn nach Schulschluss, wie er auf der Terrasse bereits auf uns wartete. Sam verpasste ihm sofort eine dicke Umarmung.

Unten (links)
Mit einem großen Krug Schweinenüsse bewaffnet versuche ich, Chester zurück in seinen Pferch zu locken. Natürlich wird aber erst mal geknuddelt!

Unten (rechts)
Es kommt nicht so häufig vor, dass Darren sich mit Chester im Pferch aufhält. Hier habe ich ihn überrascht, wie er ein kleines Päuschen macht, nachdem er ihm gerade ein bisschen Unkraut aus seinem Gemüsegarten zu futtern gegeben hat.

Oben links
Chester grinst uns von unserer Hochzeitstorte herab an, Dezember 2011.

Oben rechts
Darren hilft Sam bei der Vorbereitung zur wichtigen Aufgabe, seine Mum zum Traualtar zu führen.

Unten links
Eine Runde Knuddeln mit Sam während des Hochzeitsfrühstücks – ich bin so stolz auf ihn! Kurz danach hatte Sam auf unserer Hochzeit einen Anfall.

Unten rechts
Unser erstes Foto als Familie! Noch lange nachdem die Hochzeit vorbei war, sprachen die Jungs von dem »Tag, an dem wir alle geheiratet haben«.

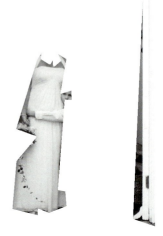

Familienurlaub – auf die wunderschöne Insel Mauritius im August 2014.

Oben
Aufgenommen auf einem
Tagesausflug zur Ile aux Cerfs.

Rechts
Will hat diese Aufnahme gemacht.
Darren und ich genießen ein paar
Hochzeits-Cocktails (ohne Alkohol
für die Jungs!) direkt am Wasser in
Port Louis, Mauritius.

Unten
Es hat uns etwa eine Woche gekostet, Sam auf seinen Tauchgang vorzubereiten – aber er hat es gewagt! Er hat nicht nur gelernt, unter Wasser zu kommunizieren, sondern war auch mutig genug, rückwärts von einem Boot in den Ozean zu springen. Noch Tage danach sprach er von diesem Erlebnis. Er war so stolz auf sich selbst, und sein leuchtendes Gesicht sagt eigentlich alles. Unglaublich!

Das Leben hat eine unglaubliche Kehrtwende gemacht. Sam arbeitet jetzt als Freiwilliger mit den Schweinen und all den anderen Tieren auf der Pennywell Farm. Ich bin so stolz auf meinen Sohn und dem Pennywell-Team so dankbar für seine Unterstützung!

mitten auf dem Badezimmerfußboden in einer Art Umhang aus Tapetenstreifen, die über seine Rückenhaare fielen. Es sah aus, als hätte er superlange Rastalocken.

Es war unglaublich! Er hatte seine kleinen rasiermesserscharfen Zähne direkt über der Fußleiste in das Tapetenpapier gegraben, es über den Kopf hochgezogen, von der Wand abgerissen und dann über die Schulter nach hinten geschleudert. Die gesamte Wand zwischen Waschbecken und Klo war ihrer sündhaft teuren burgunder- und cremefarbenen Tapete beraubt.

»Chester!«, schrie ich, so laut ich konnte.

»*Wer? Ich?*« Er grinste zu mir hoch.

Es sah zum Schießen aus. Wenn ich nicht so sauer gewesen wäre, hätte ich es lustig gefunden.

»Was ist los?« Darren tauchte atemlos an meiner Seite auf, weil er vom anderen Ende des Gartens losgerannt war, als er meinen Aufschrei gehört hatte.

»*Das* da!«, sagte ich und deutete auf unser ungezogenes Ferkel.

Auch Sam hatte den Wirbel mitbekommen. Er hatte ein feines Gehör für alles, was mit Chester zu tun hatte. Jetzt schauten Sam, Darren und ich alle auf Chester herunter, der fröhlich von einem Ohr zum anderen grinste.

»Das hat er gemacht, um sich zu rächen.« Ich hätte kraftvollere Formulierungen gewählt, wenn Sam nicht dabei gewesen wäre. »Er war sauer, weil wir ihn eingesperrt haben, deshalb hat er Rache an der Tapete geübt. Wie sollen wir das bloß wieder reparieren?«

In diesem Moment galt meine Hauptsorge dem Vermieter. Darren bewahrte wie immer seine unerschütterliche Ruhe. Er wies mich an, alle Tapetenstreifen von Chesters Rücken zu sammeln, und versprach mir, seine handwerklichen Fähigkeiten einzusetzen, um das Bad wieder zu richten. Falls Darren erzürnt war, verbarg er es gut – er hatte eine Engelsgeduld.

Sam dagegen fand die ganze Sache höchst erheiternd. Er bog sich vor Lachen.

»Bring dieses Schwein nach draußen! Sofort!«, befahl ich. Alle waren mit dem Essen durch, also konnten wir Chester wieder gefahrlos im Garten herumlaufen lassen. Jedenfalls erheblich gefahrloser als im Badezimmer. *Wer weiß, was er als Nächstes auseinandernimmt*, dachte ich.

»Chester, Chester!« Sam klopfte leicht auf Chesters Bein, um seine Aufmerksamkeit zu erregen, und sein Schwein folgte ihm gehorsam nach draußen.

Als ich in den Sonnenschein hinaustrat, empfingen mich viele verwirrte Gesichter. Jeder hatte meinen Aufschrei gehört und fragte sich, was um alles in der Welt geschehen war.

»Chester hat unten im Badezimmer die Tapete von der Wand gerissen«, verkündete ich meinem Publikum, das daraufhin im Chor nach Luft schnappte und leise kicherte. Dann drängten Freunde und Familienangehörige auf mich zu, um den Schaden selbst in Augenschein zu nehmen.

Meine Mutter hatte noch einige Anmerkungen zu der Sache: »Weißt du noch, was sie uns in Pennywell gesagt haben?«, fragte sie. Ich schüttelte den Kopf, wusste nicht, was genau sie meinte. »Mr Murray hat gesagt, du musst dem Schwein eins auf die Nase geben, wenn es ungezogen ist«, fuhr sie fort. »Nicht zu doll natürlich, nur einen leichten Klaps.«

Dahinter steckte die wissenschaftliche Erkenntnis, dass Schweine eine superempfindliche Nase haben – deshalb benutzen sie ja auch die Schnauze und nicht die Augen, um sich zu orientieren. *Chester hat sich auf unserer Gartenparty definitiv von seiner Nase leiten lassen* ... dachte ich jetzt.

Ehrlich gesagt hatte ich das mit dem Nasenklaps vergessen. Ich dachte über die Worte meiner Mutter nach. Falls sich noch einmal die Situation ergeben sollte, dass Chester gemaßregelt werden musste, würde ich es vielleicht ausprobieren, aber eigentlich war ich mir ziemlich sicher, dass das nicht nötig sein würde. Bisher war Chester immer so artig gewesen, dass ich das Tapetendesaster für einen einmaligen Ausrutscher hielt.

In dieser Nacht war unser Haus sehr voll: Alle Schlafzimmer und Böden waren von schlafenden Familienangehörigen und Freunden belegt. Chester benahm sich jedoch mustergültig. Wenn er nicht bei irgendjemandem auf dem Schoß oder auf seinem geliebten grünen Sofa döste, lag er flach ausgestreckt auf dem Perserteppich und stellte seinen Bauch zur Schau. Sam und Chester waren beide erschöpft, und als es Schlafenszeit war, lagen sie zusammen unter dem Esstisch in ihrer kleinen »Höhle«, Chester eingekuschelt in Sams Arm. Sie boten einen so friedlichen Anblick, dass man das Drama, das sich tagsüber abgespielt hatte, glatt vergaß.

Das Frühstück am nächsten Morgen verlief ein wenig chaotisch, immerhin gab es viele hungrige Mäuler zu stopfen und ein Haufen Aufräumarbeiten zu erledigen. Chester wartete an der Tür, die auf die Terrasse führte, um draußen pinkeln zu gehen.

»Raus mit dir.« Ich machte die Tür auf. Chester schoss durch meine Beine hindurch, über die Terrasse und die Stufen zum Garten hinunter (vormals ein Hindernis, das er inzwischen ebenfalls gemeistert hatte). Ich hatte so viel zu tun, dass ich ihn völlig vergaß, bis Sam Alarm schlug.

»Wo ist Chester?«, fragte er mit besorgter Miene.

Meine Mutter, die emsig damit beschäftigt war, das Geschirr zu spülen, sagte Sam, er solle sich keine Sorgen machen und ihr Gesellschaft leisten. Doch Sam konnte den Gedanken, dass Chester zu lange aus seinem Blickfeld verschwand, nicht ertragen und begab sich auf die Suche nach seinem Schwein. Will, Tom und Dan folgten seinem Beispiel, weil sie den Beginn eines Abenteuers witterten.

Zwei Minuten später hörte ich schallendes Gelächter von der Terrasse. Ich sah, dass alle vier sich vor Lachen bogen. Als ich einen Teller- und Schüsselturm in die Küche trug, steckte ich den Kopf durch die Tür, um herauszufinden, was so lustig war.

»Mami, sieh mal, was Chester macht.« Will deutete über den Bach zum Garten von Neil und Brenda.

Weit entfernt neben den Hühnerställen war ein orangefarbener Fleck zu erkennen. Ich kniff die Augen zusammen, um besser sehen zu können. Es war eindeutig Chester, mit gesenktem Kopf …

»Ach du meine Güte!« Ich warf die Teller praktisch auf den Boden. Chester fraß das Hühnerfutter unserer Nachbarn.

So schnell mich meine Beine trugen, rannte ich die Stufen herunter, über die Brücke und den steilen Hang hinauf, der zu den Hühnerställen führte. Dabei sah ich mich immer wieder nach der umgebauten Scheune von Neil und Brenda um und hoffte, dass sie mich nicht erwischen würden. Sie waren zu Recht stolz auf ihren Garten und wären sicher nicht begeistert, mich darin herumtrampeln zu sehen, von einem gefräßigen Schwein ganz zu schweigen. Außerdem hatte ich ein schlechtes Gewissen, weil ich loslaufen und mein Schwein von ihrem Grundstück holen musste.

Gleich habe ich es geschafft, dachte ich, als ich auf Chester und die Hühner zusteuerte. Doch der Frechdachs war mir um eine Nasenlänge voraus. Er sah mich kommen und fing an, die größtmögliche Menge an Futter in sein Maul zu schaufeln. Ich hörte, wie er sich schmatzend und grunzend die Backen mit Hühnerfutter vollstopfte. Immer wieder warf er einen prüfenden Blick über die Schulter, um zu sehen, wie weit ich noch entfernt war, und schlabberte dann noch ein bisschen mehr auf.

»Na warte, du Schlawiner!« Ich wollte ihn packen, aber er flitzte in die andere Richtung davon, zum Trampolin der Nachbarn. Der schlaue Kerl hatte irgendwie ausbaldowert, dass ich ihn nicht fangen konnte, wenn er sich genau in der Mitte unter dem Trampolin versteckte, wo er außerhalb meiner Reichweite war.

»Du kleiner …«, murmelte ich vor mich hin, während Chester hektisch versuchte, alles, was er sich in die Backen gestopft hatte, herunterzuschlucken, bevor ich ihn in die Finger bekam. Ich musste mich auf alle viere begeben und unter das Trampolin kriechen, um ihn zu erwischen.

»Chester!«, zischte ich, um die Nachbarn nicht auf uns aufmerksam zu machen, während ich mich jetzt bäuchlings über das Gras voranschlängelte. Chester leckte sich spöttisch das Maul. Ich schwang den linken Arm nach vorn, dann den rechten und verfehlte ihn um ein paar Zentimeter, weil er mir geschickt auswich. Daraufhin beschloss ich, dass es nur eine Möglichkeit gab – ich musste ihn in einen Hinterhalt locken.

Ich blieb so lange regungslos liegen, bis Chester wieder einfiel, dass er noch Vorräte im Maul hatte, die es zu verdauen galt. Sobald er abgelenkt war, schnappte ich zu.

»Erwischt!«, triumphierte ich und verstärkte meinen Griff um seinen zappelnden roten Körper. Natürlich fing er sofort an zu schreien, als ich ihn berührte. Die Alarmanlage eines Autos war nichts dagegen. Mir war klar, dass ich ihn wegschaffen musste, bevor die Nachbarn uns entdeckten. Irgendwie gelang es mir, den Rückwärtsgang einzulegen und mit hochgerecktem Po und Chester im Arm unter dem Trampolin hervorzukommen. Dann nahm ich die Beine in die Hand, rannte quer durch den Garten und über den Bach, während Chester die ganze Zeit auf Heulboje machte. Ich kam mir vor wie »Tom, der Sohn des Dudelsackspielers« – die Figur aus dem englischen Kinderlied, die ein Schwein vom Markt klaut.

Als ich sicher zurück in unserem Garten war, hatte sich meine gesamte Familie auf der Terrasse versammelt, um das Geschehen zu beobachten. Sie hielten sich den Bauch vor Lachen. Sam schrie fast vor Vergnügen, und plötzlich dämmerte mir, dass er umso fröhlicher wurde, je ungezogener Chester sich aufführte.

Damit saß ich natürlich in der Zwickmühle. Sollte ich Chesters Verhalten Einhalt gebieten, um selbst bei Verstand zu bleiben – oder sollte ich Chester alles durchgehen lassen, damit Sam glücklich war?

Ich hatte das dumpfe Gefühl, dass ich in dieser Sache keine große Wahl hatte ...

Und so verabschiedeten wir uns an diesem Wochenende von unserer Vorstellung eines engelsgleichen Minischweins.

15. Kapitel
Der Klassenhund

Nachdem Chester den »guten Stoff« einmal probiert hatte, war es unmöglich, ihn wieder davon abzubringen. Ich kann gar nicht mehr zählen, wie oft ich ihn aus dem Nachbargarten holen musste. Manchmal mehrmals am Tag. Ich wand mich innerlich vor Peinlichkeit, wenn ich den ausgetretenen (und ausgetrippelten) Weg einschlug, der über die Brücke und unter den Apfelbäumen an den schnatternden Enten vorbei zu den Hühnerställen führte.

Natürlich hielten sich Brenda und Neil gelegentlich in ihrem Garten auf, wenn Chester ausbüxte.

»Es tut mir so leid«, sagte ich jedes Mal, wenn ich im Zickzack an ihnen vorbeischoss, um unser unartiges Schwein einzufangen. »Chester, komm *hierher*«, zischte ich. Jedes Mal spürte ich, wie meine Wangen vor Verlegenheit glühten, wenn Neil vor sich hingrummelte, dass Chester sein ganzes Hühnerfutter auffraß, während Brenda versuchte, mir beim Einfangen des kleinen Satansbratens zu helfen.

Das Problem war, dass ich die Hintertür offen lassen musste, damit Chester nach draußen konnte, wenn er auf die Toilette gehen wollte. Obwohl ich die Pforte immer geschlossen hielt, war Chester der reinste Harry Houdini – er konnte seinen runden Bauch immer noch ganz flach machen und sich unter der Pforte durchquetschen. Das Ganze wurde ziemlich anstrengend.

Es gab nur eine Lösung: Ich musste selber handwerklich tätig werden, um das Tor zu sichern und Chesters Ausflüge zu unterbinden. Darren war gerade nach Rio zurückgeflogen, deshalb musste ich das irgendwie allein hinkriegen. Und so machte ich eines Tages, bevor ich die Jungen von der Schule abholte, einen Umweg in die Stadt zum Heimwerkermarkt. Ich schnappte mir einen Einkaufswagen, ging durch das Drehkreuz und stand ratlos vor Dutzenden von Gängen, in denen alle möglichen Gerätschaften, von Hämmern und Nägeln bis hin zu Beleuchtungskörpern, feilgeboten wurden. Ich fragte mich, wo um alles in der Welt ich anfangen sollte.

Normalerweise blieben mir größere handwerkliche Herausforderungen erspart, weil Darren ein sehr geschicktes Händchen für solche praktischen Arbeiten hatte. Bei der Anschaffung von Chester hätte ich mir nicht träumen lassen, dass ich den Garten ausbruchssicher machen müsste. Ich durchforstete die Regale auf der Suche nach Maschendraht, Kabelbindern und ähnlichen Dingen, die mir geeignet erschienen, um Schweine am Ausbüxen zu hindern. Ich verließ die Kasse mit schwer bepackten Armen, aber einem erleichterten Gewissen – wenigstens trug ich meinen Teil dazu bei, Chester vom Verlassen unseres Gartens abzuhalten.

Auf der Heimfahrt erzählte ich den Jungs von meinem

Plan. Sam hatte aufgehört, aus dem Fenster zu sehen, und hörte aufmerksam zu – alles, was mit Chester zu tun hatte, weckte sein Interesse.

»Ihr könnt mir helfen, wenn ihr wollt«, sagte ich mit einem Blick in den Rückspiegel, um ihre Reaktion zu überprüfen. Will fing an, aufgeregt in die Hände zu klatschen.

Es war vier Uhr nachmittags an einem Montag, als wir mit unserer Arbeit am ausbruchssicheren Zaun begannen. Ich musste den ganzen unteren Teil der Pforte blockieren, damit Chester keine Chance mehr hatte, sich darunter hindurchzuzwängen. Ich sperrte Harry Houdini im Wohnzimmer ein – bei dieser Sache konnte ich gut auf seinen Beitrag verzichten. Sorgfältig wählte ich ein weißes Plastikgitter, dessen Löcher so klein waren, dass nicht einmal ein Kaninchen hindurchgepasst hätte. Will sollte mir die Kabelbinder reichen, und Sam sollte den Zaun festhalten, während ich Maß nahm.

Ich wusste, dass Sam in alle Aktivitäten miteinbezogen werden wollte, die Chester betrafen, aber aufgrund seiner schlechten grobmotorischen Fähigkeiten fiel ihm die Aufgabe schwer.

»Arrrrgh!«, knurrte er jedes Mal frustriert mit sich selbst, wenn seine Hände den Halt verloren.

»Alles in Ordnung, Sam«, versuchte ich, ihn zu beruhigen.

Meine Worte fielen allerdings auf taube Ohren. Ähnlich wie bei seinen Bildern, die ganz bestimmten Ansprüchen gerecht werden mussten, wollte er auch den Zaun unbedingt in eine perfekte horizontale Lage bringen. Er legte den Kopf schräg und richtete den Blick am Holz aus.

»Geht nicht!« Er fing an, sich ins Gesicht zu schlagen und sich dafür zu bestrafen, dass sein Körper ihn im Stich ließ.

Diesmal reagierte ich schneller als bei früheren Selbstverletzungen und wusste, was ich tun musste. Ich schlang die Arme um Sam und drückte ihm die Hände an den Körper. In diesem Augenblick bereute ich das erste Mal seit einiger Zeit, dass ich Chester im Haus eingesperrt hatte, weil er immer eine so beruhigende Wirkung auf Sam hatte.

»Schsch, alles okay.« Ich wiegte ihn sanft vor und zurück, nutzte meine Anwesenheit und die feste Umarmung, um ihn zu trösten. Will ließ den Kopf hängen. Er konnte es nicht ertragen, wenn sein Bruder sich selbst verletzte. Viele Kinder hätten bei drohenden Tobsuchtsanfällen wohl die Flucht ergriffen, vor allem wenn sie – wie Will – schon einmal zur Zielscheibe von Sams Wutausbrüchen geworden wären. Doch Will schlang jetzt die Arme von hinten um seinen Bruder, spiegelte meine eigenen Bewegungen wider, so dass wir Sam in einer Familienumarmung festhalten konnten.

Das war genau die Medizin, die Sam brauchte, um sich zu beruhigen. Er hörte auf, gegen uns anzukämpfen, und ließ es zu, dass sein Bruder und ich uns um ihn kümmerten. Mittlerweile hatte sich neben Sams Stimmung auch der Himmel verdüstert – es sah aus, als braue sich ein Sturm zusammen. Doch ich würde zum Abschluss bringen, was ich angefangen hatte – aufzugeben lag nicht in meiner Natur. Ich wollte dem ganzen Drama, das ich mit den Nachbarn hatte, ein Ende setzen.

Ich führte die Jungen ins Haus, warf mir meinen Regenmantel über und ging wieder nach draußen. Ich zog Darrens Maßband heraus und machte mich daran, das Plastikgitter auf die richtige Größe zurechtzuschneiden.

Über mir grollte laut ein Donnerschlag.

Als Nächstes musste ich das Gitter mit den Kabelbindern am bestehenden Tor befestigen. Es musste so bombenfest sitzen, dass Chester es nicht mehr wegschieben konnte.

Jetzt fing es an zu schütten. Ich ignorierte das Wasser, das mir über die Wangen lief und von meiner Nase tropfte, und hämmerte wild entschlossen die Ecken fest. Als ich mich nach einer gefühlten Ewigkeit wieder hochrappelte, verspürte ich ein enormes Gefühl der Zufriedenheit. Ich sah zum Wohnzimmerfenster hoch – und entdeckte zwei Augenpaare, die zu mir hinunterblinzelten. Die Jungs hatten mir bei meinen heroischen Anstrengungen im Regen zugeschaut. Ich vollführte einen kleinen Siegestanz, bevor ich loswetzte, um mich ins Trockene zu bringen. Ich war pudelnass, aber heute Nacht würde ich wenigstens ruhig schlafen können, weil ich die Sache erledigt hatte.

Eine ganze Woche lang hatten wir unser perfektes Schwein zurück. Keine Ferkelfüße auf Abwegen und keine vergrätzten Nachbarn. Dann telefonierte ich eines Tages mit Darren und erzählte ihm gerade aufgeregt, wie meine handwerklichen Fähigkeiten dem ganzen Schlawinertum ein Ende bereitet hatten, als ich etwas aus dem Augenwinkel sah.

»Wart mal einen Moment«, rief ich aus und ging mit dem tragbaren Telefon durchs Wohnzimmer. In der Ecke des Raums stand ein mit meinen Lieblingsbüchern vollgestopftes Regal. Ich hatte sie aus Spanien mitgebracht, und jedes Buch hatte eine ganz besondere sentimentale Bedeutung für mich. Jetzt starrte ich auf drei meiner geliebten Romane, die eindeutig Chesters Handschrift oder besser gesagt seine Zahnspuren trugen – sie waren alle angekaut.

»Dieses Schwein!«, schrie ich empört. Der arme Darren musste wahrscheinlich den Hörer vom Ohr abhalten.

»Was ist passiert?« Er versuchte, eine Antwort aus mir herauszukriegen, aber ich war zu sehr damit beschäftigt, die Überreste meiner treuen Wegbegleiter in Augenschein zu nehmen. Chester hatte sie in den Rücken gebissen und ihre Einbände in Stücke gerissen. Meine armen Bücher!

Ich sagte Darren, dass Chester wieder in Ungnade gefallen sei. Darren lachte in sich hinein und sah natürlich wie immer das Komische an der Situation. Dann setzte er zu einer Reihe nostalgischer Geschichten über seine Kindheit in Yorkshire an: Sein Hund Charlie hatte sich als Welpe in der elterlichen Küche über die Tischbeine hergemacht und dann auch noch die Stühle zerlegt. Darren war eindeutig der Ansicht, dass Chester sich einfach wie ein unartiger Hundewelpe aufführte, aber es fiel mir schwer, seinen Optimismus zu teilen. Ich hatte ein ungutes Gefühl, was unseren »Schweinehund« anging, und zweifelte, dass es sich nur um eine vorübergehende Phase handelte.

Ich sollte recht behalten. Die Kauereien wurden häufiger und schwerwiegender. Jeden Morgen stieß ich auf die Überreste irgendwelcher Gegenstände. Er zerschredderte seinen Hundekorb – er zerlegte ihn so vollständig, dass nichts von ihm übrig blieb außer einem Meer von Flusen und Füllungsfetzen. Er benutzte seine Schnauze als Hebel, um seinen Hundenapf umzustoßen; ich weiß nicht mehr, wie oft ich die ganzen Pellets vom Boden aufschaufeln musste. Er schlich sich in mein Schlafzimmer und räumte den gesamten Papierkorb aus, so dass mein Teppich mit zerfleddertem Papier übersät war. Kaum drehte ich ihm auch nur eine Sekunde lang den Rücken zu, hatte er den nächsten Gegenstand zerstört. Es war, als hätte ich ein kleines Kind.

Und seine Zerstörungswut beschränkte sich nicht auf das Innere des Hauses – eine seiner liebsten Freizeitbeschäftigungen bestand darin, saubere Wäsche von der Leine zu ziehen, sie im Gras zu verteilen und sich darauf herumzuwälzen. Bei einem dieser »Wäsche«-Spiele fiel ihm eines Tages das beste weiße Spitzennachthemd meiner Mutter in die Klauen, und irgendwie schaffte er es, sich das Ding um den Kopf zu wickeln. Dann raste er etwa eine halbe Stunde lang wie eine Art gesengte Brautsau durch den Garten, während meine Jungs oben am Fenster vor Lachen brüllten – nicht nur über den Anblick von Chester, sondern auch über die Schreckensschreie ihrer Großmutter.

Je schlimmer sein Vandalismus wurde, desto lauter wurde Sams Lachen. Doch mein Stresslevel wuchs täglich. Ich hatte Angst, dass Chester seine Zerstörungswut auf die Möbel des Vermieters richten könnte – dann hätten wir ein echtes Problem.

Meine Mutter hatte ihre eigene Theorie zu der Sache. Sie meinte, Chester fühle sich unterfordert. »Er ist ein kluges Kerlchen; er langweilt sich schnell, und dann fängt er an, irgendwas anzukauen.«

Vielleicht war das zutreffend, aber was sollte ich dagegen machen? Ich konnte ihm ja schlecht einen Knochen hinwerfen, um ihn abzulenken – so sehr Hund war er nun auch wieder nicht.

Ratsuchend wandte ich mich an Google, um zu recherchieren, wie man ein Minischwein bei Laune und beschäftigt hält. Schockiert stellte ich fest, wie viele Horrorgeschichten über ungebärdige Schweine im Netz kursierten. Das verhieß nichts Gutes. Auf einer Webseite las ich: »Schweine sind soziale Wesen, die den Kontakt mit ihren Besitzern genießen. Besorgen Sie Spielsachen für Ihr Schwein, um es drinnen zu beschäftigen. Denken Sie immer daran, dass Schweine sich meisterhaft aufs Schmeicheln und Betteln verstehen, um ihren Willen zu bekommen, und setzen Sie Ihrem Haustier Grenzen. Unter Schweinen herrscht wie unter Hunden eine Rangordnung, deshalb ist es wichtig, dem Schwein klarzumachen, dass Sie der Rudelführer sind.«

Ich musste mehr Grenzen setzen. Ich musste Chester zeigen, wer der Boss war.

»Nein, Chester!« Ich drohte ihm mit dem Finger, als er zum x-ten Mal an diesem Tag seinen Napf umstieß. Er sah grinsend zu mir hoch, ohne die leiseste Spur von schlechtem Gewissen. Dann wetzte er quer durch das Wohnzimmer und tauchte unter das Sofa. Schweine sind nicht umsonst für ihren extremen Dickschädel bekannt. Wenn Chester eine Unternehmung plante, gab es nichts, was ihn aufhalten konnte.

Inzwischen hatte ich Zweifel, ob es eine gute Idee war, dass ich Lynda Russells Vorschlag, mit den CAIRB-Kindern vorbeizukommen und Chester zu besuchen, zugestimmt hatte. Ich wollte mir lieber gar nicht vorstellen, wie chaotisch der Morgen verlaufen würde, wenn Chester wieder verrückt spielte.

Ich wies Lynda darauf hin, dass Chester sich in einen Hooligan verwandelt hätte. Natürlich fand auch sie das Ganze urkomisch. Sie fühlte mit mir, meinte aber, dass Chester irgendetwas richtig machen müsse, weil ihr in den letzten Wochen eine positive Veränderung bei Sam aufgefallen sei.

Sie schilderte mir, wie Sam schließlich angefangen hätte, mit den anderen Kindern über Chester zu reden. Er spreche voller Stolz über sein Haustier. Wenn Lynda unser Minischwein im Unterricht erwähnte, tippte er sich jedes Mal auf die Brust, nach dem Motto: »Mein Schwein!« Chester hatte Sam eine ordentliche Portion Selbstvertrauen verliehen, was wiederum seiner Sprachentwicklung einen kräftigen Schub gegeben hatte. Er konnte jetzt sechs bis sieben Wörter aneinanderreihen, was eine enorme Verbesserung im Vergleich zu seinen Anfängen in Manor Primary darstellte.

»Deshalb habe ich vorgeschlagen, dass die Kinder einen Besuch bei Chester machen«, erklärte Lynda.

Denn Chester half nicht nur Sam, aus seinem Schneckenhaus herauszukommen, er vereinte alle CAIRB-Kinder – wie es schien, war Chester der Kitt, der sie zusammenhielt.

Der Besuch der Kinder war für einen Tag in der Mitte des Sommersemesters angesetzt. Sie würden am späten

Vormittag bei uns eintreffen, was mir gerade noch genug Zeit ließ, um einen Zitronenkuchen zu backen, nachdem ich die Jungs morgens zur Schule gebracht hatte. Außerdem gab es mir Gelegenheit, Chester ein bisschen herauszuputzen. An Sams großem Tag sollte er schließlich nicht schmuddelig aussehen. Mittels Bestechung durch Ferkelnüsse gelang es mir, ihn für einige Minuten zum Stillsitzen zu bewegen und ihm mit einer Hundebürste durch sein dickes rotes Haar zu fahren.

»Wehe, du bist heute kein artiges Schwein!«, warnte ich ihn.

Chester schenkte mir sein übliches freches Grinsen und flitzte in den Garten.

Mir war gar nicht bewusst, wie angespannt ich war, bis die Autos, die zu Lynda und den Lehrassistenten gehörten, auf unseren Hof rollten. Mir wurde flau im Magen. Sam wollte mit Chester angeben, und ich machte mir Sorgen, wie er darauf reagieren würde, im Mittelpunkt zu stehen. War er dem gewachsen?

»Hallo!«, begrüßte ich die Kinder, als man ihnen aus den Autos half. Alle sieben CAIRB-Kinder hatten es geschafft – sechs Jungen und ein kleines Mädchen namens Mya. Was mir sofort auffiel, war, wie viel Unterstützung es für diese Kinder gab. Sie wurden von drei Lehrassistenten begleitet – das war ein Betreuungsverhältnis von fast 1:2. Welten von allem entfernt, was Sam in Spanien erlebt hatte. Es erfüllte mich mit Freude zu sehen, wie viel Zuneigung und Aufmerksamkeit darauf verwandt wurde, den Kindern zu helfen.

Sam führte das Rudel an – aufgeregt mit den Armen

fuchtelnd dirigierte er die Kinder in unseren Garten. Es sah ganz allerliebst aus, wie sie im ordentlichen Gänsemarsch hinter ihm hertrippelten. Die Glucke in mir wollte viel Getue um Sam machen und überprüfen, ob es ihm gut ging, aber ich erinnerte mich selbst daran, dass dies Sams Chance war, sich ganz allein zu behaupten. Genauso wie damals auf dem Spielplatz, als ich beobachtet hatte, wie er isoliert von den anderen bei dem Baum stand und mit den Armen wedelte, kam es mir auch jetzt nicht zu, helfend einzugreifen.

Ich hätte mir keine Sorgen machen müssen, denn Chester war da, um auf ihn aufzupassen. Unser rotes Schwein wartete am Tor auf seinen besten Freund, wedelte freudig mit dem Ringelschwanz und grunzte vor Glück. Ich hatte Angst, dass Chester, sobald ich das Tor öffnete, in den Nachbargarten laufen würde. Schließlich hatte er schon ewig kein Hühnerfutter mehr bekommen! Ich trat von einem Fuß auf den anderen und bereitete mich darauf vor, beim ersten Anzeichen von Ärger loszupreschen.

Doch Chester zeigte nicht das geringste Interesse an Ausbruchsversuchen, dazu genoss er die Aufmerksamkeit viel zu sehr. Als die Kinder sich um ihn scharten, posierte er wie ein braves Vorzeigepony und ließ sich geduldig streicheln. Das musste man ihm lassen: Er war ein Star-Performer – zum Glück, denn ich hatte mehrere Schalen mit Weintrauben gekauft, damit Sam den anderen die ganzen Tricks zeigen konnte, die er Chester beigebracht hatte.

»Er ist ein Schatz!«, gurrte Lynda über unserem Minischwein.

Das würde sie nicht sagen, wenn sie ihn gestern Abend gesehen hätte, als er schon wieder den gesamten Inhalt meines Papierkorbs im Haus verteilt hat, dachte ich. Aber das war eben Chester: Er sah aus, als könne er kein Wässerchen trüben, deshalb war es so schwer, ihm lange böse zu sein.

Ich wollte Sam gerade fragen, ob er den anderen Kindern zeigen wolle, wie er Chester »Sitz« machen ließ, aber er kam mir zuvor. Ohne jede Aufforderung, ohne jede Ermutigung nahm Sam eine Handvoll Weintrauben und rief Chester zu sich.

Lynda und die Lehrassistenten trieben die Kinder zusammen und ließen sie einen Halbkreis bilden. Alle Augen waren auf Sam und Chester gerichtet.

Mir rutschte das Herz in die Hose: Bestimmt spürte Sam die Intensität der Blicke. Ich hatte große Angst, dass er es grässlich finden würde, im Mittelpunkt der Aufmerksamkeit zu stehen, und dann nicht damit fertigwerden würde. Ich machte mir Sorgen, dass er anfangen könnte, auf sich selbst einzuschlagen.

Ich wartete auf die Explosion.

Doch nichts geschah, und Sam zeigte sich der Situation gewachsen.

»Sitz, Chester!« Sam hielt eine Weintraube in die Höhe. Chester machte Sitz für sein Herrchen wie ein treuer Hund.

Sam trat fünf Schritte zurück und hielt eine weitere Weintraube hoch. »Hier, Chester!« Er winkte seinen Freund heran. Chester wackelte mit dem Schwanz und tat gehorsam wie ihm geheißen.

Mein Herz quoll über vor Glück. Da stand mein Junge,

der es immer gehasst hatte, im Zentrum der Aufmerksamkeit zu stehen, und war so selbstbewusst, dass er sich zutraute, seinen Freunden zu zeigen, was Chester alles konnte. Ich war so unglaublich stolz auf ihn. Sam hatte sich von einem einsamen, traurigen Kind, das kaum ein Wort herausbrachte, zu einem selbstsicheren Jungen gewandelt, der Befehle erteilte, Anweisungen gab und die Führung übernahm.

Und er war nicht der Einzige, der sich verändert hatte. Chester hatte sich über Nacht von einem rüpelhaften in ein wohlerzogenes Schwein verwandelt. Es war fast so, als ob Chester wüsste, dass Sam seine Hilfe brauchte. Er würde seinen besten Freund an so einem wichtigen Tag nicht im Stich lassen. Außerdem wurde mir plötzlich bewusst, dass Sam Chester als Mittel zur Kommunikation mit den anderen Kindern nutzte. Das Selbstvertrauen, das Chester ihm eingeflößt hatte, hatte ihm ermöglicht, seine Stimme zu finden und seine Sätze zu entwirren. Es war unglaublich.

Ursprünglich hatte ich Chester gekauft, weil ich dachte, er würde Sam aufheitern. Auch in meinen kühnsten Träumen hätte ich nicht damit gerechnet, dass er ihm helfen würde, zu sprechen und Freundschaften zu schließen.

Wenn ich »Freunde« sage, benutze ich den Begriff ziemlich frei, denn Sam spielte oder bolzte nicht mit anderen Kindern, wie Will es mit seinen Kumpeln tun würde, aber dennoch interagierte er mit ihnen und wollte mit Chester prahlen, was hieß, dass es ihm etwas bedeutete, was sie dachten.

Er ließ die anderen Kinder sogar auch einmal probieren, ob sie Chester Tricks beibringen konnten, was ihn bestimmt Überwindung kostete, weil Chester *sein* Schwein war und er Schwierigkeiten mit dem Teilen hatte. Mein Sohn hatte gelernt, sich mit seinem Bruder abzuwechseln, aber auch erst vor Kurzem, von daher war es ein Riesensprung in seiner Entwicklung.

Lynda Russell, die sehr gut auf die Bedürfnisse der Kinder eingestellt war, wusste, wann es Zeit für eine Pause war, und trieb die Jungen und Mya zum Essen zusammen. Auf dem weißen Terrassentisch wartete ein kleiner Imbiss, bestehend aus dem Zitronenkuchen, Sandwiches, Orangensaft und Brause.

Es war ein wunderbarer Augenblick, als die Kinder zusammensaßen wie eine einzige große Familie. Lynda Russell zog ihren Fotoapparat heraus und fing an zu knipsen. Sie erklärte, dass sie ein Bilderbuch von dem Tag machen wolle, damit die Kinder sich daran erinnern konnten.

Chester wuselte unterdessen unter ihren Füßen herum, in der Hoffnung, dass ein paar Essensreste für ihn abfallen würden. Es war beruhigend, dass er sich nicht *vollständig* verwandelt hatte. Vor sich hin grunzend schlängelte er sich durch die baumelnden Kinderbeine. Ab und zu hörte man einen kleinen Aufschrei, wenn sein raues Haar an ihrer Haut kitzelte. Seine »Ich bin ein armes verhungerndes Schwein«-Nummer funktionierte jedenfalls prima, denn einer der Jungen warf ihm ein Stückchen Kuchen zu.

Chester schaufelte es aus dem Gras und verputzte es bis auf den letzten Krümel. Dann hob er schnuppernd die Schnauze in die Luft: Vielleicht winkten ja weitere Leckerlis.

Ich bin mir nicht sicher, ob Myas Schüchternheit damit

zusammenhing, dass sie das einzige Mädchen in der Gruppe war, oder einen anderen Grund hatte, aber sie wirkte viel verschlossener als die anderen Kinder. Sie versteckte sich hinter ihren langen braunen Haaren; ein paar Strähnen hingen ihr in die Augen und verbargen ihr niedliches Knopfgesicht. Ihr Ausdruck erinnerte mich an den von Sam, wenn er seine Flugzeuge zeichnete – total konzentriert sezierte sie sorgfältig den Kuchen, höhlte die Glasur aus und schob den Teig zur Seite. Sie hatte etwas Verletzliches, das den Wunsch in mir weckte, sie in die Arme zu nehmen und vor der Welt zu beschützen.

Ich war nicht die Einzige, der das auffiel.

Ich hatte bemerkt, dass Sam immer wieder prüfend zu Mya hinüberschaute, um zu sehen, ob alles in Ordnung war. Das war sehr lieb von ihm. So wie er vor Kurzem bemerkt hatte, dass sein Klassenkamerad unglücklich war, spürte er auch bei Mya intuitiv, dass sie eine Aufheiterung gebrauchen konnte.

Er ließ sein Essen stehen und erhob sich von seinem Stuhl. Erstaunt beobachtete ich, wie er vorsichtig zu Mya hinüberging.

Ich hätte nicht für möglich gehalten, was er als Nächstes tat.

Erst rief er Chester zu sich. Unser Schwein unterbrach augenblicklich sämtliche Aktivitäten, insbesondere die Suche nach Essensresten, um zu Sam zu eilen.

Dann nahm Sam Myas kleine Hand in seine und führte sie zum Apfelbaum, wobei Chester als Eskorte fungierte. Es war ein zauberhafter Anblick, wie die drei in einer Reihe über den Rasen marschierten.

So wie Sam seine Zeichnungen benutzt hatte, um den Jungen aus seiner Klasse aufzuheitern, wollte er jetzt, dass sein Schwein ein Lächeln auf Myas Gesicht zauberte. Dieses Ziel ging er auf die einzige Art an, die er kannte – indem er Tricks vorführte.

»Sitz, Chester«, sagte er.

Chester verhielt sich erneut mustergültig. Er tat alles, was Sam von ihm verlangte, und trotzte tapfer allen verführerischen Düften, die zweifellos vom Kuchen und anderen Leckereien ausströmten.

Und als er dann seinen Moonwalk aufführte, brach Mya schließlich tatsächlich in einen Kicheranfall aus.

Mission erfolgreich beendet! Obwohl er es nie sagen würde, konnte ich sehen, dass Sam total glücklich und erleichtert war, dass er Myas Tag gerettet hatte. Hinter mir tauchte Lynda mit dem Fotoapparat auf, um mir die Bilder zu zeigen, die sie geschossen hatte. Sie hatte den magischen Moment eingefangen und für ihr Storybook festgehalten.

»Ich habe ja gesagt, dass Sam die größte Empathie von allen hat«, sagte sie stolz, als ob es ihr eigenes Kind wäre. Ich schätze, wenn man so viel Liebe und Zuwendung investiert, um Kindern zu helfen, lässt sich wahrscheinlich nicht vermeiden, dass man emotional beteiligt ist. Ich wusste nicht, wie Lynda das schaffte – ihre Leidenschaft und ihr Engagement waren wirklich außergewöhnlich.

Für die Kinder wurde es Zeit, sich von Chester zu verabschieden und zum CAIRB zurückzukehren. Sam bestand darauf, Mya zu den wartenden Autos zu begleiten. Als sie über den sonnengesprenkelten Rasen zurückgingen, legte er seinen Arm um sie – das war Sams Art, Mya zu zeigen, dass sie ihm wichtig war. Ich hätte mir keinen perfekteren Tag wünschen können. Die ganze Sorge um Sam hätte ich mir sparen können – er hatte die Situation nicht nur bewältigt, sondern glanzvoll gemeistert.

Das schöne Wetter hielt sich bis zum Abend. Mein Plan war, die Jungen zu baden und mich dann mit einem Drink auf die Terrasse zu setzen und den Sonnenuntergang zu genießen. Auch Chester hielt sein gutes Benehmen bis zum Ende durch. Obwohl die Türen zum Garten weit offen standen, war er viel mehr daran interessiert, was Sam vorhatte. Seit Sam aus der Schule zurück war, hatten die beiden die meiste Zeit unter dem Esstisch kampiert.

»Will, Sam, Badezeit!«, rief ich die Treppe hoch. Ich hatte die Wanne halb voll mit Wasser und Seifenschaum gefüllt. Es folgte der vertraute Klang von laut nach unten stampfenden Jungenfüßen, gefolgt von etwas leiseren Schweinefüßen.

»Nein, er darf nicht mit euch in die Badewanne!«, verkündete ich, bevor sie die Frage stellen konnten. Irgendwo musste eine Grenze sein.

Chester warf Sam und Will sehnsüchtige Blicke zu, als sie in das Schaumwasser eintauchten. Diesen Dackelblick beherrschte er wirklich meisterhaft. Er erinnerte sich wohl an den Tag, an dem sie alle zusammen in das Planschbecken gestiegen waren. Schweine haben ein ausgezeichnetes Gedächtnis.

»Also, wem soll ich zuerst den Kopf waschen?«, fragte ich, drehte dem Schwein den Rücken zu und drückte geräuschvoll einen Klacks Shampoo auf meine Handfläche. Als ich es in das Haar meiner Söhne einmassierte, bemerkte ich, dass ihre Locken, die ursprünglich blond gewesen waren, allmählich dunkelbraun wurden: Ihre spanischen Wurzeln kamen durch. Es erinnerte mich daran, wie schnell die beiden groß wurden: Sam wurde im kommenden Winter sieben, und Will feierte Ende des Sommers seinen fünften Geburtstag.

Ich rappelte mich hoch, um nach dem Duschkopf zu greifen und ihnen das Haar auszuspülen – und was sah ich aus den Augenwinkeln? Einen roten Blitz, der am Badezimmerfenster vorbeischoss. Ich machte einen langen Hals, um zu sehen, auf was Chester zusteuerte.

»Oh, du kleiner ...«, murmelte ich vor mich hin.

Chester nutzte seine Rüssel, um ein Loch in den Zaun zu hebeln, den ich im Schweiße meines Angesichts erbaut hatte.

»Ihr rührt euch nicht von der Stelle!«, befahl ich den Jungen und ließ dann alles stehen und liegen, um Chester noch rechtzeitig einzufangen.

Er sah mich kommen. Er warf einen Blick über die Schulter, grunzte, drückte den Zaun ein bisschen weiter mit der Schnauze nach oben und drehte sich dann erneut nach mir um, um zu checken, wie dicht ich ihm schon auf den Fersen war.

»Chester! Komm hierher!«, rief ich in der leisen Hoffnung, dass er dem Befehl genauso gehorsam folgen würde wie vorhin bei Sam.

Doch Chester dachte gar nicht daran. Er legte sich flach auf den Bauch und zwängte sich durch die Öffnung, die er sich aufgerüsselt hatte. Dreimal darf man raten, welches Ziel er ansteuerte. Und schon schoss er schnurstracks über die Brücke und durch das Tor, vorbei an den Enten und den Apfelbäumen, zu den Hühnern von Neil und Brenda.

Jetzt war ich diejenige, die prüfend über die Schulter blickte, während ich durch den Garten meiner Nachbarn flitzte und betete, dass ich unentdeckt bleiben möge. Es fehlte mir gerade noch, die Nachbarn erneut zu vergrätzen, nachdem es schon so viel Ärger wegen des Hühnerfutters gegeben hatte.

Chester und ich spielten unser übliches Katz-und-Maus-Spiel – wozu gehörte, dass Chester sich hamstermäßig die Backen vollstopfte und dann abhaute, wenn ich ihn gerade packen wollte. Wundersamerweise endete die Hetzjagd diesmal ausnahmsweise nicht beim Trampolin, sondern bei einem der Hühnerställe. Chester quiekte protestierend, als ich ihn nach Hause trug. *Ich muss zu den Jungs zurück*, dachte ich, *ich habe keine Zeit für so was!* Der Himmel wusste, wie viel Futter er diesmal stibitzt hatte. Jedenfalls war er immer noch am Schmatzen, als ich ihn im Haus einsperrte.

»Ich bin sehr böse mit dir, Chester!«, setzte ich ihn von meinen Gefühlen in Kenntnis.

Er sah mich mit treuherzigem Augenaufschlag an und mampfte immer noch vor sich hin.

Ich raste nach unten zu den Jungen. Inzwischen hätte man mich auswringen können, ich war so verschwitzt, dass mir der Schweiß von der Stirn tropfte.

Als ich die Tür zum Badezimmer aufdrückte, schlug mir eine Flutwelle aus Seifenschaum entgegen. *Überall* war Wasser. Während ich Chester hinterherjagte, hatten die Jungen spielerisch miteinander gekämpft, sich großartig amüsiert und den Badezimmerboden vollständig geflutet.

Beide sahen mich blinzelnd an, als könnten sie kein Wässerchen trüben.

Ich verabschiedete mich von meinem entspannten Abend auf der Terrasse und latschte nach oben, um Eimer und Feudel zu holen.

Doch das schlechte Benehmen meiner drei Schützlinge war nicht das einzige Problem, mit dem ich mich auseinandersetzen musste. Bald gab es eine neue Herausforderung – Chester wollte einfach nicht aufhören zu wachsen.

16. Kapitel
Dickwanst

In Pennywell hatte man uns gesagt, dass unser Minischwein nicht größer werden würde als ein Cockerspaniel. Zudem gab es guten Grund zu der Annahme, dass sich diese Größenangaben als zutreffend erweisen würden – Mr Murray hatte mir ja gezeigt, wie Chesters Vater und Mutter aussahen.

Doch die Behauptungen der Farm klangen täglich unrealistischer, denn Ende August 2009 ähnelte Chester eher einem Bernhardiner als einem Cockerspaniel! Er war gut fünf Mal so groß wie zu dem Zeitpunkt, als wir ihn im Frühjahr geholt hatten. Tatsächlich konnte man durchaus sagen, dass er jetzt eher wie ein normal großes Schwein und nicht wie ein Minischwein aussah.

Meine Mutter war die Erste, die es aussprach. Sie war schließlich von Spanien nach England gezogen und wohnte jetzt bei uns. Ursprünglich hatte sie sich eine eigene Wohnung nehmen wollen, hatte aber trotz großer Mühen nichts gefunden, das einigermaßen akzeptabel war. Da Darren und ich beide nicht wollten, dass sie den Umzug noch weiter hinauszögerte, hatten wir vorgeschlagen, dass sie in unserem Gästezimmer wohnen könnte, bis etwas Passendes angeboten wurde. Und natürlich würde es leichter für sie sein, auf Wohnungssuche zu gehen, wenn sie tatsächlich schon in Devon lebte. Die Jungen fanden es toll, dass ihre Großmutter bei uns wohnte, und auch ich freute mich natürlich riesig, sie wieder in meiner Nähe zu haben. Meine Mutter für ihren Teil war überglücklich, bei mir und ihren Enkeln zu sein, aber ich glaube, dass auch Chester eine *große* Rolle bei dem Ganzen spielte – sie liebte dieses Schwein über alles. Doch wie sie mir eines Tages zu bedenken gab, war er kaum noch der niedliche kleine Knirps, den wir von der Farm geholt hatten.

»Jo, Liebes, ich glaube, irgendetwas stimmt da nicht«, sagte sie mit einem Blick auf Chester, der ausgestreckt auf dem Sofa lag und Siesta hielt. Bei ihren Worten fragte ich mich kopfkratzend, seit wann er eigentlich statt eines Viertels drei Viertel des Sofas einnahm. Er hatte einige massive Wachstumsschübe im Juli und August gehabt und war jetzt etwa einen Meter lang.

»Ich bin sicher, größer als jetzt wird er nicht mehr«, sagte ich in dem Versuch, meine Mutter und mich selbst zu beruhigen.

»GROSSES SCHWEIN«, kommentierte Henry, der im Haupthaus der Farm wohnte, und verdeutlichte seinen Kommentar mit weit ausgestreckten Armen, als er eines Morgens an unserem Garten vorbeikam. Ich lachte nervös.

Die Jungen störten sich allerdings nicht im Geringsten an Chesters Größe – ein größeres Schwein bedeutete einfach, dass sie mehr Schwein zum Umarmen hatten. Die Größe änderte auch nichts an seinem Verhalten. Noch immer wollte er Sam auf Schritt und Tritt folgen, abends versuchte er, ins Bett der Jungen zu hüpfen, er sprang aufs Sofa, lag am Kamin und versteckte sich mit Sam unterm Esstisch. Chester verhielt sich, als hielte er sich immer noch für Mini, was an sich liebenswert gewesen wäre – wenn es nicht einen Haufen neuer Probleme verursacht hätte.

»Großes Schwein, das sich für klein hält«, bedeutete den allmählichen Niedergang meines heißgeliebten Habitat-Sofas – der Unterbau brach unter Chesters Gewicht zusammen, seitdem war es eingefallen wie eine Hängematte. Wenn wir alle zusammen fernsehen wollten, musste einer von uns auf den Fußbodenpolstern sitzen, weil Chester das ganze Sofa für sich allein brauchte. Manchmal hatten wir allerdings auch Glück, und er legte sich uns zu Füßen auf den Boden, so dass wir seinen großen Bauch als Fußstütze benutzen konnten (außerdem kitzelten wir seine Wampe mit Rückenkratzern). Chester liebte jedwede Form von Aufmerksamkeit. Zu seinen Lieblingstricks gehörte, sich gegen mich zu drücken, wenn ich draußen die Wäsche aufhing, und seinen Allerwertesten an meinen Waden zu reiben, als ob ich ein Baumstamm wäre, an dem er sich ordentlich scheuern konnte. Bei Sam machte er das auch, und zwar mit Vorliebe am oberen Teil von dessen Gummistiefeln, die aus etwas härterem Plastik gefertigt waren. Er schubberte und schubberte, bis der Druck seines Hinterteils so groß wurde, dass Sam umkippte, was meinen Sohn dazu veranlasste, vor Lachen zu brüllen und Chester aufzufordern, das Gleiche noch einmal zu machen!

Der Wachstumsschub unseres Schweins bedeutete auch,

dass jeder Unfug, den er anstellte, tendenziell größere Schäden verursachte – er war jetzt so stark, dass er mehr umwerfen konnte als nur den Hundenapf! Ich werde nie den Tag vergessen, an dem ich in das Wohnzimmer kam und zwei der wunderschönen Ledersessel des Vermieters umgestürzt auf der Seite lagen, während Chester die frisch freigelegte Teppichfläche nach Krümeln absuchte.

»Chester!«, sagte ich mit meiner strengsten Stimme, weil ich echt sauer auf ihn war. Doch Chester schien den Ton meiner Stimme nicht zu bemerken, er war einfach froh, mich zu sehen, und fing an zu grunzen und mit dem Schwanz zu wackeln.

»Raus hier, *sofort*!« Ich deutete auf die Tür.

Er sah in den Garten und dann wieder zu mir, eindeutig seine Optionen abwägend. Doch letztlich wollte er die Chance, etwas Essbares zu finden, nicht ungenutzt verstreichen lassen, also ignorierte er mein offenkundiges Missfallen und schnüffelte weiter den Teppich ab. *Dieses Mistviech…*

Aber es war extrem schwierig, Chester lange böse zu sein: Ein Blick auf sein glückliches Smiley-Gesicht ließ einen jeden Ärger vergessen.

Dieses Lächeln hatte es auch Lynda Russell angetan, und es erwies sich als das fehlende Teil in einem Puzzle, das sie zu lösen versucht hatte, um Sam zu helfen.

Zu Lyndas ursprünglichen Zielen hatte gehört, Sam beizubringen, Gefühle zu deuten. Obwohl Sam jetzt eindeutig Zeichen von Empathie zeigte, fiel es ihm immer noch schwer zu erkennen, ob jemand glücklich oder traurig war. Lynda hatte eine brillante Idee, wie sie ihm bei dieser speziellen Herausforderung helfen konnte: Sie nutzte Chesters Gesicht, um Sam zu zeigen, wie »glücklich« aussah, indem sie es zum Ausgangspunkt eines Fotobuchs machte, das sie für ihn zusammenstellte und in dem mehrere unterschiedliche Gesichtsausdrücke wie »traurig«, »ängstlich«, »überrascht«, »wütend« und »müde« dargestellt waren. Das erste Bild zeigte Chester mit seinem großen Smiley-Gesicht und darunter stand das Wort »glücklich«. Einfach nur das Buch aufzuschlagen und gleich ein tolles Bild von unserem grinsenden Maxi-Minischwein zu sehen, stimmte mich heiter. Es mag ein bisschen unkonventionell gewesen sein, aber es funktionierte. Da Sam sein Schwein liebte, erinnerte er sich daran, was sein Lächeln bedeutete, und immer wenn ich anfing zu lachen, rief er aus: »Mami, du bist glücklich!« – was, ehrlich gesagt, nicht mehr allzu häufig der Fall war, nachdem Chester angefangen hatte, die Möbel umzuwerfen … »wütendes und erschöpftes Gesicht« war inzwischen eher die Regel.

Bald spitzte sich die Lage zu. Chester war so groß geworden, dass er nicht mehr auf die Terrassendielen hochklettern und auch die Stufen im Haus nicht mehr bewältigen konnte. Sein Körper war zu groß für seine Beine: Wenn er zwei Drittel der Treppe hochgestiegen war, verschob sich sein Schwerpunkt, und er rollte rückwärts. Dasselbe passierte, wenn er die andere Richtung einschlug – kurz bevor er unten ankam, übernahm sein Gewicht die Führung, und er purzelte die letzten Stufen herunter. Es war ein herzzerreißender Anblick: Da er Sam unbedingt folgen wollte, versuchte er es immer wieder, fiel auf die Nase und versuchte es erneut. Da er genauso dickköpfig wie schlau war, war es nicht nur unmöglich, ihn zum Aufgeben zu bewegen – er probierte auch jeden erdenklichen Trick aus, um diese Stufen hochzukommen. Er versuchte sogar, sie zu überlisten, indem er Anlauf nahm. Er tat so, als würde er die Treppe ignorieren und einfach nonchalant im Parterre herumschlendern, drehte sich dann urplötzlich um und raste wie ein geölter Blitz durch den Flur, wobei er laut grunzte. Das Klappern seiner Schweinehufe, die über die Terracottafliesen galoppierten, klang durchs ganze Haus, wenn er mit einem solchen Affenzahn auf die Stufen zustürmte, dass die Vorhänge im Flur in seinem Fahrtwind flatterten.

»Komm, Chester, komm!«, riefen die Jungs dann jedes Mal, hüpften auf dem Treppenabsatz auf und ab und versuchten, ihn mit ihren Anfeuerungsrufen über die Ziellinie zu bringen.

Ich erinnere mich insbesondere an eine Gelegenheit, bei der Chester es mit dieser Technik ausprobierte. Er raste über seine Anlaufpiste und stürmte dann mit wahrhaft olympischem Ehrgeiz die Treppe hoch. Einen Moment lang dachte ich, er würde es schaffen.

Doch dann stürzte er mit Gepolter nach unten, und ohne richtig nachzudenken, warf ich mich zwischen Chesters Rücken und die unteren Treppenstufen, als er fiel.

Kawomm!

Ich bekam sein volles Gewicht zu spüren, als ich seine Landung abpufferte. Der Unterschied in dem Gewicht, das mich traf, war ein eindeutiges Alarmsignal, falls das opulentere Aussehen noch nicht Warnung genug war. Ich war nicht verletzt, aber ich fühlte mich total zerquetscht.

Während ich mir noch den Staub von der Kleidung klopfte und das zerzauste Haar aus den Augen strich, bereitete Chester sich bereits für einen weiteren Durchgang vor. Seine Entschlossenheit, die Gesetze der Schwerkraft zu überwinden, kannte keine Grenzen. Er preschte abermals los und musste abermals eine Niederlage einstecken. Es tat mir in der Seele weh, ihn dabei zu beobachten. Ich durfte das keine Sekunde länger dulden; es war Chester gegenüber nicht fair, und auch die Jungen sollten ihn nicht länger leiden sehen.

Die einzige verfügbare Gerätschaft, die groß genug war, um die Stufen zu blockieren, war ein Spiegel aus einem der Schlafzimmer im Erdgeschoss. Schnell brachte ich ihn in Position. Ein Teil von mir dachte, dass der Anblick seines eigenen Spiegelbilds Chester vielleicht bei Laune halten könnte, solange ich über eine eher langfristige Lösung nachdachte – so weit war es schon gekommen! Glücklicherweise funktionierte es und setzte den Vorkommnissen mit unserem fliegenden Schwein erst mal ein Ende.

Meine Mutter machte sich große Sorgen um Chesters Wohl, als er nun nicht mehr in den ersten Stock gelangen konnte. Die Sorge mündete in dem Vorschlag, dass er vor ihrem Zimmer schlafen solle. Das schien die perfekte Lösung zu sein, das Gästezimmer lag wie die anderen Schlafzimmer im Erdgeschoss, war aber durch das rechteckige Atrium mit der Hauptscheune verbunden, von der die Haustür abging, die auf den Patio hinausführte. In diesem Atrium, neben dem Zimmer meiner Mutter, sollte Chester schlafen. Das bedeutete, dass er sich im Parterre befand und problemlos nach drinnen und nach draußen gehen konnte, wenn er aufs Klo musste, und außerdem meine Mutter zur Gesellschaft hatte.

An diesem Abend halfen die Jungen mir, seine Spielsachen und seinen Hundekorb (mittlerweile Nr. 3, da er die ersten beiden durchgekaut hatte ...) nach unten zu schaffen, und meine Mutter machte viel Getue um ihren neuen Zimmernachbarn, kraulte ihn hinter den Ohren und rieb seinen Bauch.

Chester wirkte glücklich in seinem neuen Zuhause. Auch wenn er nicht neben Sams Zimmer schlief (wir nutzten den großen Spiegel, mit dem wir vorher die Treppe blockiert hatten, um das Atrium vom Rest des Hauses abzutrennen), war er der Familie hier doch viel näher, als er es im Obergeschoss gewesen war. Schweine haben einen ausgeprägten Geruchssinn, von daher stieg ihm nachts wahrscheinlich der beruhigende Dufthauch seines besten Freundes in die Nase, wenn er in seinem Korb lag.

»Bist du sicher, dass es okay für dich ist, wenn er hier schläft?«, fragte ich noch einmal bei meiner Mutter nach, bevor ich an diesem Abend ins Bett ging. Schließlich hatte sie den Großteil seiner Eskapaden nicht miterlebt.

»Natürlich. Er ist ein Schatz, was soll schon passieren?« Mum lächelte zuversichtlich. Wir schauten beide zu Chester hinüber, der grinsend in seinem Korb saß und sein typisches Unschuldsgesicht aufgesetzt hatte.

Meine Mutter hatte recht – hier waren keine Gegenstände, die Chester aufmischen konnte. Hier waren nur Chester, der Korb und ein Flur mit Glaswänden. Natürlich könnte er seinen Korb zerschreddern, aber ich ging ohnehin davon aus, dass wir noch ungefähr ein halbes Dutzend davon anschaffen mussten. Diesen kleinen Preis bezahlte ich gern für das Glück und die magische Veränderung, die er in Sams Leben bewirkte.

»Nacht, Mum.« Ich gab ihr einen Kuss.

»Nacht, Liebes. Nacht, Chester«, sagte sie und schlurfte in Nachthemd und Pantoffeln in ihr Zimmer. Chester drehte sich ein paar Mal in seinem Korb wie ein Hund, bevor er sich hinlegte und es sich für die Nacht bequem machte.

Das Haus kam zur Ruhe. Doch aus irgendeinem Grund konnte ich nicht einschlafen.

Plötzlich dämmerte mir der Grund. Ich konnte nicht schlafen, weil ich mir Sorgen machte, ob Chester in seinem neuen Zimmer schlafen konnte. War es da unten vielleicht zu kalt? Oder vielleicht umgekehrt zu warm, wenn am Morgen die Sonne durch die Glasscheiben schien?

Ja: Ich machte viel Gedöns um ein Schwein.

Aber ich glaube, ich wusste, warum. Seitdem Chester in unser Leben getrippelt war, hatte sich die dunkle Wolke der Depression, die über mir gehangen hatte, allmählich aufgelöst. Er hatte Glück, Lachen und Licht in unsere ganze Familie gebracht. Ich war ein glücklicherer Mensch, seit Chester da war. Er machte mir zwar auch eine Menge Stress, gewiss, aber das Gute überwog das Schlechte bei Weitem. Ich versprach mir selbst, dass ich Chester am nächsten Morgen ganz besonders betüdeln würde, um dafür zu sorgen, dass er wirklich wusste, wie sehr wir ihn alle liebten.

Ich war wirklich weich geworden.

Als am nächsten Morgen der Wecker klingelte, schaute

ich als Allererstes, noch bevor ich das Frühstück für die Jungen machte, nach Chester. Besorgt spähte ich über den Spiegel in der Erwartung, überall zerschredderte Korbteile und einen umgeworfenen Hundenapf zu sehen. Ich konnte es kaum glauben – der Flur sah picobello aus. Chester wartete geduldig an der Haustür, um nach draußen gelassen zu werden.

Allerdings war meine Mutter nirgends zu sehen, und sie war normalerweise eine Frühaufsteherin. Sie tauchte erst gegen zehn Uhr auf, nachdem ich von der Fahrt zur Schule zurück war. Während ich uns eine Kanne Tee machte, hatten wir eine kleine Aussprache über ihren Umzug nach England. Ich wollte sicher sein, dass sie glücklich war, obwohl sie ihr Leben in Spanien aufgegeben hatte. Meine Schwester wollte bald ins englische Wiltshire übersiedeln, zusammen mit ihren Söhnen und ihrem Freund Simon, aber bis es so weit war, würde Mum sie sicherlich vermissen, von ihren spanischen Freunden ganz zu schweigen. Und dann das Klima: Es war schon ein krasser Gegensatz zwischen England und der wohltuenden Wärme des Mittelmeers.

»Mir geht's gut, Liebes«, sagte sie und unterdrückte ein Gähnen.

»Sicher?«, fragte ich. Sie wirkte ein bisschen abgespannt, fand ich. Vielleicht war sie erschöpft von der ganzen Umzieherei.

»Hör auf, so einen Wirbel zu machen.« Sie tat meine Sorgen mit einer Handbewegung ab und nahm einen Schluck Tee.

Mum wechselte das Thema und fragte nach Darren

und mir. Sie wollte wissen, wie es bei uns lief, und vor allem, ob ich glücklich war.

»Ich bin *richtig* glücklich«, gestand ich mit einem schüchternen Lächeln und drehte den warmen Becher zwischen den Händen. Früher war mir immer alles so schwer vorgekommen, aber mit Darren war alles leicht. Zum ersten Mal in meinem Leben hatte ich einen Mann an meiner Seite, der mich und die Jungen bedingungslos liebte.

Die Zeit in Spanien erschien mir jetzt nur noch wie eine ferne Erinnerung. Sie wurde nur wieder wach, wenn Jaime anrief, um mit den Jungen zu sprechen. Es war die Rede davon, dass Sam und Will die Ferien mit ihm verbringen sollten. Ich war froh, dass sie weiterhin eine gute Beziehung hatten, aber in meinem Leben spielte mein Exmann keine wichtige Rolle mehr.

»Ich bin stolz auf dich, Liebes«, sagte meine Mutter. Gelegentlich erinnerte sie mich gern daran, was ich alles erreicht hatte. Ich wusste, dass Sam sicherlich nicht der unbeschwerte Junge wäre, in den er sich jetzt verwandelte, wenn ich nicht so hartnäckig gewesen wäre.

»Und wenn es dir nichts ausmacht, würde ich jetzt gern wieder ins Bett gehen«, sagte sie und erhob sich von ihrem Stuhl.

Ich warf einen Blick auf meine Armbanduhr. Es war elf Uhr – das war völlig untypisch für meine Mutter.

An diesem Morgen schüttelte ich die Sorge ab, aber mir blieb nicht verborgen, dass meine Mutter am nächsten Tag genauso müde war. Am Ende der Woche, als wir Darren von der Bohrinsel zurück erwarteten, hatte sie unübersehbare dunkle Ringe unter den Augen und zog sich im Laufe des Tages immer wieder zurück, um sich hinzulegen. Sie behauptete hartnäckig, dass ihr nichts fehle, aber ich machte mir ernsthaft Sorgen um ihre Gesundheit. Diese Müdigkeit war völlig untypisch für sie – normalerweise platzte sie vor Tatendrang.

Auf der Heimfahrt vom Flughafen vertraute ich Darren meine Sorgen an. Er stimmte mir zu, dass das alles so gar nicht nach meiner Mutter klang, und meinte, wir sollten sie unbedingt zum Arzt schicken.

»Der Umzug nach England ist eine große Umstellung für sie. Wahrscheinlich hängt es damit zusammen«, versuchte er, mich zu beruhigen.

Das Problem war, dass ich den Gedanken, mit meiner Mutter sei etwas nicht in Ordnung, einfach nicht aus dem Kopf bekam, und als wir schließlich zu Hause ankamen, war ich sogar noch besorgter um sie.

Als ich die Zündung abschaltete, wandte sich Darren zu mir. Er umschloss meine Hand mit seiner, so wie er es in Spanien immer getan hatte – er wusste, was in mir vorging.

»Versuch, nicht so viel zu grübeln«, sagte er sanft. Ich war froh, dass er wieder zu Hause war. Er erdete mich und hielt mich davon ab, mich zu sehr in meine Ängste hineinzusteigern.

»Ich weiß ...«, fing ich an, aber Darrens Aufmerksamkeit hatte sich auf etwas anderes verlagert. Die Kinnlade fiel ihm herunter, und langsam wich alle Farbe aus seinem Gesicht.

»Scheiße!«, keuchte er.

»Was ist denn?«, fragte ich beunruhigt.

Er deutete über den Hof. Sam und Will hingen am Gartentor herum, einen grunzenden Chester zu ihren Füßen, und warteten darauf, Daddy willkommen zu heißen.

»Chester ist kein Minischwein mehr!« Entsetzt sah er mich an.

»Ach ja. *Das*.« Ich verzog das Gesicht.

Darren sagte, ich solle in Pennywell anrufen und fragen, ob es normal sei, dass ihre Minischweine so groß würden. Chester war jetzt über einen Meter lang und 55 Zentimeter hoch. Darren erinnerte mich daran, dass Chester erst sieben Monate alt war, so dass sich die berechtigte Frage stellte, wie viel größer er noch werden würde.

Ich zuckte die Achseln. »Wir können sowieso nichts dagegen tun.«

Egal, ob groß oder klein – Chester war der Grund, warum Sam ein glücklicherer Junge war. Ich hatte nicht die Absicht, in Pennywell anzurufen (und tat es tatsächlich nie). Mir war viel mehr daran gelegen, wieder ins Haus zu kommen und nach Mum zu sehen.

Als wir die Holzstufen hinaufstiegen, bombardierte Darren mich weiter mit Fragen. Er machte sich Gedanken darüber, wie wir rein praktisch damit umgehen wollten, wenn Chester noch größer wurde.

»Wie viel gibst du ihm zu fressen?«, fragte er scherzhaft und ließ seine schweren Reisetaschen auf den Boden des Wohnzimmers plumpsen.

Genau in diesem Augenblick hörten wir ein lautes Glucksen aus der Küche. Mum blätterte durch die Morgenzeitung und stippte dabei Kekse in ihren Tee. Wir eilten in die Küche, um sie zu begrüßen, und ich bezog sie in das laufende Gespräch über unser Schwein mit ein.

»Darren macht sich Sorgen, wie wir mit Chester fertigwerden wollen, wenn er noch weiter wächst«, erklärte ich Mum, »aber er ist doch extrem artig, seit wir ihn in das Atrium verlegt haben, nicht wahr? Er schläft die Nacht durch und macht überhaupt keinen Ärger mehr.«

Mum fing an zu husten.

»Mum, alles in Ordnung mit dir?«, fragte ich zum x-ten Mal.

»Ja, mir geht's gut«, sagte sie.

Darren spürte meine wachsende Beunruhigung, als ich beobachtete, wie Mum nervös meinem Blick auswich, als ob sie uns nicht die ganze Wahrheit sagen würde. Er schritt helfend ein und offenbarte meiner Mutter, dass ich mir in letzter Zeit wirklich große Sorgen um sie machte. Auch er fragte noch einmal nach, ob irgendetwas nicht in Ordnung sei.

Sie holte tief Luft und ließ sie langsam wieder heraus.

»Mum?«

Die Anspannung war unerträglich.

»Ich wollte kein Aufhebens machen«, fing sie an.

Mein Herz rutschte mir in die Hose. Gleich würde sie damit herausrücken, dass sie unter einer schrecklichen Krankheit litt.

»Was ist los, Mum? Du kannst es uns doch sagen.«

»Ich habe nicht viel Schlaf bekommen, weil ...«

Darren und ich hingen an ihren Lippen.

»Weil Chester mich wachgehalten hat.«

»*Chester?!*«, riefen wir beide wie aus einem Mund.

Damit hatte ich nun überhaupt nicht gerechnet.

»Er bollert nachts mit der Schnauze gegen meine Tür und möchte Aufmerksamkeit, und ich weiß einfach nicht, wie ich ihm sagen soll, dass er damit aufhören soll.«

Wie sich herausstellte, hämmerte Chester ungefähr jede halbe Stunde mit seinem Rüssel gegen ihre Schlafzimmertür, und sie wusste sich nicht anders zu helfen, als ihm ein paar Ferkelnüsse hinzuwerfen. Das Problem war, dass er wiederkam und um Nachschub bettelte, sobald er sie aufgefressen hatte.

»Das ist doch lächerlich. Ich werde nicht zulassen, dass Chester dich um deinen Schlaf bringt.«

»Du kannst ihn jederzeit nach draußen schicken. Er ist schließlich nur ein Schwein«, schlug Darren vor.

Mum und ich sahen ihn beide an, als ob er verrückt geworden wäre. Es wäre uns nicht im Traum eingefallen, Chester hinaus in die Kälte zu jagen. Er mochte gewachsen sein, aber in unseren Augen war er immer noch fast so etwas wie ein Hund. Noch wichtiger: Wie würde Sam damit zurechtkommen, wenn wir Chester woanders hinbrachten? Würde es ihn in seiner Entwicklung zurückwerfen, wenn sein Schwein nicht mehr ständig im Haus war?

»Das kommt gar nicht in Frage.« Mum schüttelte energisch den Kopf.

»Aber ich will nicht, dass du um den Schlaf gebracht wirst«, wandte ich ein.

Dann führten Mum und ich ein intensives Gespräch über Chester, wobei Mum darauf beharrte, dass wir dem Schwein noch etwas Zeit lassen sollten, damit es sich an seine neue Umgebung gewöhnen konnte. Sie war überzeugt, dass es sich bei seinem nächtlichen Geklopfe um ein Eingewöhnungsproblem handelte, das er bald überwinden würde.

17. Kapitel
Sturkopf

Vor dem Nachthimmel explodierte ein weiterer bunter Regenbogen.

Es war Guy-Fawkes-Nacht, und wir hatten die besten Plätze im Haus. Jedes Jahr veranstaltete die Gemeinde Ugborough ein Feuerwerk für die Einheimischen auf dem Bauernfeld hinter unserem Garten. Dank unseres Terrassenbohlenbereichs brauchten wir nur aus der Tür zu treten, um der Show beizuwohnen. Es gab ein riesiges Freudenfeuer, und wir sahen, wie der Schein der lodernden Flammen die Gesichter der Leute erhellte. Alle erdenklichen Feuerwerkskörper schossen in die sternenklare Nacht.

Es war eine kleine, altmodische Gemeindefeier. Jeder konnte seine eigene Kiste mit Feuerwerkskörpern mitbringen und bei den Veranstaltern abgeben, die sie dann abschossen, und die Leute steckten Folienkartoffeln in die Glut des Feuers. Es erinnerte mich an meine Kindheit in England.

Als wir in Spanien gelebt hatten, hatten wir den 5. November nie gefeiert, deshalb hatten die Jungen so etwas noch nie gesehen (im letzten Jahr war Mum mit Will zu einer öffentlichen Veranstaltung gegangen, aber Sam hatte sie nicht begleiten wollen). Er trug Ohrstöpsel, um sein empfindliches Gehör zu schützen, aber er liebte die Farben, die seine Sinne in positiver Weise anregten, so wie die Spaghetti-Lichterketten in der Schule.

Ich zog ein Paket Wunderkerzen heraus – der Abend war nur perfekt, wenn wir damit unsere Namen in die Luft schrieben. Nachdem wir damit fertig waren, wollte Sam unbedingt, dass auch Chester an unserem Spiel beteiligt wurde. Ich half ihm, indem ich Will, Mum und Darren aufforderte, gleichzeitig Chesters Namen in die Luft zu malen. Ich zählte rückwärts: »Drei, zwei, eins – CHESTER!«

Alle zusammen wirbelten wir unsere Wunderkerzen durch die Luft, um den Namen unseres Haustiers zu buchstabieren.

Als ein weiterer Feuerwerkskörper kreischend in den Nachthimmel stieg, dachte ich, dass ich lieber einmal nach Chester schauen sollte. Wir hatten ihn im Atrium eingesperrt, um ihn vor dem Krach der Veranstaltung zu schützen, und ich hatte ihm einen randvollen Futternapf hingestellt, um ihn abzulenken. Außerdem hatte ich das Licht angelassen, damit er sich nicht so allein fühlte, während wir anderen uns alle oben amüsierten.

Ich steckte den Kopf durch die Tür.

»Geht's dir gut, Chesty?«

Chester ging es mehr als gut. Er saß wie ein Hund mit hocherhobenem Kopf und gespitzten Ohren da und beobachtete das Feuerwerk. Er nahm kaum Notiz von mir, als ich hereinkam. Außerdem hatte er seinen Napf bis auf den letzten Krümel geleert, der Krach hatte seinem Appetit also offensichtlich keinen Abbruch getan.

Ich überließ ihn wieder sich selbst und machte einen Umweg über die Küche, wo ich eine weitere Lage heißer Getränke holte, um uns aufzuwärmen. Als ich mit einem Tablett voller Leckereien auf die Terrassenbohlen hinaustrat, fiel mir etwas Seltsames auf. Um auf das Feld zu gelangen, auf dem das Feuerwerk veranstaltet wurde, mussten die Dorfbewohner über einen Weg gehen, der an unserem Haus vorbeiführte. Normalerweise hieß das nur, dass stetig ein paar Dorfbewohner vorbeidefilierten, doch jetzt waren die Leute stockstreif stehen geblieben. Die Hälfte des Dorfes beobachtete nicht das Feuerwerk, sondern starrte über die Mauer in unseren Garten.

Eine Gruppe von etwa zwölf Erwachsenen und Kindern deutete lachend mit dem Finger auf unser Haus. Ich fragte mich, was wohl so interessant war. Dann wurde mir klar, dass Chester für alle gut sichtbar im Atrium saß, weil ich das Licht angelassen hatte. Durch die Lage des Fußweges hatte jeder, der vorbeikam, eine fantastische Aussicht auf unser Maxi-Minischwein, das mitten in unserem Haus stolz in seinem Hundekorb thronte. Wen interessierte schon ein Feuerwerk, wenn es eine Attraktion wie Chester zu bestaunen gab?

Wohl wissend, dass es Chester nicht fremd war, eine Show abzuziehen, musste ich mir das selbst ansehen.

»Warte, Mami!«, sagte Sam und jagte hinter mir her, als ich die Stufen der Terrassenbohlen heruntersürmte und zum Atrium lief. Er wollte sich den Chester-Spaß keinesfalls entgehen lassen.

»Ich auch, Mami!« Will rannte Sam hinterher. Vor seinen Augen hüpfte der Zipfel seiner langen Pudelmütze auf und ab, als er versuchte, uns einzuholen.

Und da saß Chester in haargenau der gleichen Position, in der ich ihn verlassen hatte, und sonnte sich mit einem breiten Grinsen im Gesicht in der Aufmerksamkeit.

»*Sie* sind also die Leute, denen das berühmte Schwein gehört«, rief ein älterer Herr mit Tellermütze über die Mauer.

Plötzlich platzte ich fast vor Stolz und erkannte, wie Sam sich gefühlt haben musste, als er Chester seinen Klassenkameraden vorgeführt hatte.

»Ja, das ist unser Schwein.«

Wenn er sich doch nur die ganze Nacht so vorbildlich benommen hätte! Leider hatte jemand die Tür zu dem Schrank offen gelassen, der unseren Boiler beherbergte – und Chester nutzte die Gelegenheit, um sich hineinzuzwängen und ein bisschen zu kauen. Am Morgen entdeckte ich, dass er die Isolierung angeknabbert hatte – überall lagen Glasfaserklumpen herum.

Dieses Mal hatte er nicht nur erneut das Eigentum des Vermieters zerstört, sondern auch sich selbst in Gefahr gebracht. Es kann gefährlich sein, Isoliermaterial anzufassen, vom Verschlucken ganz zu schweigen. Es war der Tropfen, der das Fass zum Überlaufen brachte. Wir mussten uns mit der Tatsache abfinden, dass Chester einfach zu groß war, um weiter im Haus zu bleiben.

Er verursachte ernsthafte Schäden, er konnte die Stufen nicht mehr hinauf und hinunter laufen, und er hielt meine Mutter nachts wach. Sie brauchte ihre Nachtruhe, und wir alle brauchten unsere Seelenruhe zurück.

Es war keine leichte Entscheidung, und ich machte mir Sorgen, wie Sam auf die Vorstellung, von seinem besten Freund getrennt zu sein, reagieren würde. Räumlich betrachtet, war ein Umzug in den Garten nur ein kleiner Schritt, aber für Sams mentale Entwicklung könnte er einen enormen Rückschritt bedeuten.

Chesters Glück war ihm ungeheuer wichtig. Deshalb verbrachte er Stunden damit, Chester zu streicheln, ihn zu umsorgen, ihn zu waschen und dafür zu sorgen, dass er immer genügend Ferkelnüsse hatte. Wenn Chester nach draußen kam, konnte Sam ihn nicht mehr so genau im Auge behalten. Würde er nachts wach liegen und sich Sorgen um sein Schwein machen? Würde *ich* nachts aufbleiben und mir den Kopf darüber zergrübeln, wie es Chester ging? Das war mir schließlich schon oft genug passiert.

Ich konnte den Gedanken nicht ertragen, dass Chester nachts allein in der Kälte war. Von daher gab es eigentlich nur eine einzige Lösung – wir mussten Chester ein eigenes Haus kaufen.

»Kein richtiges«, erklärte ich Darren. »Eins dieser Spielhäuser, die man im Baumarkt bekommt.«

Darren sah mich an, als hätte ich nicht mehr alle Tassen im Schrank. Ich verstand nicht, wo das Problem lag – mein Vorschlag war absolut einleuchtend. Ein Zuhause im Zuhause. Wir könnten es auf dem Patio aufstellen, direkt vor der Haustür, und einen kleinen Zaun bauen, damit Chester nicht weglief.

Jetzt musste ich nur noch Sam auf die Neuigkeit vorbereiten. Ich dachte, wenn ich ein Bilderbuch erstellte, so nach dem Motto »Dies ist Chesters neues Zuhause, und dies ist der glückliche Chester in seinem neuen Zuhause« könnte er sich vielleicht mit der Idee anfreunden.

Ich rief Lynda Russell an, um sie um Rat zu fragen. Sie verstand besser als jeder andere, wie wichtig es war, in dieser Sache keinen Fehler zu machen. Sie hatte selbst miterlebt, dass Chester zu Sams Kommunikationsmittel mit der Welt geworden war. Sie stellte eine Geschichte für mich zusammen und benutzte Chesters Smiley-Gesicht, um zu zeigen, wie »glücklich« er war, weil er im Garten wohnen durfte.

Ich wählte einen ruhigen Moment vor dem Abendessen, um Sam die Neuigkeit mitzuteilen. Mum brachte Will nach unten, damit ich eine Weile mit Sam allein sein konnte.

»Sam, komm mal her und setz dich zu Mami.« Ich klopfte neben mich auf das Sofapolster.

Ich hörte die Anspannung in meiner Stimme, als ich sprach. Mir war total flau im Magen, und mein Körper wappnete sich für einen Ausbruch von Sam.

Sam umklammerte eine Ben-10-Figur mit der linken Hand. Sie beruhigte ihn, weil sie genau in seine Handfläche passte und aus angenehm weichem Material war. Für Sam war sie wie eine schützende Schmusedecke.

Ich war froh, dass er sich daran festhalten konnte, weil ich keine Ahnung hatte, wie dieses Gespräch verlaufen würde.

Ich schlug die erste Seite des Bilderbuchs auf, und gemeinsam betrachteten Sam und ich die Großaufnahme von Chesters Smiley-Gesicht.

»Chester ist glücklich, weil er in sein eigenes Haus zieht ...«, fing die Geschichte an.

Sam legte den Kopf schräg, als untersuche er die Information. Leicht strich er mit den Fingern über das Bild von Chesters Gesicht, als ob er das Fell seines Freundes tatsächlich streicheln würde.

Ich warf ihm einen vorsichtigen Blick zu. Er schien in Ordnung. Ich blätterte die Seite um.

Lynda hatte sich große Mühe mit der Darstellung von Chesters Haus gegeben. Es hatte sogar einen Schornstein, aus dem Rauchwölkchen quollen, und einen weißen Lattenzaun.

Sams Augen leuchteten auf.

»Sam, du kannst Chester helfen, in sein neues Haus zu ziehen.« Ich tippte mit dem Zeigefinger auf das Bild. Dass er zu Chesters Glück beitragen konnte, war genau das, was Sam hören wollte. Er fing an, aufgeregt mit den Armen zu flattern. Eine Welle der Erleichterung erfasste mich. Es hätte so leicht anders ausgehen können!

Die ganze Arbeit, die Lynda sich mit Gesichtsausdrücken gemacht hatte, war zweifellos hilfreich gewesen. Chesters Smiley-Gesicht damit zu verbinden, dass er in seinem neuen Haus glücklich sein würde, hatte im Gegenzug ein Lächeln auf Sams Gesicht gezaubert.

Jetzt mussten wir nur noch ein Haus für unser Schwein finden – genau so eins wie auf dem Bild!

»Darren«, rief ich fröhlich, »Lust auf einen Ausflug zum Gartencenter ...?«

Wir mussten uns ein bisschen auf dem Häusermarkt umsehen!

Darren und ich hielten es für das Beste, den Hauskauf so schnell wie möglich über die Bühne zu bringen, damit die Jungen sich weiter beteiligen und Chester beim Einzug helfen konnten. Darren war Feuer und Flamme für das Projekt. Ich glaube, insgeheim war er erleichtert, dass Chester aus dem Haupthaus ausziehen würde. Mum passte auf die Kinder auf, und wir beide sprangen in den Landrover und machten uns auf den Weg ins nächstgelegene Einkaufszentrum.

Wir waren beide ziemlich geschockt von den Preisen der Spielhäuser, einige kosteten mehrere Tausend Pfund. Trotzdem machte es Spaß, sie alle in Augenschein zu nehmen, und die Auswahl war riesengroß. Einige sahen aus wie etwas aus »Unsere kleine Farm«, es gab Minischlösser, Skihütten … Andere erstreckten sich über zwei Ebenen, mit Rutschen aus dem obersten Fenster.

Ein Haus erregte unsere besondere Aufmerksamkeit. Es war aus Kiefernholz und hatte allerliebste Fenster – aus Plexiglas mit grünen Rahmen, um die grüne Blütenblätter gemalt waren. Außerdem verfügte es über eine tolle Haustür mit Briefkasten. Zufällig war es das günstigste Haus im Angebot, auch wenn es trotzdem noch stolze 180 Pfund kostete.

Obwohl wir uns für dieses Haus entschieden hatten, waren wir noch nicht ganz fertig. Ich machte mir Sorgen, dass Chester nachts frieren könnte – schließlich war er an die Wärme der Zentralheizung gewöhnt.

»Wollen wir das Haus mit Teppich auslegen?«, fragte ich Darren und winkte ihn zu mir in den Gang mit den Bodenbelagen.

Darren blieb abrupt stehen.

»Soll das ein Scherz sein?«

Sollte es natürlich nicht ...

Wir verbrachten gut zwanzig Minuten damit, das Musterbuch durchzublättern, und entschieden uns schließlich für einen blauen Teppich mit Gummiunterlage. Ich stellte mir vor, dass wir Chesters Korb auf diesen Teppich stellen und ihm zusätzlich noch eine Wolldecke geben würden, um ihn warmzuhalten – er würde sich rundum wohl fühlen.

Nachdem wir den Teppich ausgewählt hatten, drängte Darren zum Aufbruch – immerhin musste er bis zum Einbruch der Dunkelheit noch ein Spielhaus zusammenbauen! Glücklicherweise liebt Darren alles, was mit Bauen oder Reparieren zu tun hat – das ist seine Stärke. Er liebt es auch, die Jungen in diese Projekte miteinzubeziehen. Sobald wir also zu Hause angekommen waren, breitete Darren alle einzelnen Bestandteile des Spielhauses auf dem Patio aus und rief nach Will und Sam, damit sie ihm zur Hand gingen.

Will war seine rechte Hand, reichte ihm bei Bedarf Schrauben, Nägel und Schraubenzieher. Da Darren sehr sensibel für Sams Einschränkungen war, drängte er ihn nicht zum Mitmachen, sondern überließ ihm selbst die Entscheidung. Sam konnte sich kaum zügeln vor Freude, weil Chesters neues Haus gebaut wurde. Erfüllt von freudiger Erregung beobachtete er seinen Bruder und Darren bei der Arbeit und musste ab und zu verschwinden, um seiner Anspannung durch ein bisschen »Flattern« Luft zu machen.

Unterdessen verfolgte Chester von seinem Standort im Atrium sehr aufmerksam, was vor sich ging. Ein Teil von mir fragte sich, ob er das Haus danach taxierte, wie gut es sich mit seinen messerscharfen Zähnen auseinandernehmen ließ. Dann verwarf ich den Gedanken. So stark war sicher nicht einmal Chester.

Gegen Abend wurde es Zeit, Chester in sein neues Zuhause einzuführen. Sam war ganz begierig darauf, diese Aufgabe zu übernehmen, also überließen wir ihm die Bühne. Er öffnete die Vordertür und rief Chester zu sich. Sam war der Einzige von uns, der Chester nicht mit Futter bestechen musste – sein bester Freund wäre ihm bis ans Ende der Welt gefolgt, um einfach nur bei ihm zu sein.

»Hier, Chester.« Sam verschwand in dem luxuriös mit Teppich ausgelegten Spielhaus. Im Schneidersitz setzte er sich auf den Boden und wartete, dass sein Freund sich zu ihm gesellte.

Chester wetzte über den Patio und schoss durch die Vordertür. Immer wenn Schweine eine Tür oder ein Loch in irgendetwas sehen, versuchen sie unweigerlich, hindurchzukommen, weil sie so furchtbar neugierig sind. Das wirkte sich jetzt zu unserem Vorteil aus, weil Chester eifrig seine neue Umgebung erforschte. Wir nahmen alle unsere verschiedenen Blickwinkel ein, um ihn dabei zu beobachten. Will beobachtete ihn von der Tür aus, während Mum, Darren und ich durch die Plexiglasfenster spähten. Nachdem Chester ordentlich geschnuppert hatte, kletterte er in seinen Hundekorb, den wir bereits in das Haus gestellt hatten, und rollte sich dann mit einem lauten Grunzen auf die Seite. Bald müssen wir ihm ein neues Bett kaufen, dachte ich, als ich sah, wie seine Schweinefüße an beiden Enden herausragten. Sam breitete die cremefarbene Wolldecke aus, die Chester seit Babytagen gehörte, und legte sie ihm über den riesigen Bauch. Chester war vielleicht kein Mini mehr, aber mit dem roten Gesicht, das unter der Decke hervorguckte, sah er noch genauso hinreißend aus wie an dem Tag, an dem wir ihn nach Hause gebracht hatten.

Sam lehnte sich vor und gab ihm einen Kuss auf die Nase.

»Ich hab dich lieb, Chester«, flüsterte er so laut, dass wir es alle hören konnten.

Sam machte die Eingangstür hinter sich zu und stellte sich dann auf die Zehenspitzen, um einen letzten Blick durchs Fenster zu werfen. Ich wollte Sam nicht hetzen, weil ich wusste, wie wichtig es für ihn war zu wissen, dass es Chester gut ging, aber die Novemberkälte war beißend, und ich wollte nicht, dass die Jungen sich eine Erkältung einfingen. Ich pustete mir in die Hände, um sie zu wärmen, und mein heißer Atem stieg in Schwaden in die kühle Abendluft auf.

»Nacht, Chester«, sagten Will und Sam im Chor.

Chester verhielt sich mucksmäuschenstill, was bedeutete, dass er bereits am Einnicken war. Das war für uns das Zeichen zum Aufbruch. Wir gingen alle auf Zehenspitzen zurück ins Haus und schlossen die Tür.

Später in dieser Nacht, als ich eingekuschelt mit Darren unter der Decke lag, ließ ich die Ereignisse des Tages noch einmal Revue passieren.

»Das hat besser geklappt, als ich erwartet hatte«, sagte

ich fröhlich und zog die Decke zu den Ohren hoch. Obwohl unsere umgebaute Scheune wunderschön war, zog es mitunter wie Hechtsuppe. Von daher war ich froh, dass Darrens warme Brust so nah war und ich mich an ihn kuscheln konnte. Die kalte Nacht brachte mich ins Grübeln. »Ich hoffe, Chester hat es warm genug«, sagte ich – eine letzte Sorge, bevor meine Augen zu schwer wurden, um sie noch länger offen zu halten. Ich glitt in einen tiefen friedlichen Schlaf.

Als ich am nächsten Morgen aufwachte, fühlte ich mich sofort putzmunter. Als das Licht langsam durch die Lücke zwischen den Vorhängen kroch, hatte ich ein seltsames Flashback.

»Hast du heute Nacht auch ein krachendes Geräusch gehört?«, krächzte ich mit meiner gerade aufgewachten Stimme zu Darren.

»Nein«, stöhnte Darren und rollte sich herum, um sich noch eine Mütze Schlaf zu holen.

Ich muss geträumt haben, dachte ich.

Dann fuhr ich kerzengerade in die Höhe. BUMM! BUMM! BUMM! Das war kein Traum! Es klang, als schlage jemand unsere Tür ein.

»Darren, hörst du das?«

Wir sprangen beide aus dem Bett und griffen nach den erstbesten Klamotten, die wir in die Finger bekamen. Ich schlüpfte in eine Jeans und einen von Darrens großen Strickpullovern. Ich ertrank förmlich darin, aber ich hatte keine Zeit, mir darüber den Kopf zu zerbrechen.

Bumm! Bumm! Bumm!

Dieses Mal folgte dem Krach ein »*Oink! Oink! Oink!*«.

Chester.

Sam, dicht gefolgt von Will, kam in unser Schlafzimmer gerannt.

»Chester versucht, ins Haus einzubrechen, Mami«, verkündete Will seelenruhig.

Das war keine Übertreibung. Wir drängten uns alle ins Atrium, als Chester gerade erneut Anlauf auf die Tür nahm.

BUMM! Er rammte seine Schnauze gegen den hölzernen Türrahmen.

»Darren, halt ihn auf!«, rief ich, besorgt um Chesters Wohl ebenso wie um das Fundament des Hauses.

Darren machte die Tür weit auf. Chester raste auf uns zu ... und bedeckte uns mit Schweinchenküssen. Der Arme hatte einfach bei seiner Familie sein wollen, als er aufwachte.

Einen Augenblick lang waren wir so überwältigt von der stürmischen Begrüßung, dass wir gar nicht bemerkten, was draußen passiert war ...

Die Patiofliesen waren vor lauter Trümmern nicht mehr zu erkennen. Chester hatte jeden Holzblock unter den Terrassenstufen herausgezogen – überall lagen Rindenstreifen herum. Seinen Teppich hatte er in kleine Fetzen geschreddert und sich durch die Fenster und den Briefkasten seines Spielhauses gekaut. So weit das Auge reichte, sah man häppchengroße grüne Sperrholzteile und zerkratzte Kiefernstücke. Und was den Garten anging – auf dem ganzen Rasen hatte der kleine Satansbraten mit der Schnauze Grassoden ausgehoben und lauter Löcher hinterlassen.

»Dieses Schwein!«, rief Darren beim Anblick des ganzen Tohuwabohus. »Der kann was erleben!«

Sam hielt sich die Ohren zu. Will die Augen. Ich kicherte nervös, und Darren rechnete wohl innerlich zusammen, was der ganze Schaden kosten würde.

»Wenigstens steht das Haus noch«, witzelte ich in dem Versuch, die Situation aufzulockern.

Die Jungen fanden das Ganze natürlich urkomisch. Sam und Will quietschten vor Lachen.

Chester wusste ganz genau, was er angestellt hatte, und hielt sich wohlweislich exakt so weit zurück, dass Darren ihn nicht greifen konnte. Diese Verwüstung war eindeutig seine Art, uns zu sagen, was er von seinem Umzug nach draußen hielt.

Und der arme Darren musste wieder losmarschieren, um seine Werkzeuge zu holen. Nur gut, dass er ein so begeisterter Heimwerker war ...

Dass Chester wieder ins Haus einzog, war definitiv keine Option. Darren musste den Schaden notdürftig reparieren, und wir konnten nur hoffen, dass Chester seine Mätzchen bald leid sein würde.

Glücklicherweise hatten wir eine Ersatzrolle Teppich gekauft, und Darren schaffte es, das Plexiglasfenster wieder an seine alte Stelle zu hämmern, aber Chester würde ohne seinen Briefkasten auskommen müssen.

In der folgenden Nacht wartete Chester nicht einmal, bis wir ins Bett gegangen waren, um uns kundzutun, dass er hereingelassen werden wollte. Das Bollern an der Atriumtür begann zur Abendbrotzeit und setzte sich die ganze Nacht fort.

Es belastete mich in mehrfacher Hinsicht – ich machte mir Sorgen wegen des Schadens, den er anrichtete, wegen der Lärmbelästigung für die Nachbarn, aber vor allem drückte mich mein schlechtes Gewissen, weil wir Chester in die Kälte hinausjagten.

Jedes Bollern an der Tür erinnerte mich daran, wie verzweifelt er sich wünschte, mit seiner Familie zusammen zu sein. Mit so etwas hatte ich nicht gerechnet – wir hatten Chester als »Schweine-Hund« gekauft, den wir als Haustier halten wollten, aber was blieb uns jetzt für eine andere Wahl?

Niemand verstand besser als Sam, was es bedeutete, »anders« zu sein. Er wusste, dass Chester nichts dafür konnte, dass er zu groß geworden war. Sam konnte es nicht ertragen, seinen Freund leiden zu sehen, deshalb tat er sein Möglichstes, um Chester zu umsorgen und ihm zu zeigen, dass er immer noch geliebt wurde.

Jedes Mal, wenn Chester an die Tür bollerte, ging Sam nach unten, um nach ihm zu sehen. Er brachte ihm zusätzliches Futter, füllte seinen Wassernapf auf und bestand trotz meiner Proteste darauf, Chester in seinem Spielhaus Gesellschaft zu leisten.

Man sah, dass Chester überglücklich war, Sam an seiner Seite zu haben. Wenn Sam neben ihm lag und sanft seinen Bauch kraulte, stieß Chester wohlige Grunzlaute aus wie eine zufrieden schnurrende Katze. Nur wenn Sam überzeugt war, dass Chester rundum versorgt für die Nacht war, konnte ich ihn überreden, ins Haus zu kommen.

Und das war der Anfang von »Täglich grüßt das Murmeltier«. Jeden Abend brachte Sam seinen Freund ins

Bett, und jeden Morgen ähnelte unser Garten einer Art Kriegsschauplatz. Mitte Dezember hatte Chester allem in seinem Spielhaus, das sich irgendwie zerkauen ließ, den Garaus gemacht. Es war ein Wunder, dass das Ding immer noch stand.

Noch schlimmer war es um den Zustand unseres Rasens bestellt. Chester hob mit Begeisterung Grassoden aus. Wir probierten zahllose Methoden aus, damit er im Spielhaus blieb und den Rasen nicht ruinierte, aber alles ohne Erfolg. In unserer Verzweiflung stellten wir sogar einen provisorischen Elektrozaun auf, um ihn von dem noch verbliebenen Gras fernzuhalten. Aber Chester raste einfach auf unseren improvisierten Zaun zu, durchbrach ihn ohne eine Sekunde zu zögern und grub weiter den Garten um, völlig ungerührt von den vermeintlichen Stromstößen. Mum und ich legten Ferkelnüsse im Garten aus, die ihn vom Gras weglocken sollten, oder versuchten, ihn mittels Besen zu verscheuchen, aber nichts funktionierte. Er setzte sich einfach auf sein Hinterteil wie ein Hund und lächelte uns an. Mum und ich gaben schließlich auf, traten den Rückzug ins Haus an und ließen Chester weiterbuddeln.

Und so machte ich mich jeden Tag aufs Neue daran, den über Nacht angerichteten Schaden so gut wie möglich zu beheben, entweder allein oder gemeinsam mit Darren, wenn er zu Hause war. Am Ende stand kein einziger Grashalm mehr auf unserem »Rasen«. Zudem beschränkten sich Chesters Eskapaden nicht auf den Garten – da er jetzt spitzgekriegt hatte, dass er draußen herumstromern konnte, fing er an, kleine Ausflüge zu unternehmen. Wir bekamen nicht einmal mit, dass er auf Achse war. Während wir dachten, dass er ein Nickerchen in seinem Spielhaus hielt, war er in Wahrheit zu einer Schnuppertour auf dem Dorfplatz unterwegs, durchwühlte die Abfallbehälter und begrüßte die Anwohner. Er kam immer aus freien Stücken nach Hause zurück, und normalerweise erfuhren wir erst von seinen Exkursionen, wenn ein freundlicher Dorfbewohner uns gegenüber einen Witz darüber machte! Wir versuchten zwar alles Mögliche, damit Chester auf unserem Grundstück blieb, aber nichts schien unser sehr entschlossenes Schwein aufhalten zu können!

Obwohl Chester sich wie ein totaler Hooligan aufführte, fand ich seinen nächtlichen Vandalismus im Spielhaus am schlimmsten – einfach weil ich die Vorstellung nicht ertragen konnte, dass er nachts unglücklich war. Inzwischen gingen mir allerdings die Optionen für den Bodenbelag in seiner Unterkunft aus, weil wir sämtliche Teppichreste verbraucht hatten.

Eine zufällige Begegnung mit einer Frau aus dem Dorf, die immer Augen und Ohren offen hielt, veränderte alles. Man traf sie häufig unten im Pub, wo sie gern ein Schwätzchen mit den Einheimischen hielt.

Eines Tages standen wir zufällig nebeneinander in der Schlange vorm Postamt. Sie fragte mich, wie es unserem Schwein ginge, und eröffnete mir, dass Chester nicht nur in unserem Dorf bekannt sei, sondern dass sein Ruf sich mittlerweile im ganzen Tal verbreitet habe.

»Sie machen Witze, oder?« Ich erstickte fast an der Neuigkeit.

»Oh nein! Er ist eine richtige Berühmtheit. Eh Sie sich versehen, kommt er ins Fernsehen«, scherzte sie.

»Chester?! Nee, das ist doch Quatsch!« Ich tat ihre Idee als weit hergeholt ab, obwohl ein kleiner Teil von mir sich durchaus für die Idee erwärmte, dass Chester berühmt sein könnte.

Plötzlich spürte ich den überwältigenden Drang, ihr etwas über unsere Schweinedramen der letzten Zeit anzuvertrauen. Sie gehörte zu diesen Leuten, die fantastisch zuhören können und einen so freundlich ansehen, dass man am liebsten seine ganze Lebensgeschichte vor ihnen ausbreiten möchte.

»Chester zerfetzt immer wieder den Teppich in seinem Spielhaus, und mir gehen die Möglichkeiten aus«, gestand ich und berichtete ihr dann in allen Einzelheiten von dem Problem, dass ich nicht wusste, was ich noch benutzen sollte, um ihn nachts warm zu halten, da er absolut alles, was ich ausprobierte, zerschredderte.

Einen Moment lang war die Frau sprachlos. Sie sah verwirrt aus, als ob ich Chinesisch gesprochen hätte.

»Tut mir leid«, lachte sie. »Ich habe nur gerade versucht zu kapieren, was Sie sagen. Meinen Sie damit, dass Sie Teppiche für ein Schwein kaufen?«

Plötzlich kam ich mir ein bisschen albern vor.

»Öhm ... jaa ... «

Halb hüstelte sie, halb lachte sie in die Hand.

»Wieso streuen Sie nicht ein bisschen Stroh aus?«, erklärte sie schließlich sachlich. »Es ist ein Schwein, kein Hund!«

Und da fiel der Groschen. *Na klar!* Es war nur, dass ich Chester vorher noch nie so gesehen hatte. In Pennywell hatte man ihn mit einem Hund verglichen, und alles, was wir ihm bislang gekauft hatten, war eigentlich für Hunde bestimmt. Wir hatten Chester beigebracht, sich wie ein Hund zu benehmen – ihn Kommandos wie Sitz, Bleib oder Rolle gelehrt. In meinen Augen *war* Chester ein Hund.

Es bedurfte dieser Frau, an diesem kalten Dezembermorgen in der Schlange vor dem Postamt, um mir die Augen zu öffnen. Chester war ein *Schwein* – und es war Zeit, dass wir endlich anfingen, ihn als solches zu behandeln.

18. Kapitel
Ein Schwein zieht um

Wie der Zufall es wollte, konnten wir unseren Plan fast augenblicklich in die Tat umsetzen – und nicht nur, indem wir Chesters Spielhaus mit Stroh auffüllten (was er, wie die Frau aus dem Dorf vorausgesehen hatte, herrlich fand). Nein – wir hatten noch größere Pläne. Mein Haus in Spanien hatte schließlich einen Abnehmer gefunden, was eine wunderbare Neuigkeit war, weil es fast zwei Jahre zum Verkauf gestanden hatte. Darren und ich waren endlich in der Lage, ein langfristiges Zuhause für die Familie zu erwerben, und wir fanden das perfekte Objekt: ein altes Bauernhaus, eingekuschelt in die sanfte Hügellandschaft, mit genügend Platz für uns – und Chester!

Doch nachdem der Umzug abgemachte Sache war, standen wir jetzt unter dem Druck, in unserem gemieteten Haus alles rechtzeitig in Ordnung zu bringen, damit der Kauf über die Bühne gehen konnte. Wir mussten die umgebaute Scheune wieder in einen ordentlichen Zustand versetzen, damit wir die Kaution zurückbekamen … und ich hatte die dunkle Ahnung, dass die Reparaturen eine Menge kosten würden.

Darren saß am Esstisch und versuchte, alles zusammenzurechnen. Mit der einen Hand hielt er sich den Kopf, die andere hielt den Kuli fest umklammert … Man musste kein Genie sein, um zu erkennen, dass er gestresst war.

Ich schlich mich auf Zehenspitzen an und versuchte, ihm über die Schulter zu sehen, um einen Blick auf die Endsumme zu erhaschen. Ich musste schlucken, als ich die Zahlen sah: *Dreitausend Pfund!*

Da war die Beschädigung des Boilers; der Fleck auf dem Fußboden, wo Chester hingepinkelt hatte; die Tapete, die er von der Badezimmerwand geschält und über seine Schulter geschleudert hatte; das Tor, das er (bei zahllosen Gelegenheiten) verbogen hatte; der ruinierte Rasen … Was einmal ein wunderschöner, sattgrüner Garten, gefüllt mit Gänseblümchen und Osterglocken, gewesen war, ähnelte jetzt eher einem Sumpfgebiet. Der Garten musste komplett mit neuen Grassoden ausgelegt werden, was eine Stange Geld kosten würde, aber den Löwenanteil verschlangen die Türen: Wir mussten die Haustür erneuern (nach monatelangem ausdauerndem Bollern war das Holz gesplittert) ebenso wie die Fenstertüren zu Mums Schlafzimmer, deren unterer Teil völlig blind und matschverschmiert war, nachdem Chester viel Zeit damit verbracht hatte, seine Schnauze gegen das Glas zu pressen, um einen Blick auf Mum in ihrem Schlafzimmer zu erhaschen.

Außerdem gab es da noch das klitzekleine Problem, wo Chester bleiben sollte, solange wir die ganzen Reparaturen durchführten – wir würden wahrscheinlich noch ein paar weitere Hundert Pfund hinblättern müssen, um ihn vorübergehend umzuquartieren.

»Wer je behauptet hat, ein Schwein sei billiger als ein Hund, hat gelogen!«, erklärte Darren rundheraus. Für gewisse Dinge muss man den richtigen Zeitpunkt wählen, und jetzt war nicht der richtige Zeitpunkt, um Darren darauf hinzuweisen, wie viel Gutes Chester bewirkt hatte …

»Tasse Tee?«, fragte ich stattdessen – ein Friedensangebot.

Darren sah mich mit müden Augen an und stieß einen tiefen Seufzer aus. Seine Hassliebe zu unserem Schwein war offenbar genauso kompliziert wie eh und je, aber unabhängig von seinen Gefühlen gegenüber Chester war er trotzdem bereit, unglaublich hart zu arbeiten, um alles wieder in Ordnung zu bringen. Es tat mir wirklich leid für ihn: In ein paar Tagen musste er wieder zurück auf die Bohrinsel, aber die notwendigen Reparaturen am Haus drängten, was bedeutete, dass er die Zeit bis zu seiner Abreise mit Arbeit verbringen musste, anstatt zu entspannen und sich ein paar schöne Stunden mit mir und den Jungs zu machen.

»Ich denke, ich werde mit den Patiotüren anfangen«, erklärte er verdrießlich. »Halt mir einfach dieses Schwein vom Leib!«, knurrte er, als er verschwand, um seinen Werkzeugkasten zu holen.

Das war eine Aufgabe für Sam und Will – sie mussten Chester so lange unterhalten. Mum konnte ihn nicht mit Ferkelnüssen ablenken, weil sie inzwischen klugerweise in ein Haus in Ivybridge umgezogen war. Sie hatte schließlich doch die Nase voll davon gehabt, dass Chester Tag und Nacht an die Tür klopfte.

Das muss ich Darren lassen: Er arbeitete nonstop, um

die Scheune wieder auf Vordermann zu bringen. Genauso wie er zugepackt hatte, als wir das Haus in Spanien auflösten, sauste er wie ein Wirbelwind von einem Job zum nächsten.

Die Restaurierung der Fenstertüren war ziemlich aufwändig. Darren kroch auf allen vieren herum, um die Risse zu füllen, zu schleifen, zu malen und das Holz in sein ursprüngliches Mahagonibraun zurückzuverwandeln. Glücklicherweise hatte ich die Tapetenstreifen aus dem Badezimmer aufbewahrt, deshalb brauchte man nur ein genaues Augenmaß, um die Streifen richtig einzupassen und wieder an Ort und Stelle zu kleben.

Ich brachte Darren in regelmäßigen Abständen Tee und Kekse, während die Jungen draußen im Matsch Football mit Chester spielten. An diesem Abend benutzten wir ein Vorhängeschloss, um Chester in seinem Haus einzusperren. Wir konnten es nicht zulassen, dass er erneut an die Türen bollerte und die stundenlange Arbeit, die Darren investiert hatte, wieder zunichtemachte.

Ich bin sicher, Chester wusste, dass er den Bogen überspannt hatte, denn an diesen zwei Tagen benahm er sich wie der Inbegriff eines wohlerzogenen Schweins. Entweder das, oder er hatte weise erkannt, dass er großen Abstand zu Darren halten musste! Was immer Chesters Motivation gewesen sein mag, sie hatte eine positive Wirkung, weil Darren ein bisschen weniger böse auf unser Schwein war, als ich ihn am Flughafen absetzte. Er zeigte sogar einen Anflug von Interesse an der Frage, wo ich Chester unterbringen wollte, wenn wir den Rasen neu auslegten. Zu diesem Zeitpunkt hatte ich darauf noch keine Antwort.

Nach Darrens Abflug zu den Bohrinseln war es an mir, den Rest des Hauses in Ordnung zu bringen. Ich hatte nicht mehr viel Zeit, denn bis zu unserem geplanten Umzug blieben jetzt nur noch wenige Wochen. Auf der Suche nach Hilfe studierte ich die Lokalzeitung und entdeckte auf der letzten Seite eine Anzeige von jemandem, der Hilfe im Garten anbot. *Das muss reichen*, dachte ich.

»Na, was haben wir denn hier?« Er lehnte sich über das Tor, ließ den Blick über die Überreste unseres früheren Rasens schweifen und schüttelte den Kopf angesichts des erbärmlichen Zustands.

Er hieß Richard und war Mitte dreißig. Er trug Jeans, Stiefel, einen Fleece-Pullover mit einem auffälligen Logo auf dem Rücken und eine blaue, windzerbeulte Wollmütze.

Ich erzählte Chesters Geschichte, und er sah mich genauso an wie die Frau in der Schlange vorm Postamt – total ungläubig.

Er nannte mir einen Preis. Ich war nicht ans Verhandeln gewöhnt, das war Darrens Metier, aber der Preis klang vernünftig, also stimmte ich einfach zu, weil ich so schnell wie möglich Hilfe brauchte. Dann hatte Richard noch eine grandiose Idee, die sich als Rettung erwies.

»Ich habe eine Weide etwa fünfzehn Minuten Autofahrt entfernt. Da könnten Sie Ihr Schwein lassen, solange ich das hier erledige«, bot er an.

»Wie viel?«

Richard und ich einigten uns zur beiderseitigen Zufriedenheit. Chester würde nur ein paar Wochen dort bleiben müssen, während wir die Reparaturen und den Umzug durchführten. »Weide« klang angemessen schweinefreundlich, und ich wusste, wie wichtig es war, Sam davon zu überzeugen, dass Chester in seinem vorübergehenden Domizil sicher untergebracht war.

Außerdem musste ich noch herausfinden, wie ich Chester transportieren sollte. Das würde nicht leicht sein – in nur einem Jahr hatte er sich von einem Minischwein zu einem voll ausgewachsenen Borstentier entwickelt, das 95 Kilo auf die Waage brachte. Aber Richard hatte auch für dieses Problem eine Lösung.

»Wir packen ihn hinten in meinen Van.« Richard deutete auf den weißen Transit, der auf unserem Hof parkte.

Ich hatte ein schlechtes Gewissen: Eine Fahrt über kurvenreiche Landstraßen mit einem ungesicherten Schwein hinten im Van könnte eine ziemlich gefährliche Angelegenheit sein, vor allem da Chester Mühe haben würde, das Gleichgewicht zu bewahren. Aber ich hatte keine Alternativen, also erklärte ich mich damit einverstanden, dass wir es am nächsten Tag versuchen wollten.

An diesem Abend tat ich mein Bestes, um Sam zu erklären, warum Chester vorübergehend umziehen musste. Darren und ich hatten die Grundlagen für den großen Umzug gelegt, indem wir Sam Bilder von dem neuen Haus gezeigt und ihm erzählt hatten, wie sein Zimmer aussehen würde und dass wir es speziell für ihn ausgesucht hatten, weil er von dort aus Chesters neues Zuhause im Auge behalten konnte. Das Design für Letzteres stand schon fest: ein ausbruchssicherer Pferch für ein Schwein, nicht für einen Hund. Chester hatte natürlich eine Schlüsselrolle dabei gespielt, für welches Haus wir uns entschieden hatten.

Will gesellte sich zu uns auf Sams Bett, als ich Bilder von Richards Weide malte und Sam erklärte, dass Chester dort bis zu unserem gemeinsamen Einzug ins neue Zuhause bleiben würde. Ich hatte gründliche Recherchen angestellt – die fragliche Weide war eine kreisrunde Fläche hoch in den Hügeln über Ugborough Beacon. Im Dartmoor gab es nur noch etwa ein Dutzend solcher versprengter Weiden. Richards Land gehörte zu den wenigen verbliebenen Flächen, die die Archäologen noch nicht aufgegraben hatten.

»Und hier werden wir Chesters Spielhaus hinstellen.« Ich malte ein großes Kreuz, um die Stelle zu markieren. Es wäre mir nicht im Traum eingefallen, Chester ohne sein Haus umziehen zu lassen – er brauchte einen gemütlichen Schlafplatz, an den er sich nachts zurückziehen konnte, wenn wir nicht da waren.

Plötzlich weiteten sich Sams Augen und füllten sich mit Tränen.

»Und was ist mit den Füchsen?«, wimmerte er bei dem Gedanken an ein wildes Tier, das seinen Freund angreifen könnte.

Sams feines Gehör bedeutete, dass er nachts alle möglichen Geräusche wahrnahm, die anderen Leuten entgingen. An so manchem Morgen war Sam zu mir ins Schlafzimmer gekommen und hatte die ganzen verschiedenen Tiere beschrieben, die sich am anderen Ende unseres Gartens »unterhalten« hatten. Die Geräusche, die die Füchse gemacht hatten, beunruhigten ihn offenbar.

»Nein, Schatz, die Füchse werden nicht zu Chester kommen, weil er sicher im Spielhaus untergebracht ist.«

Ich zog die Jungen in eine feste Umarmung und drückte beiden ein Dutzend Küsse auf die Stirn. »Wir werden jeden Tag auf der Heimfahrt von der Schule nach Chester sehen«, versprach ich.

Sam reagierte empfänglich auf meine Worte und beruhigte sich viel schneller, als er es noch vor einem Jahr getan hätte. Es hatte so viele wunderbare Veränderungen bei meinem Jungen gegeben. Nicht nur seine Sprache machte gute Fortschritte – er war jetzt gerade sieben geworden und reihte immer mehr Wörter aneinander –, sondern kürzlich war er auch in drei reguläre Unterrichtsfächer außerhalb des CAIRB-Programms integriert worden: Kunst, Sport und Musik.

Doch obwohl Sam die Nachricht gut aufnahm, beeinflusste seine Angst um Chester mich selbst mehr, als mir bewusst war. In dieser Nacht schlief ich schlecht, träumte von Füchsen und grübelte darüber nach, wie wir Chester sicher transportieren konnten.

Am nächsten Morgen versicherte Richard mir, dass es ein Kinderspiel sein würde.

»Wir müssen ihn nur die Rampe hoch und ins Auto kriegen«, erklärte er, als er die Doppeltüren auf der Rückseite seines Vans öffnete. Bei einem Blick ins Innere sah man, dass man es mit einem Gärtner zu tun hatte – alles war voller Matsch und Schmutz. Doch es war auch nicht viel Platz für ein ausgewachsenes Schwein vorhanden; ich fragte mich, ob Richard eine Vorstellung davon hatte, wie groß Chester tatsächlich war. Aber ich sagte noch nichts. Die Überraschung würde noch früh genug kommen, wenn ich das Tor öffnete.

»Chester! Komm her, mein Junge!«, rief ich nach ihm. Chesty schoss flink wie eine Gewehrkugel durch den Matsch. Er freute sich so über die Aufmerksamkeit, dass er sich auf die Hinterbeine stellte und das Tor als Stütze nutzte.

»Gütiger Himmel!«, stammelte Richard und trat einen Schritt zurück.

Ich schätze, auf einen Außenstehenden konnte Chester ganz schön bedrohlich wirken – auch wenn er für mich immer unser kleines Minischwein bleiben würde, ganz egal, wie groß er wurde.

»Er ist harmlos«, nahm ich mein Schwein in Schutz. »Nur manchmal ein bisschen dickköpfig.«

Ich konnte sehen, dass Chester mich auch beschützen wollte, weil er Richard naserümpfend einer gründlichen Beschnüffelung unterzog. Ich muss zugeben, dass ich sein Verhalten herzerwärmend fand – Chester hatte uns alle genauso lieb gewonnen wie wir ihn.

Sogar Darren. Manchmal jedenfalls.

Wir beschlossen, Chester ein Seil um den Hals zu binden und ihn die Rampe hoch und in den Laderaum von Richards Auto zu führen. Chester störte sich nicht an dem Seil, tatsächlich wackelte er bei diesem Teil noch mit dem Schwanz, doch sobald Richard zu ziehen anfing, beharrte Chester buchstäblich auf seinem Standpunkt. Er rührte sich keinen Zentimeter von der Stelle. Laut quiekend und grunzend teilte er uns unmissverständlich mit, dass er bleiben wollte, wo er war. Er ließ sich nicht einmal mit Ferkelnüssen bestechen.

Dann hatte ich eine Idee. »Wie wär's, wenn wir ihm

einen Beutel über den Kopf ziehen, so wie man es mit Pferden macht, um sie in eine Box zu bekommen?«, schlug ich vor.

Um das auszuprobieren, mussten wir Chester zunächst in seinem Spielhaus anbinden, damit er nicht ausbüxte, während wir einen Beutel suchten. Dieser Teil gelang mir ohne größere Schwierigkeiten. Während Richard nach einem passenden Beutel Ausschau hielt, geleitete ich Chester in sein Haus und legte das Seil, das er immer noch um den Hals hatte, sorgfältig durchs Fenster nach draußen, damit ich ihn von außen festhalten konnte – jetzt war es an mir, auf meinem Standpunkt zu beharren. Der Plan war, dass Richard die Vordertür von Chesters Haus öffnete und den Beutel über seinen Kopf stülpte, während ich Chester festhielt.

Richard nahm eine Haltung ein wie ein Rugby-Spieler, der sich in einen Zweikampf stürzen will, während wir herunterzählten: »Drei, zwei, eins!«

Doch im selben Moment, in dem Richard die Tür öffnete, schoss Chester heraus und rannte den Gärtner über den Haufen, so dass er fast mit dem Gesicht in den Matsch gefallen wäre. Chester wusste, was wir vorhatten, und hatte nicht die Absicht mitzuspielen.

Das Seil brannte in meinen Händen, entglitt mir und schleifte hinter Chester durch den Matsch. *Oh Chester*, dachte ich. Wenn er doch bloß wüsste, dass wir das alles nur zu seinem eigenen Besten taten, weil wir ihn an einen sicheren Ort bringen wollten, während wir den Rasen rekultivierten.

Inzwischen waren zwei Stunden vergangen. Ich wusste

nicht mehr weiter und wandte mich schließlich sogar hilfesuchend an Facebook.

»Wie bekommt man ein 95 Kilo schweres Schwein in den Laderaum eines Ford Transit?«, postete ich auf meiner Seite.

Ich hätte damit rechnen müssen, welche Art von Antworten ich darauf erhielt, wie zum Beispiel: »Tür aufmachen.«

Toller Rat. Als die Stunden verstrichen und Richard und ich uns von der Idee verabschiedeten, unser renitentes Schwein in den Van zu führen, sah ich keine andere Möglichkeit, als den Tierarzt anzurufen. Ich wand mich innerlich, als ich sagen musste: »Könnten Sie bitte mein Schwein sedieren?«

Der Tierarzt fragte, wohin ich ihn bringen wolle. Ich erzählte ihm von der Weide, die fünfzehn Minuten Autofahrt entfernt sei. Daraufhin erklärte er, dass er mir leider nicht helfen könne. Ich glaube, als Grund führte er an, dass die Sedierung zu gefährlich war, weil es ein so kurzer Transport war und Chester bei der Ankunft auf der Weide eine weitere Medikamentengabe brauchen würde, um wieder aufzuwachen. Ich weiß nicht mehr genau, was der Tierarzt im Einzelnen gesagt hat, aber die kurze Antwort lautete jedenfalls »Nein«.

In Augenblicken wie diesen wünschte ich, es würden keine Zeitzonen und Tausende von Kilometern zwischen mir und Darren liegen, weil ich wusste, dass er in der Lage gewesen wäre, mich zu beruhigen und eine Lösung zu finden. Glücklicherweise hatte der Tierarzt noch einen Trumpf im Ärmel.

»Aber ich habe eine andere Idee«, sagte er am Telefon.

Er meinte, er kenne einen örtlichen Schweinefarmer, der sich zur Ruhe gesetzt hätte, aber vielleicht eine Lösung für den Transport hätte. Es war ein Hoffnungsschimmer.

Wie sich herausstellte, lebte der Farmer ganz in der Nähe unserer Scheune. Er hatte zwanzig Jahre lang Schweine gehalten, bevor er auf Lämmer umgestellt hatte. Schon am nächsten Tag kam er mit seinem großen roten Trecker auf unseren Hof gefahren, kurz nachdem ich die Jungen von der Schule abgeholt hatte. Er warf einen kurzen Blick auf Chester und war nicht im Geringsten beunruhigt durch seine Größe oder Sturheit.

»Das ist kein Problem«, sagte er und packte einen Stapel Holz, in der Farmersprache besser bekannt als »Schweinebohlen«, aus. Er schob sie zu einem Laufgang zusammen, der von Chesters Spielhaus direkt in den rechteckigen Metallanhänger führte, der hinten am Trecker hing. Der Laufgang wirkte wie ein überdimensionaler Schleichweg. Ich streute eine Spur von Ferkelnüssen darauf aus, nur für den Fall, dass Chester etwas Ermutigung brauchte.

Dieses Mal halfen mir Sam und Will beim Herunterzählen: »Drei, zwei, eins ...«

Ich öffnete die Tür des Spielhauses, und Chester schoss abermals heraus. Er rannte den ganzen Weg bis in die Metallbox, die eine Tür hatte, die man öffnen, schließen und verriegeln konnte. Das Ganze hatte nur ein paar Minuten gedauert.

»Oh, Gott sei Dank!« Erleichtert atmete ich auf, als der

Farmer die Tür hinter Chester zusperrte. Ich hatte schon befürchtet, wir würden es nie schaffen, ihn zu transportieren. Mir war nach einem Siegestanz zumute – aber erst mussten wir Chester und sein Spielhaus noch sicher zur Weide bringen.

Ich werde nie den Anblick von Chesters halbzerkautem Spielhaus vergessen, das aufgespießt vorm Trecker hing (der Farmer nutzte die riesigen Spieße, mit denen normalerweise Heuballen hochgehoben werden, um Chesters Haus aufzuschaufeln), während Chester im Anhänger saß und sein verschmitztes orangefarbenes Gesicht oben aus der Metallbox herausguckte. Sam bestand darauf, dass wir hinter dem Trecker herfuhren, damit wir Chester im Auge behalten konnten. Ich erklärte dem Farmer den Weg zu der Weide, und los ging's.

Wir müssen zum Brüllen komisch ausgesehen haben, wie wir da im Konvoi über die Landstraßen tuckerten, vorne vor dem Trecker ein hin und her schaukelndes demoliertes Spielhaus, aus dessen leeren Fensterlöchern das Stroh flog, und hinten ein großes ingwerfarbenes Schwein in einer Metallbox. Chester sah allerdings aus wie der Inbegriff der Glückseligkeit. Er saß auf seinem Hinterteil, grinste übers ganze Gesicht, und der Wind zerzauste das rote Haarbüschel auf seinem Kopf. Genaugenommen war sein großer roter Kopf mit dem Smiley-Gesicht, das über dem Rand der Metallbox herausguckte, das Einzige, was von ihm zu sehen war.

Ich warf einen Blick in den Rückspiegel und sah, dass Sam lachte – richtig lauthals lachte, weil sein Schwein einen so komischen Anblick bot. Seine Fröhlichkeit war ansteckend, und bald wurden wir alle drei von Lachkrämpfen geschüttelt.

Richard wartete oben auf dem Hügel, um uns auf seine Weide zu lassen. Das Spielhaus wurde auf die Erde heruntergelassen und in Position gebracht. Der Anblick von Chesters zerbeultem Haus, mitten auf einem riesigen kreisrunden Feld, von dem aus man halb Devon überblicken konnte, war so absurd, dass ich wieder losprustete.

»Na, Chester, du bist schon ein Glücksschwein!«, rief ich aus, als der Farmer unseren Luftikus aus der Metallbox herausließ.

Ich erwartete, dass Chester, sobald er draußen war, losrennen und sich voller Begeisterung auf die riesige Grasfläche stürzen würde, die er nach Herzenslust umwühlen konnte – Gras, so weit das Auge reichte, teilweise taillenhoch. Aber nein: Er schlenderte lässig hin und her, hielt schnuppernd die Nase in die Luft und steuerte dann sein Haus für ein Nickerchen an. Die Jungen folgten ihm ins Spielhaus, um ihn zu Bett zu bringen, und gaben ihm einen Gutenachtkuss.

»Wie viel bin ich Ihnen schuldig?«, fragte ich den Farmer, der sich als Retter in der Not erwiesen hatte.

Er war ein so liebenswürdiger Mann, dass er zunächst gar nichts annehmen wollte. Sogar nachdem ich mit Engelszungen auf ihn eingeredet hatte, nannte er nur einen Betrag, der seine Benzinkosten decken würde.

Ich gab ihm fünf Mal so viel, weil ich wirklich nicht wusste, was ich ohne ihn getan hätte.

»Tschüs, Chester!« Vom Gatter aus winkten wir ihm alle noch einmal zu.

Es fühlte sich seltsam an, wegzufahren und ihn dort zurückzulassen. Hoffentlich kam er ganz allein auf diesem riesigen Feld zurecht, und hoffentlich kam er nicht zu Schaden. Ich konnte nicht erklären, warum, aber irgendwie nagte das Gefühl an mir, dass etwas Schlimmes passieren würde.

19. Kapitel

Armes Schwein

Ein ohrenbetäubender Schrei traf mich wie ein Messerstich. Ich musste Chester nicht sehen, um zu wissen, dass er in Schwierigkeiten steckte.

»Warte, ich komme!«, rief ich, während ich aus dem Land Rover sprang und auf die Weide zueilte. Chester war erst seit ein paar Tagen in seinem neuen Übergangszuhause, doch wie es schien, hatte sich bereits eine handfeste Krise ergeben. Glücklicherweise hatte ich die Jungs schon an der Schule abgesetzt, bevor ich hergefahren war, um nach dem Rechten zu schauen, so dass sie seine Schreie nicht hören konnten.

Als ich volle Pulle auf die Weide rannte, sah ich sofort, was los war. Chesters Maul hing an einem Stück Stacheldraht fest. Der Unglückswurm hatte es irgendwie geschafft, dass sich das Ding zwischen seinen beiden unteren Vorderzähnen verfangen hatte. Schreiend wand er sich am Zaun hin und her und versuchte verzweifelt, sich zu befreien.

Ich wusste nicht, wie lange er schon leiden musste – möglicherweise die ganze Nacht. Ich wusste nicht, ob die

Stacheln seine Zunge durchbohrt hatten. Ich wusste nicht, was ich tun sollte.

Ich versuchte, den Draht aus seinem Maul zu ziehen – aber Chester war so außer sich, dass er sich wehrte. Jedes Mal, wenn ich zog, zog er nach hinten, so dass sich der Draht bei jeder Bewegung, die wir machten, noch fester zwischen seinen Zähnen verhakte. Es war einfach schrecklich, ihn so leiden zu sehen.

»Komm schon, Chester.« Ich versuchte, ihn zum Vorwärtsgehen zu bewegen, damit der Draht sich lockerte, weil seine Rückwärtsbewegungen ihn immer strammer zogen, aber er zerrte zu stark in die andere Richtung, und der Draht schnitt sich immer tiefer in sein Fleisch. Ich hatte kein Werkzeug zur Hand, das ich benutzen konnte, um ihn zu befreien. Mir blieb keine andere Wahl, als mich hinter Chester zu stellen und seinen Rumpf nach vorn zu schieben, um den Zug zu lockern.

Ich nahm eine Rugby-Haltung ein und drückte mit aller Kraft. Chester schrie, trampelte weiter rückwärts und warf mich um. Ich fühlte mich hilflos – ganz allein mit Chester auf dem großen Feld und unfähig, ihn zu befreien.

Aber ich durfte nicht aufgeben. Ich musste ihm helfen.

Ich versuchte erneut, ihn nach vorn zu schieben, und noch mal und noch mal – und vierzig Minuten später drückte und schob ich noch immer. Jeder Muskel meines Körpers schmerzte vom Druck seiner 95 Kilo.

»Komm schon, Chester!«, rief ich zum zigsten Mal.

Plötzlich machte er einen Satz nach vorn, und ich packte den sich lockernden Draht. Ich zog, Chester zog, und irgendwie gelang es uns beiden, das Ding aus seinem Maul zu bekommen. Erschöpft ließ ich mich nach hinten ins Gras fallen.

Ich blickte zu Chester hinüber – und sah, dass er auf und ab hüpfte und regelrechte Freudensprünge vollführte. Er kam zu mir gerannt und bedeckte mein Gesicht mit Schweineküssen. Sein Grunzen war tiefer und atemloser als sonst, so als könne er mir gar nicht genug für meine Hilfe danken.

Ich lag wie ein Seestern mitten auf der riesigen Weide und schaute in Chesters großes orangefarbenes Gesicht hoch. Sanft streichelte ich das Fell auf seinen Wangen, sagte ihm, wie froh ich sei, dass es ihm gut ging.

Das ganze Ereignis hatte mich tief erschüttert. Es war das erste Mal, dass ich wirklich große Angst um Chester gehabt hatte. Es machte mir klar, wie verletzlich unser riesiges Schwein im Grunde war und dass ich besser auf ihn aufpassen musste. Es machte mir klar, wie sehr ich ihn liebte.

»Was, wenn ihm wieder etwas passiert und ich nicht da bin?«, fragte ich Darren, als ich später am Tag mit ihm telefonierte.

»Ihm geschieht nichts. Er ist ein zäher Bursche.«

Rational wie eh und je erinnerte Darren mich daran, dass Chester nur noch ein oder zwei Wochen auf der Weide bleiben musste. Wir würden ihn bald wieder unter unsere Fittiche nehmen können, und alles würde gut werden.

Leider verlief nicht alles so nach Plan, wie wir gehofft hatten.

Ein paar Tage später stellten wir fest, dass es einige Probleme mit dem Verkauf meines Hauses in Spanien gab.

Der ganze Papierkram musste noch einmal erledigt werden – und das würde Zeit kosten. Chester würde nicht ein paar Wochen, sondern ein paar Monate dort bleiben müssen, wo er war.

Diese Nachricht bedeutete, dass ich mir jetzt nicht nur Sorgen um Chester, sondern auch um Sam machte. Wie sollte ich ihm diese Neuigkeit beibringen? Im großen Plan der Dinge sind ein paar Monate keine große Sache, aber in Bezug auf Sams Fortschritte konnten sie den Ausschlag geben. Ich hatte ihm gesagt, dass er und Chester nur ein paar Wochen getrennt sein würden. Wie würde er mit der Planänderung und der langen Abwesenheit von Chester fertigwerden?

Darren munterte mich wieder auf. Er sagte mir, dass Chester glücklich sei, weil er auf einer großen Weide herumtoben könne, und dass Sam sich der Herausforderung gewachsen zeigen und keineswegs daran zerbrechen würde. Darren sollte recht behalten. Sam bewältigte die Fernbeziehung besser als erwartet – durch die ganzen zusätzlichen Aufgaben, die Chesters neuer Wohnort mit sich brachte, blühte er regelrecht auf, weil er entschlossen war, weiterhin gut für sein Schwein zu sorgen.

Sam war sehr stolz darauf, dass er die Strohballen über den Zaun heben konnte. Es machte ihm Spaß, die Säcke mit Ferkelnüssen und die Wassereimer über die Weide zu Chesters Haus zu tragen. Die ganzen physischen Aktivitäten wirkten sich zudem positiv auf seine Körperkraft aus – mit jedem Hochheben, Tragen und Klettern trainierte er die Muskulatur seines Oberkörpers und seiner Arme, was dazu beitrug, diese Regionen zu stärken.

Lynda Russell fielen die Veränderungen sofort auf. Sie bemerkte, dass Sam in der Schule viel mehr Energie hatte. Normalerweise saß er am Ende des Schultages zusammengesunken auf seinem Stuhl, weil es ihn erschöpfte, wenn er seinen Körper lange aufrecht halten musste. Doch schon nach wenigen Wochen trat Tatendrang an die Stelle der Lethargie.

Durch seine Fürsorgepflichten gegenüber Chester gewann Sam außerdem weiteres Selbstvertrauen. In der Schule redete er noch mehr über sein Schwein, berichtete den anderen Kindern im CAIRB-Programm voller Stolz von Chesters neuem Zuhause und wie er sich um seinen Freund kümmerte.

Als die Frühlingstage in den Sommer von 2010 übergingen, freute ich mich, wenn wir frühmorgens aufstanden: Vor Schulbeginn fuhren wir bei Chester vorbei, was nicht nur kostbare Beziehungszeit für die Jungen und mich bedeutete, sondern uns auch wunderbare Momente in der Natur bescherte. Chesters Weide war eine Oase der Ruhe, weit entfernt von der geschäftigen Welt. Das Vogelgezwitscher, der Tau auf den Spinnennetzen, der Duft der wilden Blumen und des Grases – es war einfach göttlich. An einem klaren Tag konnte man meilenweit übers Tal blicken.

In diesen Augenblicken fühlte es sich an, als wären wir die einzigen Menschen auf der Welt: Sam, Will, ich und natürlich Chester.

Jeden Morgen galoppierte Chester aufs Tor zu, um uns zu begrüßen. Der Schwanz wackelte freudig, und die Nase fing an zu zucken, wenn der Geruch von Sams Beutel mit den Ferkelnüssen zu ihm herüberzog.

»Auf dem Rückweg von der Schule bringen wir ihm ein paar Äpfel mit«, sagte ich eines Morgens zu den Jungen, als ich mich übers Tor lehnte und die frische Morgenluft einatmete. Sam ruderte aufgeregt mit den Armen bei dem Gedanken, Chester ein besonderes Festmahl zu bereiten.

Wir alle kletterten wieder in den Landrover, und ich setzte die Jungen wie üblich bei der Schule ab. Ich hatte an diesem Morgen noch eine Menge auf dem Plan: Ich musste mit meinem Anwalt in Spanien reden, um den Verkauf des Hauses endgültig über die Bühne zu bringen. Ich musste einen Umzugswagen bestellen, der unsere Siebensachen aus der gemieteten Scheune in das neue Haus bringen sollte. Außerdem standen immer noch ein paar kleinere Reparaturen in der Scheune an.

Der Tag lief richtig gut, bis Richard, der Gärtner, der unseren Rasen rekultiviert hatte und dem die Weide gehörte, auf der Chester stand, mich nachmittags anrief.

»Mit eurem Schwein stimmt irgendwas nicht«, verkündete er.

»Was meinst du damit?« Chester hatte am Morgen wohlauf gewirkt. Richard, der nur ein paar Hundert Meter entfernt von der Weide wohnte, erklärte, er habe gerade einen Blick über das Gatter geworfen und gesehen, dass Chester reglos in seinem Spielhaus liege.

»Wahrscheinlich schläft er nur«, sagte ich. Das tat unser Schwein für sein Leben gern. Von daher tat ich Richards Besorgnis erst einmal ab.

»Nein, Jo, er konnte nicht aufstehen, irgendwas stimmt nicht mit ihm«, sagte er ernst.

Ich verstummte. Ich konnte hören, wie Richard am anderen Ende der Leitung atmete, auf eine Antwort von mir wartete. Aber ich wusste nicht, was ich sagen sollte. Ich stellte mir vor, wie Chester hilflos in seinem Haus lag. Vielleicht war er von einem Fuchs angefallen und dem Tod überlassen worden. Oder vielleicht hatte er sich selbst irgendwo verletzt? Vor meinem geistigen Auge tauchten alle möglichen Schreckensszenarien auf. Plötzlich war ich ganz krank vor Angst.

»Bin schon unterwegs.« Ich legte auf und raste zum Auto.

Ich wollte nicht, dass die Jungen Chester sahen, bevor ich herausgefunden hatte, was los war, aber ich hatte keine andere Wahl. Sie mussten von der Schule abgeholt werden. Ich sammelte sie ein und fuhr dann geradewegs zur Weide. Ich zwang mich selbst, ein paar Mal tief durchzuatmen, weil ich Sam und Will nicht beunruhigen wollte.

»Mami, hast du Äpfel für Chester besorgt?«, war das Erste, was Will fragte, als wir, ein bisschen schneller als sonst, zu Chesters Weide fuhren.

Mist. In meiner Panik hatte ich vergessen, im Laden vorbeizuschauen und sie zu holen. Ich warf einen Blick in den Rückspiegel – Sam schien beunruhigt über die Nachricht, dass er nicht in der Lage sein würde, seinen Freund so zu behandeln, wie es in seinem geordneten Tagesplan vorgesehen war.

»Nächstes Mal füttern wir ihn mit Äpfeln und Karotten. Versprochen«, sagte ich in dem Versuch, die Situation zu retten. Zum Glück funktionierte es. Ich sah erneut prüfend in den Rückspiegel: Jetzt lächelte Sam bei dem Gedanken, Chester einige Extra-Leckerlis mitbringen zu können.

Innerlich wog ich ab, ob ich die Jungen vorwarnen sollte oder nicht. Sam konnte schon unter normalen Umständen nicht mit Überraschungen umgehen, geschweige denn mit der erschreckenden Tatsache, dass es seinem besten Freund schlecht gehen könnte. Ich entschied, dass ich in den sauren Apfel beißen musste.

»Hört mal, ihr beiden, es könnte sein, dass es Chester heute nicht so gut geht, deshalb müssen wir nachschauen, ob er in Ordnung ist«, sagte ich vorsichtig.

Bei meinen Worten sah ich wieder in den Rückspiegel und erwartete, dass Sam explodieren würde. Doch er blieb ganz ruhig. Als wir von der Landstraße abbogen und auf dem Grünstreifen vor der Weide anhielten, griff Sam nach dem Beutel mit den Ferkelnüssen, bereit, seinen üblichen Pflichten nachzugehen. Wenn ich mir nicht solche Sorgen um Chester gemacht hätte, hätte ich ihn dafür gelobt, wie toll er die Nachricht aufgenommen hatte. Mein Junge lernte, mit Stresssituationen umzugehen!

Will und Sam rannten mir voraus zum Tor. Sams Gesicht verdüsterte sich.

»Wo ist Chester?«, fragte er. Er sah furchtbar enttäuscht aus, weil sein Schwein ihn nicht wie üblich begrüßte, vor allem, weil er einen großen Beutel mit Futter dabeihatte.

»Chester!« rief er laut, das Echo seiner Stimme hallte durchs Tal.

Wir alle warteten am Tor, dass Chesters Smiley-Gesicht auftauchte.

»Hier, Chester!«, rief Sam erneut.

Nichts. Ich hatte ein ungutes Gefühl.

»Chester!«, riefen wir jetzt alle zusammen und durchbrachen mit unseren Stimmen die friedliche Stille der Natur.

Immer noch keine Reaktion.

Mir lief ein kalter Schauer über den Rücken. Richard hatte recht. Irgendetwas stimmte hier nicht. Es war absolut untypisch für Chester, uns nicht zu begrüßen.

Wir kletterten alle über den Zaun und wateten durch das hohe Gras und die Brennnesseln auf Chesters Spielhaus zu. Als wir näher kamen, konnten wir seine Hinterbeine erkennen, die aus der Tür herausragten. Dann hörten wir ein Geräusch – ein lautes, keuchendes Atmen wie bei einem alten Mann, der in den letzten Zügen liegt.

Etwas stimmte ganz und gar nicht.

Sam quetschte sich ins Spielhaus, während Will und ich durch die Fenster spähten. Chester lag auf der Seite und stöhnte vor Schmerzen. Jeder kleinste Atemzug schien ihn unendlich viel Kraft zu kosten. Sam kamen die Tränen, als er sich neben seinen Freund ins Stroh legte und anfing, sanft über seinen Bauch zu streicheln.

»Alles wird gut«, sagte ich zu den Jungen. Ich log mich selbst genauso an wie die Jungen. Ich konnte den Gedanken, dass irgendetwas Schlimmes mit Chester war, nicht ertragen. Will und ich zwängten uns ebenfalls ins Spielhaus. Auf Händen und Knien drängten wir uns alle um unser Schwein im Stroh wie um ein Krankenbett.

»Chester, was ist denn bloß los?«, fragte ich unser Schwein. Albern, natürlich, weil er nicht antworten konnte, aber in diesem Moment hatte ich das Gefühl, mit einem Menschen zu sprechen – schließlich gehörte er zur Familie.

Er grunzte.

»Ach, Chester!« Jetzt streichelten wir alle seinen Bauch.

Er stieß ein weiteres Grunzen aus. Ich hatte keine Ahnung, was ihm fehlte. Ich wusste nur, dass ich sofort Hilfe holen musste. Ich griff nach meinem Handy. Zum Glück hatte ich hier oben auf der Hügelspitze mobilen Empfang.

Ich wusste nicht, ob ich einen Tierarzt brauchte, der auf Nutztiere spezialisiert war, oder ob auch einer ausreichte, der sich mit Hunden und Katzen auskannte. Schweine brauchen im Allgemeinen keine tierärztliche Versorgung, deshalb hatte ich noch nie zuvor einen rufen müssen, der sich um Chester kümmerte. Ich rief die örtliche Tierarztpraxis an und betete, dass sie, falls sie mir nicht helfen konnten, zumindest fähig wären, mir einen Tipp in die richtige Richtung zu geben. Die Sprechstundenhilfe sagte, sie würde sofort einen Tierarzt losschicken.

»Kann ich bitte Ihre Adresse haben?«, fragte sie.

Ich sah über die riesige weite Fläche, die mich umgab, und fragte mich, wie ich erklären sollte, wo ich war. Irgendwie schaffte ich es, eine Beschreibung der Straßen, Kreuzungen und Landschaftsmerkmale hinzukriegen.

»Was meinen Sie, wie lange es dauert, bis jemand hier ist?«, fragte ich mit einem ängstlichen Blick auf Chester.

Es würde etwa eine Stunde dauern, bevor jemand bei mir sein konnte. Wir mussten einfach warten und hoffen, dass Chesters Zustand sich nicht verschlechterte. Die Minuten zogen sich endlos hin. Sam wich keine Sekunde von Chesters Seite. Er streichelte seinen Bauch, tat sein Bestes, um den Schmerz seines Freundes zu lindern. Obwohl Chester offenbar furchtbare Schmerzen hatte, war er eindeutig dankbar für den Trost, den Sam ihm spendete. Er beantwortete jedes sanfte Streicheln und jedes beruhigende Wort von Sam mit einem dankbaren Grunzen. Es war ein sehr berührender Anblick.

Ich weiß nicht, wie der Tierarzt es schaffte, uns zu finden, aber plötzlich tauchte er mit einem prall gefüllten ledernen Arztkoffer am Tor auf. Mit seiner Kordhose und dem karierten Hemd sah er aus wie ein typischer Landtierarzt, als er durch das Gras und die Blumen auf uns zustapfte.

Wir alle hielten den Atem an, als er Chester untersuchte. Sam beobachtete aufmerksam die Mimik des Tierarztes – blätterte vielleicht vor seinem geistigen Auge durch Lyndas Gefühle-Buch, während er zu verstehen versuchte, was das Stirnrunzeln des Tierarztes bedeutete. Der Arzt tastete Chesters Bauch ab, drückte sanft auf verschiedene Bereiche. Unser armes Schwein stöhnte vor Schmerz, als die Finger des Tierarztes eine bestimmte Stelle berührten. Der Doktor sah besorgt aus und wandte sich hilfesuchend an uns.

»Wir müssen dafür sorgen, dass er aufsteht«, sagte er, gab aber noch keine Erklärung dazu ab, was Chester fehlte.

»Na los, Jungs«, forderte ich sie zu einer gemeinsamen Anstrengung auf.

Chesters Bauch war so lang, dass wir alle unsere Arme darunterschieben konnten. Ich übernahm die vordere Hälfte, der Tierarzt die Hinterbeine, und die Jungen umklammerten den dicksten Teil von Chesters Bauch.

»Eins, zwei, drei!« Wir hievten ihn auf die Beine. Der

arme Chester quiekte vor Schmerz. Es gelang uns, ihn ein paar Minuten hochzuhalten, dann fiel er stöhnend zurück ins Stroh.

»Das ist nicht gut, oder?«, fragte ich nervös, und ein Teil von mir wollte die Antwort gar nicht hören. Der Tierarzt wühlte in seiner Ledertasche herum und zog eine Spritze und eine Ampulle mit einer klaren Flüssigkeit heraus.

»Ich werde ihm ein Schmerzmittel geben«, erklärte er. Ich hielt Sam und Will an der Hand, als er die Nadel in Chesters Hals stach. Blut rann über sein staubiges Fell und tropfte ins Stroh. Der Anblick seines Blutes verschlimmerte das Gefühl, dass die Lage sehr ernst war.

Der Tierarzt warf mir einen Blick zu, als ob er bestätigen wollte, dass es wirklich schlecht um Chester stand. Ich bedeutete ihm mit einer Geste, nichts vor den Jungen zu sagen und mir vor das Spielhaus zu folgen, damit wir draußen reden konnten. Er klopfte sich das Stroh von den Knien und kletterte nach draußen in den hellen Sonnenschein. Mein Herz klopfte bis zum Hals, als ich auf sein Urteil wartete.

»Er hat eine Verstopfung«, flüsterte der Tierarzt.

»Was? Wie kann das sein?«

»Er hat etwas Falsches gefressen, und das blockiert jetzt seinen Darm.«

»Aber wir füttern ihn ausschließlich mit Ferkelnüssen«, erklärte ich verwirrt von dieser Diagnose.

Ich fing an, mir Sorgen zu machen, dass wir ihn auf eine Weide mit irgendwelchen giftigen Pflanzen oder Blumen gebracht hatten, aber der Tierarzt versicherte mir, dass die

Blockade nicht auf etwas zurückzuführen sei, was er in der freien Natur gefressen habe. Die Ursache sei wahrscheinlich, dass er ein verarbeitetes Nahrungsmittel, zum Beispiel Brot, gefressen hätte.

Ich war wie vor den Kopf geschlagen und konnte mir einfach nicht vorstellen, wie das passiert sein sollte. Ich hatte allerdings keine Zeit, länger darüber nachzudenken. Ich musste herausfinden, was ich tun konnte, um Chester zu helfen. »Und wie werden wir diese Blockade jetzt wieder los?«

Der Tierarzt wurde sehr still und schüttelte den Kopf.

»Wenn wir es schaffen, ihn irgendwie zum Laufen zu bringen, besteht vielleicht eine Chance, dass die Verstopfung sich auflöst. Aber das ist keineswegs sicher. Außerdem«, er zögerte, wollte offenkundig ungern fortfahren. Ich bedeutete ihm weiterzureden, und mit vorgestrecktem Kinn sagte er geradeheraus: »Verstopfungen bei Schweinen können tödlich sein. Ich kann ihm noch weitere Schmerzmittel geben, aber ich glaube nicht, dass er die Nacht überleben wird.«

Mir fiel die Kinnlade herunter, aber ich brachte kein einziges Wort heraus.

Während mir die enorme Tragweite des Geschehens allmählich bewusst wurde, warf ich einen Blick zurück aufs Spielhaus, auf meine Jungen, die Chester streichelten. Chester war nicht einfach nur ein Haustier. Er war wie ein Mensch. Er war einer von uns.

Panik erfasste mich. Ich konnte mir nicht vorstellen, wie Sam diese Nachricht verarbeiten sollte. »Oh mein Gott, wie soll ich meinem autistischen Sohn sagen, dass sein Schwein sterben wird?«, fragte ich den Tierarzt in unverhohlener Verzweiflung.

»Wie soll man *irgendeinem* Kind sagen, dass sein Haustier stirbt?«, erwiderte er.

Seine Worte machten mir klar, dass ich mir immer besondere Mühe gab, das verletzlichere meiner Kinder zu beschützen. Aber er hatte recht: Chester war genauso Wills Schwein, wie er Sams Schwein war. Wenn Chester starb, wären wir *alle* todunglücklich.

In diesem Augenblick entschied ich, dass wir es nicht zulassen würden, dass Chester starb. Ich war entschlossen, unser Schwein zu retten. Der Tierarzt hatte gesagt, wenn wir ihn zum Laufen bringen könnten, gab es eine Chance, dass sich die Verstopfung auflöste. Laufen war die Lösung!

Mit derselben Entschlossenheit, die mich immer erfasste, wenn es zu kämpfen galt, marschierte ich zurück zum Spielhaus. Ich hatte darum gekämpft, meinen Sohn zu beschützen und ihm den besten Start ins Leben zu ermöglichen, und jetzt würde ich darum kämpfen, dass Chester überlebte.

»Los, Jungs, wir müssen Chester wieder auf die Füße bringen«, wies ich sie an. Und dann legten wir gemeinsam los.

Es muss vollkommen idiotisch ausgesehen haben, wie wir alle vier unsere Arme um das Riesenschwein schlangen und mit vereinten Kräften versuchten, ihn hochzuhieven. Ich glaube, wir grunzten und stöhnten unter dem Gewicht mindestens so laut wie Chester vor Schmerz! Aber die Mühe lohnte sich: Chester kam schließlich auf die Füße und torkelte mit der geballten Grazie von jemandem, der etwas zu tief ins Glas geschaut hat, aus dem Spielhaus ins Freie.

Ich wusste, wenn es etwas gab, dem Chester nicht widerstehen konnte, so war es, den Jungen hinterherzujagen, also wandte ich mich an meine Kinder und befahl ihnen loszurennen. Sam spurtete mit seinem Bruder im Schlepptau über die Weide. Und Chester nahm sofort die Verfolgung auf. Er schaffte nur ein paar Schritte, bevor er zusammenbrach – aber wenigstens hatten wir ihn auf die Beine gebracht. Und dann zeigte sich, wie schlecht es ihm tatsächlich ging. Nicht einmal die verlockende Aussicht, mit Sam zu spielen, reichte aus, um ihn in Bewegung zu halten. Er taumelte zurück in sein Haus und legte sich grunzend aufs Stroh.

Aber ich war noch nicht fertig.

»Noch mal!«, rief ich die Jungen zurück zum Spielhaus.

Der Tierarzt lobte meine Entschlossenheit. Da er merkte, dass ich Chester nicht aufgeben wollte, händigte er mir eine Riesenspritze und eine Flasche mit Paraffinöl aus und erklärte, es bestehe nur eine kleine Chance, dass es helfen würde, aber es lohne sich, es auszuprobieren.

»Geben Sie ihm damit zweimal am Tag eine Injektion ins Maul, und füttern Sie ihn mit allem, was die Verdauung anregt, wie Obst«, sagte er. »Ich kann Ihnen nichts versprechen. Ich hoffe, es hilft.«

Ich dankte ihm für alles, was er getan hatte, und kehrte dann zu Chester zurück. Die Jungen und ich setzten uns so lange wie möglich zu unserem kranken Schwein und halfen ihm, so gut er konnte, immer wieder auf die Füße.

Allzu bald wurde es allerdings zu spät für die Kinder, um noch länger bei Chester zu bleiben. Sie gaben ihm einen Kuss auf sein pelziges Gesicht und sagten ihm, dass sie ihn lieb hatten.

Er antwortete mit einem Grunzen. Das war seine Art, sich zu bedanken.

Die Heimfahrt schien viel länger zu dauern als sonst. Die Jungen versuchten, tapfer zu sein, aber ich sah im Rückspiegel, dass sie mit den Tränen kämpften.

»Wir kriegen ihn bestimmt wieder hin. Wir müssen alles tun, was wir können«, erklärte ich. Ich versuchte, stark zu klingen, aber meine Stimme bebte vor Traurigkeit.

Ich musste die Familie über Chesters Krankheit informieren. Wegen der Zeitverschiebung war es noch zu früh, um mich bei Darren zu melden, aber ich rief meine Mutter an, sobald wir zu Hause waren. Sie war am Boden zerstört. Auch wenn Chester ihr mit seinem nächtlichen Bollern an der Tür schrecklich auf den Wecker gegangen war, liebte sie ihn doch trotzdem heiß und innig, wie wir alle. Sie kam sofort zu uns, um Will und Sam zu trösten und um ein bisschen Apfelmus für Chester zu kochen.

»Das hilft bestimmt, ihn wieder auf die Beine zu bringen«, sagte sie, während sie am Herd stand und den großen Topf mit den geschälten Äpfeln und dem Wasser umrührte.

Sam und Will konnten den ganzen Abend nicht aufhören zu weinen. Ich wusste nicht, wie ich sie anders trösten sollte als durch das Versprechen, dass wir alles in unserer Macht Stehende tun würden, um Chester wieder gesund zu machen. Nachdem meine Mutter die Äpfel gekocht hatte, half sie mir, die Jungen ins Bett zu bringen, aber Sam wollte nicht allein bleiben. Er klebte an meiner Seite, folgte mir auf Schritt und Tritt. Ich versuchte, ihn ins Bett zu bringen, aber ein paar Minuten später hörte ich ein Klopfen an meiner Schlafzimmertür.

»Mami, ich kann nicht schlafen«, sagte er, die Hand um seine Ben-10-Figur geklammert.

Ich wusste, dass Sam immer zu mir ins Bett wollte, wenn er ganz besonders unglücklich war.

»Komm her.« Ich klopfte auf die Decke.

Ich nahm ihn in die Arme und bedeckte sein Gesicht mit kleinen Küssen, genauso wie Chester es getan hätte, wenn er gesund gewesen wäre. Ich tat, was jede Mutter tun würde, und versprach meinem Kind, dass alles gut werden würde.

»Chester wird wieder gesund«, flüsterte ich und strich ihm übers Haar.

Schließlich nickte Sam ein, aber ich bekam kein Auge zu. Ich konnte nicht schlafen, wenn Chesters und damit Sams Schicksal an einem seidenen Faden hing. Was würde passieren, wenn wir unser Schwein verloren? Für Sam war er wie eine Rettungsleine. Wie würde mein Junge ohne ihn zurechtkommen? Er hatte so große Fortschritte gemacht, ich könnte es nicht ertragen, ihn wieder in seiner Entwicklung zurückfallen zu sehen. Ich war mir nicht sicher, ob *ich* das alles noch einmal durchstehen würde. Die ganze Nacht wälzte ich mich hin und her, bis mir in den frühen Morgenstunden schließlich doch noch die Augen zufielen.

Als ich aufwachte, fühlte ich mich, als hätte mich ein

Bus überfahren – völlig platt und ohne jede Energie. Zum Glück wirkte Sam nach der Nacht in meinem Bett wesentlich ruhiger. Will kam ins Zimmer gestürmt, als ich mir den Schlaf aus den Augen rieb.

»Fahren wir jetzt zu Chester?«, fragte er eifrig.

Ich hatte meine Antwort vorbereitet.

»Wir fahren heute Nachmittag zu ihm«, sagte ich.

Der Tierarzt hatte gesagt, es sei unwahrscheinlich, dass Chester die Nacht überleben würde, und ich würde auf keinen Fall riskieren, dass die Jungen ihn leblos vorfanden. Stattdessen würde ich heute Morgen mit meiner Mutter zur Weide fahren.

Ich setzte Sam und Will an der Schule ab, und dann machten Mum und ich uns auf den Weg zum Feld. Wir waren ausgerüstet mit einer großen Tupperware-Box voller Apfelmus sowie mit dem Paraffinöl, das der Doktor mir gegeben hatte, um es Chester ins Maul zu spritzen, damit sein Stuhl weicher wurde.

Ich kletterte vom Fahrersitz und machte mich auf das Schlimmste gefasst.

Noch nie im Leben war mir ein Weg so lang vorgekommen wie die etwa hundert Meter vom Tor zum Spielhaus. Die Angst machte meine Füße bei jedem Schritt schwer wie Blei.

Bitte, lass ihn nicht tot sein, bitte, bitte, betete ich, als wir durch das hohe Gras stapften.

Als wir uns dem Haus näherten, sahen wir Chesters Hinterbeine aus der Tür herausragen. Er hatte sich keinen Zentimeter von der Stelle bewegt, seit wir ihn gestern Nacht verlassen hatten.

»Chester!«, rief ich und wollte ihn durch schiere Willensanstrengung dazu bewegen, sein vertrautes Grunzen auszustoßen.

Nichts.

Oh mein Gott, nein. Ich war sicher, dass er tot war.

Doch als wir näher an die Hinterbeine herankamen, drang aus dem Innern des Hauses ein tiefes, atemloses Grunzen an unser Ohr. Es war Chester – er sagte uns, dass er immer noch bei uns war.

»Oh, Chester!«, riefen Mum und ich wie aus einem Mund. Wir quetschten uns in Chesters Hütte und gaben ihm eine dicke Umarmung. Er begrüßte uns mit einem schwachen Grunzen und versuchte, den Kopf zu heben, um uns einen Kuss zu geben, aber er war zu krank.

»Ruh dich einfach aus, du armer Schatz.« Mum streichelte seinen schmerzenden Bauch.

Als Nächstes stand eine etwas unangenehme Aufgabe an: Wir mussten Chesters Maul aufstemmen, um die ganzen wertvollen Inhaltsstoffe des Apfelkompotts und des Paraffinöls in ihn hineinzustopfen. Er war zu geschwächt, um sich zu wehren; es war traurig, unseren kleinen Sturschädel so kraftlos zu sehen. Ich injizierte das Paraffinöl, und dann schaufelte Mum ihm eine Handvoll Apfelkompott ins Maul. Dazu benutzte sie buchstäblich ihre Hände – anders ließ sich das Obst nicht in ihn hineinkriegen. Abwechselnd schöpften wir mit der Hand eine Ladung Kompott aus der Tupperdose und schoben die gerade gehaltene Hand in Chesters Maul. Dann drehten wir sie um und wischten die Handfläche mit dem Kompott auf seiner Zunge ab. Es war eine ziemlich knifflige Angelegenheit, weil Chester immer noch auf der Seite lag, und auch ein bisschen eklig, aber wir wünschten uns so verzweifelt, ihn zu retten, dass wir durchhielten.

Chester gefiel diese Zwangsernährung überhaupt nicht. »Das ist nur zu deinem Besten«, erklärten wir ihm sanft. Dann versuchten wir, ihn auf die Füße zu bekommen. Meine arme Mutter war nicht daran gewöhnt, so schwere Gewichte zu stemmen. Ich sagte ihr, dass sie aufhören sollte, bevor sie sich den Rücken ausrenkte, aber sie bestand darauf, Chester zu helfen.

Unter heftigem Gestöhne und Gegrunze von allen Beteiligten wuchteten wir Chester hoch und führten ihn zur Tür. Chester machte ein paar Schritte vorwärts, hielt inne und machte dann noch ein paar Schritte. Er schaffte es, die Hälfte seines Körpers aus seiner Hütte heraus und in den Junisonnenschein zu bewegen. Doch nach dieser Riesenanstrengung stand er kurz vor dem Zusammenbruch. Wir sprangen aus dem Weg, als er aufs Stroh krachte.

Ich ließ ihn ungern allein, hatte aber ein bisschen mehr Hoffnung als am Tag zuvor. Wenigstens gab es Dinge, die wir tun konnten, um ihm zu helfen: Wir konnten ihm Obst und Paraffin einflößen und dafür sorgen, dass er in regelmäßigen Abständen aufstand. Besonders vielversprechend schien, dass er die Nacht überstanden hatte. Wenn es uns irgendwie gelang, ihn in Bewegung zu halten, würde er vielleicht wieder in Ordnung kommen. Ich rief noch einmal bei dem Tierarzt an, um ihn über den Zustand seines Patienten auf dem Laufenden zu halten.

Er fragte mich, ob wir Chesters Toilettengewohnheiten beobachten könnten, um zu überprüfen, ob er ausschied, was immer die Verstopfung verursachte. Mit anderen Worten: Der Doc bat uns höflich, darauf zu warten, dass Chester kackte. *Sehr schön!*

Das ist was für die Jungs, dachte ich.

Die Konzentration auf die Aufgabe, Chester wieder gesund zu bekommen, ließ uns als Familie noch enger zusammenrücken – das Teamwork gab uns Kraft. Sam bezog Stellung am Küchenherd; ich brachte ihm eine kleine Trittleiter, damit er mit seinem Holzlöffel in dem Topf rühren und die Äpfel zu einem warmen Mus, zu Chesters »Medizin«, verarbeiten konnte. Wills Aufgabe bestand darin, nach unserer Ankunft auf der Weide dafür zu sorgen, dass Chesters Wasserschale aufgefüllt wurde, und beim Wechseln des Strohs zu helfen.

Obwohl Darren auf den Ölfeldern war, wurde auch er mit einbezogen: Sein Job war es, mich immer wieder aufzumuntern, wenn der Gedanke, dass Chester uns verlassen könnte, mich traurig machte. Falls Darren mich für ein Weichei hielt, ließ er es sich jedenfalls nicht anmerken. Er hörte einfach zu und versuchte, mich zum Lachen zu bringen, indem er mich an unsere »Kacka-Wache« erinnerte.

An Tag drei war Chester in der Lage, seine Hütte zu verlassen, obwohl bei seiner Verdauung immer noch kein »Durchbruch« zu verzeichnen war. Laut keuchend versuchte er, mit den Jungen Schritt zu halten. Sam und Will hielten bei ihrem Fang- und Jagdspiel immer wieder inne und warteten auf Chester, so wie sie es vor Monaten unter dem Apfelbaum getan hatten, als er noch ein Miniferkel gewesen war. Chester konnte nicht widerstehen, wenn sie ihn auf diese Weise neckten. Obwohl es ihm so schlecht ging, fand er die Kraft, ihnen zu folgen.

An Tag vier schaffte er es über die halbe Weide. Als er zusammen mit den Jungen in der Ferne herumtollte, hielt ich die Hände trichterförmig vor den Mund und rief vom Spielhaus aus: »Hat er schon gekackt?«

Die Jungen schüttelten verneinend den Kopf.

»Kein Kacka!«, brüllten sie zurück.

Wir mussten unsere Mission fortsetzen. Jeden Morgen und jeden Nachmittag mussten wir Chester auf die Beine und in Bewegung bringen, bis »es« geschah.

Es war wichtig, dass das Lachen dabei nicht zu kurz kam, denn ich wusste, dass sich bei Sam irgendetwas zusammenbraute. Obwohl er sich nichts anmerken ließ, wenn er bei Chesters Betreuung half, war mir klar, dass er innerlich litt. Jeden Abend kletterte er zu mir ins Bett.

Ich glaube nicht, dass er wirklich verstand, was Tod bedeutete, aber er spürte, dass die Lage ernst war. Seine uncharakteristische Fähigkeit, Empathie zu empfinden, erwies sich jetzt als zweischneidiges Schwert. Ein Teil von mir wünschte, Sam wäre nicht empathisch, weil ihm dann der Schmerz erspart bliebe, falls Chester es nicht schaffen sollte. Ich wollte alles in meiner Macht Stehende tun, um meine Söhne vor Kummer zu bewahren.

Inzwischen besuchten wir Chester drei Mal am Tag – mittags machte ich eine Extratour mit meiner Mutter auf den Hügel. Obwohl es möglich war, dass Chester sein Geschäft während unserer Abwesenheit verrichtete, entdeckten wir nie das geringste Anzeichen dafür, und an Tag fünf war sein Bauch aufgebläht wie ein riesiger Ballon kurz vorm Platzen. Er keuchte wie ein alter Mann, als er an diesem Nachmittag schnaufend und pustend hinter den Jungen herlief. Er schaffte es, sie einzuholen, blieb dann aber urplötzlich stocksteif stehen.

Gleichzeitig fegte ein kalter Windstoß den Hügel hinunter, der mich frösteln ließ. Ich hatte das Gefühl, dass irgendetwas Schreckliches passieren würde.

»Kommt zurück!« Ich bedeutete den Jungen, zum Spielhaus zurückzukehren.

Sam und Will fingen an, auf mich zuzuspringen, und erwarteten, dass Chester ihnen folgen würde, aber er blieb weit hinter ihnen zurück. Tatsächlich hatte er sich keinen Zollbreit von der Stelle gerührt, seit er abrupt stehen geblieben war. Er hielt den Kopf gesenkt, der Körper war stark auf eine Seite gelehnt, als ob er jeden Moment umfallen würde. Die Jungen rannten zu ihm zurück, bereit, ihn nötigenfalls aufzufangen. Dann stieß Chester ein langes, tiefes Grunzen aus – so laut und gequält, dass ich sicher war, er mache seinen letzten Atemzug.

»Beeilt euch!«, schrie ich den Jungen zu, damit sie Chester rechtzeitig erreichten, bevor er umkippte.

Doch Chester starb nicht – er wurde endlich seine Verstopfung los.

»Er hat gekackt! Er hat gekackt!«, jubelten die Jungen unter Freudensprüngen.

Ich glaube nicht, dass ich je so glücklich gewesen bin, diese Worte zu hören! Ich führte einen kleinen Freudentanz auf und zog dann mein Handy aus der Tasche, um Mum anzurufen.

»Chester hat gekackt!«, war das Erste, was ich sagte.

»Oh, Gott sei Dank!« Mum stieß einen Seufzer der Erleichterung aus. Sie verstand sofort, dass dies bedeutete, dass Chester überleben würde.

Der Abgang der Verstopfung hatte Chester tatsächlich wieder beweglicher gemacht. Fast sofort raste er durch das hohe Gras und die Blumen den Jungen hinterher. Sam breitete die Arme aus und tat so, als wäre er ein Flugzeug, das in den Himmel steigt. Chester quietschte vor Vergnügen, als er Tempo aufnahm, und die Jungen kicherten vor Glück, als er zu ihnen aufschloss. Es hätte eine Szene aus *Heidi* sein können – mit den Blumen und dem Sonnenschein und dem strahlend blauen Himmel.

Doch Chesters Beine waren zu schnell für seinen Körper ... er geriet ins Straucheln und stürzte den Hügel herunter. Unwillkürlich schrie ich auf, als ich ihn fallen sah – ein Unfall war das Letzte, was er brauchte, nachdem er sich gerade erst von einer fast tödlich verlaufenden Verstopfung erholt hatte. Doch Chester ging es prächtig. Er rappelte sich wieder hoch und jagte Will und Sam den ganzen Weg bis in sein Spielhaus.

Als Sam und Will sich an ihn schmiegten und zärtlich streichelten, war ich unglaublich stolz. Ohne die Jungs wäre unser Schwein nicht durchgekommen – dank Sam, der jeden Morgen etwas früher aufgestanden war, um das Apfelmus zu kochen, und dank meiner beiden Söhne, die ihn immer wieder auf die Füße gestellt hatten, war Chester wieder gesund geworden. Ihre Liebe hatte ihm das Leben gerettet.

Chester zeigte seine Dankbarkeit durch die Art, wie er mit dem Schwanz wackelte, und durch sein aufgeregtes, atemloses Grunzen. Zudem weigerte er sich, von Sams Seite zu weichen – wenn Sam auch nur einen Augenblick stehen blieb, ergriff Chester die Chance, seinen Riesenkörper gegen seine Beine zu lehnen. »Hör auf, Chester«, sagte Sam immer wieder kichernd unter dem Druck des Gewichts, obwohl er in Wahrheit gar nicht wollte, dass Chester ihn in Ruhe ließ, weil er es genoss, dass sein Freund ihn mit seiner Zuneigung überschüttete.

Die Empfänglichkeit für Zärtlichkeiten war etwas, das sich bei Sam verändert hatte, seit er Chester kannte. Die bedingungslose Liebe, die Chester ihm entgegenbrachte, hatte ihn offener für Ausdrücke der Zuneigung gemacht. Der traurige kleine Junge, der für sich allein sein wollte, schien seit langer Zeit verschwunden.

Der Schrecken mit dem Stacheldraht und die Verstopfung hatten mir klargemacht, dass es jetzt nur noch darum ging, Chester nach Hause zu bringen. Vor allem weil ich nicht sicher war, wie er an ein Nahrungsmittel gekommen war, das seine Eingeweide auf so katastrophale Weise blockiert hatte. Das war immer noch ein ungelöstes Rätsel, und je schneller er wieder bei uns zu Hause war, desto besser.

Darren war erleichtert über die gute Nachricht, als ich abends mit ihm telefonierte.

Obwohl er gern Witze darüber machte, dass Chester das teuerste Schwein in ganz Devon sei und dass er gut darauf verzichten könne, noch mehr Geld für ihn zu verschwenden, räumte er ein, dass er einige schlaflose Nächte hinter sich hatte, weil auch er um Chesters Leben gefürchtet hatte.

»Wieso hast du nichts davon gesagt?«, fragte ich. Ich

war ein Mensch, der sein Herz auf der Zunge trug, aber Darren hatte kein Sterbenswörtchen über seine Sorgen gesagt. Er erinnerte mich daran, dass er auf einer Bohrinsel mit lauter Machos arbeitete und dass es sich für einen »richtigen Mann« eigentlich nicht gehöre, sich von einem Schwein den Schlaf rauben zu lassen. Ich prustete los, und während ich mit Darren am Telefon gluckste, spürte ich, wie der Stress der vergangenen Woche sich allmählich aufzulösen begann.

Am nächsten Tag fuhr ich mittags allein zu Chester. Ich hatte das Gefühl, dass es wichtig für mich war, einen Moment mit ihm allein zu verbringen und ihm dafür zu danken, dass er meinem Sohn geholfen hatte. Dass wir ihn fast verloren hätten, hatte mir klargemacht, wie kostbar er war. Ich hatte ihm noch nicht genug gedankt, und jetzt, da die Angst vorbei war, wollte ich jede sich bietende Gelegenheit nutzen, um ihm zu zeigen, wie sehr er geschätzt wurde.

Ich geriet nicht in Panik, als er nicht am Tor auftauchte, um mich zu begrüßen – wahrscheinlich lag er in seinem Spielhaus und erholte sich von seinem schlimmen Bauchweh.

Als ich ihn auch in seinem Bett nicht vorfand, geriet ich *doch* in Panik.

»Chester, Chester!«, rief ich über die riesige Weide. Das Gras war teilweise hüfthoch gewachsen, deshalb war es unmöglich, ihn irgendwo auszumachen.

Dann hörte ich das Geräusch. Es war nicht der schreckliche rasselnde Ton, den er vor einer Woche ausgestoßen hatte. Es war tiefer und langsamer, es klang wie …

SCHNARCHEN!

Ich ging näher auf die pfeifenden Grunzlaute zu.

Dort lag er, versteckt in einem purpurfarbenen Blumenteppich. Er hatte sich auf die Seite gerollt, seine große Plauze zum Himmel ausgerichtet, damit die Sonne ihn bescheinen konnte. Sein Maul stand ein bisschen offen, so dass die Luft mit einem leisen Pfeifton durch seine Schnauze herein- und herausströmte.

»Oh, Chesty!«, seufzte ich liebevoll.

Chester wusste immer, wie er es sich bequem machen konnte. Ich dachte an all die Situationen zurück, in denen er unser Wohnzimmer übernommen hatte. Manchmal war seine Größe ganz schön lästig gewesen, aber all das ließen wir jetzt hinter uns. Chester fast zu verlieren hatte mir deutlich vor Augen geführt, was wirklich wichtig war, nämlich unser Haustier nach Hause zu bringen. Von daher war es eine gute Nachricht für uns alle, dass unser neues Haus endlich bezugsfertig war und uns erwartete.

Home sweet home.

20. Kapitel

Trautes Heim, Glück allein

Für die meisten Menschen hätte es Priorität, alles auszupacken, wenn sie in ein neues Haus einziehen. Wir hingegen wollten vorrangig dafür sorgen, dass Chester sich in seinem neuen Zuhause wohl fühlte. Wir hätten ihn beinahe verloren, und für uns war jetzt das Allerwichtigste, dass wir ihn in die Familie zurückholten. Abgesehen von unserer Liebe und Zuneigung für Chester war es auch entscheidend für Sams Wohl, dass unser Schwein wieder unter unserer Obhut stand.

Das Gute war, dass der Umzugstermin in eine Zeit fiel, in der Darren zu Hause war. Das Schlechte war, dass er nur fünf Tage frei hatte, bevor er wieder auf die Bohrinsel zurückkehren musste. Wir würden wieder alle mit Lichtgeschwindigkeit arbeiten müssen – einpacken, auspacken und – das Wichtigste – einen Pferch für Chester bauen.

Es war der 24. Juni 2010, als wir dem Umzugswagen über die kurvenreichen Landstraßen zu unserem neuen Haus folgten, das am oberen Ende einer Talmulde am

Rande des Dartmoor Nationalparks lag. Es verfügte über alles, was ich mir erträumt hatte, als wir unsere Flucht aus Spanien planten: alte Lehmwände, Holzbalken, Eichendielen und einen großen offenen Kamin im Wohnzimmer.

Das geschichtsträchtige Haus, erbaut im Jahre 1610, hatte einst dem Wildhüter von Lord Churchston gehört. Die Vorbesitzer, die fünfundzwanzig Jahre hier gelebt hatten, hatten ihm einen pinken Außenanstrich gegeben und dem Cottage damit das Aussehen verliehen, das es im 17. Jahrhundert gehabt hätte, als die Einheimischen ihre Farbe mit der roten Erde Devons mischten. Innen hatten die Vorbesitzer wenig renoviert und den ursprünglichen Charakter des Ortes bewahrt: Der frühere Tierstall war zu einer Küche umgebaut worden, aber das war so ziemlich das Einzige, was sie verändert hatten. Als ich im Wohnzimmer stand und die Augen schloss, konnte ich mich mühelos Aberhunderte von Jahren zurückversetzen und die ganzen Fasane und Rehe vor mir sehen, die im Haus des Wildhüters an den Balken in der Kaminecke hingen.

Das Haus war eine Wucht, aber der Hauptgrund, warum ich mich sofort in das Anwesen verliebt hatte, war der Garten. Es war wie ein Stück vom Paradies, das sich über eine Fläche von mehr als 2000 Quadratmetern erstreckte. An seinem Ende schlängelte sich ein kleiner Bach entlang – vom Schlafzimmer aus konnte man hören, wie das Wasser über die Kiesel plätscherte. Es gab Apfel- und Pflaumenbäume, Himbeersträucher, ein Gewächshaus ... außerdem hatten die Vorbesitzer ein Faible für exotische Pflanzen gehabt. Wenn man das bewaldete Areal in der

Nähe des Bachs betrat, stieß man auf eine Oase mit lauter fremdartigen, ungewöhnlichen Gewächsen.

Der Garten war aus zwei Gründen wichtig. Erstens wollte ich einen sicheren Ort, an den Sam sich zurückziehen konnte, wenn er allein sein wollte. Der Garten bot ihm eine Zufluchtsmöglichkeit, wenn er von Reizen überflutet wurde, und würde ihn vor Schaden bewahren, wenn er plötzlich den Drang verspürte, einfach loszurennen, wie es einige Kinder mit Autismus tun, wenn sie kurz vor einem Koller stehen. Zweitens wollte ich einen Ort, der groß genug war, um Chester ein schönes Zuhause zu bieten, das außerdem so weit von unseren Nachbarn entfernt war, dass sie nicht gestört wurden.

Und so machten wir uns, sobald wir am Umzugstag unsere Betten aufgestellt hatten, auf den Weg in den Heimwerkermarkt, um Pfosten und Draht für Chesters Pferch zu kaufen.

Darren und ich debattierten, wo wir ihn aufstellen sollten. Ich plädierte für das bewaldete Areal, damit Chester möglichst viel Platz hatte, um herumzustreunen, aber Darren wies darauf hin, dass er dort unweigerlich die ganzen schönen Pflanzen ausgraben würde.

Dann schlug ich die Terrasse vor, die sich bei der Hintertür befand.

»Auf keinen Fall. Das ist zu dicht am Haus«, sagte Darren und erinnerte mich an die ganze Arbeit, die ihn die Türen unseres letzten Hauses gekostet hatten.

Doch ich rief ihm ins Gedächtnis, dass wir Chester ja dieses Mal ein *ausbruchssicheres* Gehege bauen würden, so dass die Türen absolut sicher wären.

»Er büxt trotzdem aus. Wart's ab«, warnte Darren.

»Nein, wird er nicht«, erklärte ich fröhlich. Nichts konnte mir heute meine gute Laune verderben.

Nachdem wir die Sache durchdiskutiert hatten, einigten wir uns auf die untere rechte Ecke des Gartens. Chester wäre so weit entfernt, dass er uns nicht stören und das Haus nicht demolieren konnte, aber nah genug, damit Sam ihn im Auge behalten konnte. Aus dem Fenster seines Zimmers hatte Sam eine gute Sicht von oben auf den Pferch.

Das nächste große Problem war, wie wir Chesters Pferch ausbruchssicher machen wollten. Wir würden es mit einer altmodischen Methode probieren müssen, indem wir einen Zaun mit Draht und Pfosten errichteten und zusätzlich einen Zaunübertritt bauten, damit wir Erwachsene herein und heraus konnten, aber Chester nicht.

Darren rief die Jungen, damit sie ihm zur Hand gingen. Es war wie eine Neuauflage vom Aufbau des Spielhauses, nur dass Sam jetzt viel mehr Kraft im Oberkörper hatte und beim Heben helfen konnte. Er platzte fast vor Stolz, als er Darren die Pfosten reichte und zusammen mit Will die große Rolle mit dem Maschendraht abwickelte. Mich erfasste eine Welle der Erleichterung, weil er sich so gut eingewöhnte. Wir hatten Glück gehabt, dass die Vorbesitzer so viel Verständnis für seinen Autismus gehabt hatten und uns in der Zeit vor dem Umzug erlaubt hatten, Sam ungefähr ein Dutzend Mal auf dem Grundstück herumzuführen.

Dass wir Sam zeigen konnten, was auf ihn zukam, hatte viel zu seinem Wohlbefinden beigetragen, weil er sich auf die Veränderung einstellen konnte, anstatt davon überrollt zu werden. In der Schule hatte er sogar ein Bild von unserem neuen rosaroten Haus gezeichnet und dazu geschrieben: »Das ist mein neues Zuhause, da werde ich sehr glücklich sein.« Das Bild trug er überall mit sich herum.

Sam konnte es kaum erwarten, dass das Gehege fertig wurde, damit wir Chester von der Weide, wo er immer noch lebte, nach Hause holen konnten. Alle paar Stunden fragte er: »Können wir Chester holen?«

Am vierten Tag konnten wir die Frage endlich mit Ja beantworten.

Darren hatte wie ein Irrer geschuftet, um den Pferch rechtzeitig vor seiner Abreise zur Bohrinsel fertigzubekommen. Im Innern unseres neuen Hauses herrschte absolutes Chaos – die Umzugskartons stapelten sich in alle Richtungen, aber das neue Heim unseres Hausschweins sah aus wie ein Palast. Doch das Chaos war ein kleiner Preis für das Glück, Chester wieder bei uns zu haben.

Wir riefen den alten Schweinefarmer, Mr Stephens, an, und baten ihn erneut um seine Hilfe beim Transport.

Dieses Mal setzten wir uns an die Spitze, als der Convoy aufbrach und seinen Weg von der Weide über die Landstraßen und das Auf und Ab der Hügel und Täler nahm. Das Spielhaus wurde vorn vor dem Trecker heftig durchgerüttelt, und uns allen war es ein Rätsel, wieso es heil blieb. Als wir unser Ziel erreicht hatten, benutzte Mr Stephens Schweinebohlen und Ferkelnüsse, um Chester in seine neue feudale Wohnstätte zu führen. Sobald Chester und sein Spielhaus drinnen waren, nagelte Darren das letzte Zaunsegment fest.

Chester schien entzückt von seiner neuen Spielwiese. Er stöberte mit seinem Rüssel durch das Gras, nahm die neuen Gerüche auf und testete aus, ob sich leckere Raupen und Würmer im Boden befanden.

»Ich wette, in spätestens einer Woche ist das eine einzige Schlammgrube.« Darren deutete mit dem Kopf auf das Rechteck aus saftigem Gras und Klee, auf dem Chester stand und fröhlich schnüffelte.

Das Tolle war, dass es diesmal keine Rolle spielte, weil es *unser* Gras war, das aufgewühlt wurde.

Sam lehnte am Zaun, das Kinn auf die Arme gestützt, und genoss die Sommersonne. Als Chester ihn entdeckte, ergriff er die Gelegenheit, seinem Freund einen Schweinekuss zu geben. Er nutzte einen der Pfosten, um sich auf die Hinterbeine zu stellen und seinen Kopf auf eine Höhe mit Sams zu bringen. Grunzend rieb er seine Nase gegen Sams sonnengebräunte Haut, genauso wie damals, als sie sich das erste Mal im Stall der Pennywell Farm begegnet waren.

»Ich hab dich lieb, Chester!«, erklärte Sam.

Die ganze harte Arbeit hatte sich gelohnt. Alles war perfekt, und wir waren fest überzeugt, dass dieser Tag das Ende all unserer Dramen mit Chester markierte. Unsere Familie war wieder komplett.

Das feierten wir mit einem Essen im Freien. Bei Sonnenuntergang saßen wir alle auf unserem Patio, ich kochte einen Riesentopf Nudeln mit Soße und merkte erst im letzten Augenblick, dass ich keine Ahnung hatte, wo ich das Besteck gebunkert hatte. Wir waren so emsig damit beschäftigt gewesen, Chesters Gehege zu bauen, dass ich noch nicht danach gesucht hatte, und bis jetzt hatten wir es auch noch nicht gebraucht, weil wir uns größtenteils von Picknickessen ernährt hatten. Letztlich kapitulierte ich jedoch vor dem Riesenberg von Kartons und gab mich mit einigen großen Salatkellen aus Plastik zufrieden. Die großen Auffülllöffel waren nicht ideal, aber sie brachten die Jungen zum Lachen – kichernd versuchten sie, die Spaghetti daran zu hindern, von den großen Löffeln zu rutschen.

Wir konnten Chester von der Terrasse aus sehen, und er konnte uns – und das Essen – riechen. Es wäre nicht fair gewesen, ihn auszuschließen, also brachte Sam ihm einen Teller mit Leckerlis, aber natürlich keine Nudeln. Schließlich wollten wir keine weitere Verstopfung riskieren.

Unserer glücklichen Familienzusammenführung wurde noch ein »Sahnehäubchen« aufgesetzt, als Sam sich etwa um diese Zeit, vielleicht einen Tag später, wie üblich hinsetzte, um ein Bild zu malen – aber dann etwas ganz Besonderes zeichnete. Ich warf einen Blick über seine Schulter, während ich beim Auspacken herumpusselte, und sah, dass sein Kunstwerk allmählich Gestalt annahm. Er zeichnete unser Cottage. Er malte den Bach, der neben dem Weg zu unserem neuen Haus verlief, und die Steinbrücke. Und dann trat der Bach in seinem Bild auf unser Grundstück über und schlängelte sich silberfarben am unteren Ende unseres Gartens entlang. In diesen Garten setzte Sam einen riesigen Apfelbaum mit zwölf roten Äpfeln, sehr viel grünes Gras und ein Meer von Blumen.

Aber es war nicht die üppige grüne Vegetation, die meine Aufmerksamkeit fesselte.

Sam zeichnete einen Jungen und ein Schwein, die zusammen im Garten spielten.

Es war das erste Mal, dass er Chester von sich aus gezeichnet hatte. Lynda Russell hatte ihn in der Schule schon einmal aufgefordert, ein Bild von Chester als Teil einer Unterrichtsaufgabe anzufertigen, aber Sam hatte sich noch nie aus eigenen Stücken dafür entschieden, sein außergewöhnliches Schwein zu malen. Es war ein unglaublich fröhliches Bild, und ich wollte gern glauben, dass es eine Bestätigung dafür war, dass Sam sich sicher und geborgen fühlte, nachdem wir für immer in unser neues Haus gezogen waren und Chester von der Weide geholt hatten. Vielleicht brachte er mit diesem Bild zum Ausdruck, dass er glücklich war.

Diesmal fiel es mir besonders schwer, Darren wieder zu der Bohrinsel ziehen zu lassen. Alles schien so vollkommen, und ich wollte einfach, dass er noch ein bisschen länger bei uns blieb, während wir das Haus zu unserem eigenen machten.

»Wenn du wiederkommst, ist alles ausgepackt«, versprach ich, um ihn daran zu erinnern, auf was er sich freuen konnte.

»Und Chester wird seine Grasfläche zerstört haben!«, erwiderte Darren und erinnerte mich seinerseits daran, worauf *ich* mich freuen konnte.

Was das Gras anging, hatte Darren recht. Unser gefräßiges Schwein brauchte nur eine knappe Woche, um das Gras umzuwühlen. Aber wenigstens hielt es ihn beschäftigt – und der Pferch hielt ihn im Zaum.

Ich war in der Küche, als *es* geschah. Ich hörte eine

Lachsalve, gefolgt von einer Reihe lauter Grunzlaute. Ich stürmte ins Wohnzimmer: Chester trippelte herum und hatte einen Mordsspaß dabei, seinen Rüssel in jeden Winkel zu stecken. Ich zuckte zusammen, als ich hörte, wie seine Hufe über unseren Eichenboden kratzten.

»Chester, *raus*!«, befahl ich und versuchte, ihn wieder nach draußen in den Garten zu scheuchen.

Aber Chester verspürte nicht die geringste Neigung, zurück in seinen Pferch zu gehen. Er wollte erforschen, was sich in unseren Abfalleimern befand. Ich kann dazu nur sagen, dass der Versuch, ein 95 Kilo schweres Schwein von einer potentiellen Nahrungsquelle zu trennen, zum Scheitern verurteilt ist. Ich konnte schieben und ziehen, so viel ich wollte – er war wild entschlossen, den Küchenmülleimer zu durchwühlen und alle lohnenden Krümel aufzuspüren.

Im Hintergrund kicherten die ganze Zeit meine Jungen.

»Wer hat ihn hereingelassen?«, verlangte ich zu wissen, erbost über das Chaos, das Chester anrichtete.

»Das war ich, Mami«, gestand Sam mit spitzbübischem Grinsen.

Chester hatte es irgendwie geschafft, aus seinem Pferch herauszukommen, und Sam, der gesehen hatte, dass er frei im Garten herumlief, hatte die Hintertür geöffnet, um ihn ins Haus zu lassen. Er vermisste es offenbar, Chester bei seinen Ungezogenheiten beobachten zu können!

Nachdem es mir schließlich gelungen war, Chester von der Küche wegzuhüten, versuchte ich, ihn zurück in den Garten zu lenken. Aber er war zu stark und zu schnell für mich. Wie eine gesengte Sau schoss er an meinen Beinen vorbei und zurück ins Wohnzimmer. Im Handumdrehen war er durchs Zimmer geflitzt und auf sein grünes Lieblingssofa gesprungen.

Es war ein unglaublich lächerlicher Anblick – ein Riesenschwein, das auf der Couch hockte und uns angrinste, während das Unterteil des Sofas unter seinem enormen Gewicht schnurstracks auf den Boden sackte. Gott sei Dank war es kein teures Möbelstück!

Inzwischen bogen die Jungen sich vor Lachen. Und sogar ich konnte das Lustige an der Situation sehen. Es war wirklich schwer, Chester lange böse zu sein, wenn er so hinreißend aussah. In gewisser Weise wusste ich auch, dass er einfach nur wieder bei uns im Haus sein wollte – und wer konnte ihm das verübeln?

Ich hatte Gewissensbisse, weil Chester draußen im Garten wohnen musste, und entschied, dass ich ihn noch eine Weile auf dem Sofa sitzen lassen würde. Was sollte schon passieren?

Eine ganze Menge, wie sich herausstellte. Wie nicht anders zu erwarten, dauerte es keine fünf Minuten, bis er Unfug machte – er steckte seine Schnauze in die halb ausgepackten Kisten und warf die Stühle um, wie ein Kind, das unbedingt Aufmerksamkeit erregen will.

»So, das reicht, *raus*!«, brüllte ich.

Sam, Will und ich füllten uns die Hände voller Ferkelnüsse und rasselten damit in unseren Handflächen, um ihn aus der Hintertür nach draußen zu locken. Die Leckerlis waren im Grunde überflüssig – es reichte, dass Sam in den Garten rannte, damit Chester ihm folgte.

Wir steuerten den Pferch an. Darren hatte – schlau wie immer – natürlich genau diese Situation vorausgesehen, deshalb umfasste seine Pferchkonstruktion einige bewegliche waagerechte Holzbretter. Ich musste sie nur herausziehen, um eine vorübergehende Öffnung zu schaffen. Als Sam sah, dass der Weg frei war, rannte er volle Pulle in den Pferch, und Chester, der Spaß an dem Spiel hatte, folgte ihm hinein. Blitzschnell sperrte ich unser Schwein in sein Gehege ein und schob die Bretter wieder an ihren Platz. Sam kletterte über den Zauntritt zurück in den Garten.

»Da, Mami!« Sam zeigte mir das Loch im Maschenzaun, durch das Chester entwischt war.

Schweinchen Schlau, dachte ich. Es war die Heckenseite des Pferchs, die wir einfach mit Draht abgedeckt hatten, weil wir die Hecke für eine natürliche Barriere hielten. Das musste ich ihm lassen: Er hatte das schwächste Glied in der Sicherungskette erkannt! Die letzte Woche musste er damit verbracht haben, den Draht mit seiner Schnauze hochzuhebeln, wenn er sich unbeobachtet fühlte. Es war ein Beleg für seine Entschlossenheit. Chesters Wunsch, mit uns zusammen zu sein, war stärker als jede Art von Fort Knox, die wir um ihn errichteten.

Und ehrlich gesagt glaube ich, dass das auch der Grund war, weshalb Sam ihn ins Haus gelassen hatte, nachdem er ausgebüxt war. Abgesehen von dem Spaßfaktor, den ein randalierender Chester hatte, konnte Sam den Freiheitsdrang seines Schweins nachempfinden. Auch Sam brauchte Raum zum Atmen – wenn alles zu viel wurde, rannte er gern in den Garten, um Dampf abzulassen. Sein neuer »Flatter«-Platz war ein Grasstreifen, der parallel zu Chesters Pferch verlief.

Ich hatte keine Ahnung, wie ich das Loch, das Chester ausgehoben hatte, wieder abdichten sollte, deshalb ergriff ich den erstbesten Gegenstand, den ich zur Hand hatte – die Trittleiter.

So müsste es gehen, dachte ich, als ich sie durch den Garten zerrte und zwischen Hecke und Abzäunung schob. Chester zuckte mit Ohren und Nase gleichzeitig, als ob er sagen wollte: »Glaubst du im Ernst, dass mich das am Abhauen hindert?«

Aber für den Moment musste es genügen. Ich hatte andere Dinge zu erledigen, zum Beispiel Kisten auspacken.

Wundersamerweise verliefen die folgenden Monate außerordentlich ruhig. Chester brach nicht noch einmal aus, und Sam übernahm die gelassene Haltung seines Freundes – auch er war zufrieden mit seinem neuen Zuhause, und zwar so sehr, dass ich zuversichtlich zustimmte, als Lynda Russell vorschlug, im November 2010 einen Campingausflug mit den CAIRB-Kindern ins Dartmoor zu machen.

Lynda ermutigte die Kinder immer, aus ihrer Kuschelecke herauszukommen und dieselben Erfahrungen zu machen wie die Kinder in den Regelklassen. Für diesen Ausflug wählte sie vier Jungen aus, die sie für fähig hielt, zwei Nächte fort von zu Hause in einem Zelt zu verbringen. Die Tatsache, dass Sam, der damals knapp acht war, dazugehörte, zeigte, welche Fortschritte er in nur zwei Jahren gemacht hatte.

Wie jede nervöse Mutter, die ihre Schützlinge in die

Welt hinauslassen muss, überprüfte ich doppelt und dreifach, ob er alle wichtigen Sachen in seinem Rucksack hatte, bevor ich ihn am Morgen des Ausflugs auf dem Parkplatz der Schule absetzte.

»Keine Sorge, er packt das schon«, versicherte Lynda mir, als sie Sams Tasche sorgfältig im Kofferraum ihres Autos verstaute. Glücklicherweise vertraute ich ihr blind.

Das tat offenbar auch Sam, denn der Start in sein großes Abenteuer machte ihn kein bisschen nervös. Er sah nicht einmal zurück, als er in Lyndas Auto kletterte. Durch Lyndas Storybooks wusste er genau, was ihn erwartete, und fühlte sich wohl: Lynda hatte den Campingausflug mit militärischer Präzision geplant. Auch ich war beruhigt, weil ich wusste, dass die Kinder außer von Lynda noch von zwei Lehrassistenten begleitet wurden. Sam war in guten Händen, und so winkte ich ihm fröhlich nach, als das Auto losfuhr und der Campingtrupp ins Moor aufbrach.

Auf dem Nachhauseweg erinnerte ich mich selbst daran, dass dies nicht nur ein tolles Erlebnis für Sam war, das zu seiner Selbstständigkeit beitragen würde, sondern noch einen weiteren Vorteil hatte. Sams Abwesenheit bedeutete, dass ich gemeinsame Zeit mit Will verbringen konnte. Obwohl Sams kleiner Bruder sich nie darüber beklagte, dass der Größere so viel Aufmerksamkeit erhielt, wusste ich, dass Augenblicke wie diese mir die fantastische Gelegenheit boten, mich intensiv mit meinem jüngeren Sohn zu beschäftigen und ihm zu zeigen, wie stolz ich auf ihn war und wie sehr ich ihn liebte.

Ich fragte Will, was er an diesem Nachmittag gern tun würde – die Welt lag ihm zu Füßen. Seine Antwort überraschte mich. Ich hätte gedacht, dass er einen Ausflug ins Spielzeuggeschäft oder auch nach Pennywell vorschlagen würde (unser neues Zuhause lag nur fünf Minuten Autofahrt entfernt). Aber er sagte, er wolle Zeit mit Chester und mir verbringen. Die beste gemeinsame Unternehmung, die mir für uns drei einfiel, war, dass wir das Gehege unseres Schweins ausmisteten, und Will war ganz begeistert von dem Vorschlag.

Wir sprangen ins Auto und fuhren zu Tuckers, einem nahegelegenen Landhandel, wo wir einen großen Ballen Stroh und weitere Ferkelnüsse kauften. Der Ballen war zu schwer, um ihn ans andere Ende des Gartens zu tragen, deshalb packten wir ihn auf die Schubkarre, um ihn aus dem Auto in den Garten zu transportieren – und dann wurde es richtig lustig. Will kletterte oben auf den Ballen, und wir setzten ihm einen Stieltopf als improvisierten »Sturzhelm« auf den Kopf. Dann packte ich die Griffe der Schubkarre und rannte mit meinem entzückten Passagier zu Chesters Pferch, wobei ich unterwegs absichtlich mit Bäumen und anderen Hindernissen »zusammenkrachte«. Will hielt sich bei der wilden Fahrt an den Seiten der Schubkarre fest und quietschte vor Vergnügen. Mit dem Topfstiel, der im 90-Grad-Winkel von seinem Kopf abstand, sah er wirklich heiß aus! Will genoss jede Minute unseres kleinen Husarenstücks, vor allem seinen improvisierten »Helm«.

Chester hörte uns kommen und fing an, die tiefen, atemlosen Grunzlaute auszustoßen, die er immer von sich gab, wenn er uns ein paar Stunden nicht gesehen hatte. Wir waren so schlau, vorsichtshalber Gummistiefel anzuziehen, weil Chesters Hinterhof mittlerweile einem matschigen Sumpf glich – genauso wie Darren es vorhergesagt hatte. Nachdem wir unser Ziel erreicht hatten, sprang Will vom Strohballen herunter und half mir, ihn in Chesters Haus zu tragen.

Ausmisten hieß, dass wir das Wasser in Chesters Trog austauschten, sein Klo-Areal (das er in der unteren rechten Ecke des Pferchs angelegt hatte) säuberten und die Streu an seinem Schlafplatz erneuerten. Chester bestand immer darauf, sich sein Bett selbst zu machen. Er freute sich wie Bolle, als wir den Strohballen (ohne Schnur natürlich) in sein Spielhaus legten und er ihn mit dem Rüssel verteilen konnte. Ihn dabei zu beobachten, wie er die Streu ausbreitete, erinnerte mich daran, wie man ein Federbett aufschüttelt, bevor man es aufs Bett legt. Er war so schlau, dass er sogar ein Strohbüschel vor seine Eingangstür schob, damit er ein Kissen für seine Beine hatte, wenn er sie abends aus dem Haus streckte.

Während wir drei den Pferch auf Vordermann brachten, plauderte ich locker mit Will. Mein jüngerer Sohn war jetzt sechs Jahre alt, aber durch die ganzen Erfahrungen, die wir mit Sam gemacht hatten, unglaublich reif für sein Alter. Er war immer noch ein stets zu Streichen aufgelegter kleiner Schlingel, aber doch auch sehr fürsorglich und geerdet. Wegen Sams Autismus hatte Will im Grunde sehr früh lernen müssen, zu einem kleinen Betreuer zu werden – wie Zehntausende Kinder in ganz Großbritannien, die meiner Ansicht nach alle viel zu wenig Anerkennung erhalten. Auch wenn die Betreuung von Sam in erster Linie meine und Darrens Aufgabe war, fiel Will schon durch das reine Zusammenleben mit seinem Bruder eine verantwortungsvolle Rolle zu. Es war nicht leicht für ihn, aber er war seinem Bruder immer ein toller Kumpel gewesen. Und als wir jetzt Chesters Pferch ausfegten, offenbarte Will mir, dass seine Fürsorge für Sam in jüngster Zeit noch eine neue Dimension angenommen hatte. Ich hatte nichts davon gewusst, aber Will erzählte mir jetzt, dass er seinem Bruder manchmal half, sich morgens anzuziehen – indem er Sams heißgeliebte Ben-10-Figur konfiszierte.

Will sagte, er verstecke sie immer hinter seinem Rücken, bis Sam seine Klamotten in der richtigen Reihenfolge angezogen hätte. Ich war aus zwei Gründen platt – erstens, weil Will so eine pfiffige Idee ausgebrütet hatte, um seinem Bruder zu helfen, und zweitens, weil sie funktioniert hatte, ohne dass Sam ausgerastet war. Normalerweise geriet Sam unter starken Stress, wenn er von seinen Lieblingsspielsachen getrennt war. Es war ein riskantes Manöver, aber es hatte sich gelohnt. Vielleicht hätte Sam genauso positiv reagiert, wenn ich diese Methode ausprobiert hätte, aber ich wusste, dass ich nie gewagt hätte, sie anzuwenden, weil ich eher dazu neigte, Sam in Watte zu packen, um die Koller zu vermeiden, die so belastend für uns beide waren. Aber Will hatte intuitiv anders gehandelt: Er wollte seinem Bruder einen Anstoß geben, um ihm zu zeigen, dass er viel mehr konnte, als er sich zutraute.

»Ich will Sam bloß helfen«, vertraute Will mir an.

Es war beruhigend – und total rührend –, wie fest Will davon überzeugt war, dass er seinem Bruder helfen konnte.

Ich drückte ihn ganz fest und war ungeheuer stolz auf ihn.

Chester mit seinem Gespür für Stimmungen wollte auch an unserem innigen Austausch teilhaben und trippelte zu uns herüber, im Fellkleid immer noch einige Strohbüschel. Er lehnte sich liebevoll gegen meine Beine, und Will und ich kraulten ihn beide hinter den Ohren.

Plötzlich kam mir eine Idee – warum benutzten wir den Besen nicht als Bauchkratzer, so wie Mr Murray es bei Pumbaa getan hatte? Nun, sobald die Bürstenhaare seinen Bauch berührten, schmiss Chester sich hin, damit wir alle Stellen gut erreichen konnten. Will half mir, den Besen auf seinem großen behaarten Wanst hin und her zu bewegen. Jedes Mal, wenn wir die Borsten über seinen Bauch zogen, stieß Chester einen Glücksgrunzer aus – es gibt doch nichts Schöneres, als gekratzt zu werden, wenn es juckt!

Am Abend spielte ich Tischtennis mit Will am Esszimmertisch und kochte ihm sein Lieblingsessen – Chili con Carne. Erschöpft von unserer fleißigen Arbeit in Chesters Pferch, aber sehr, sehr glücklich fielen wir schließlich ins Bett.

Mitten in der Nacht wachte ich auf. Draußen heulte ein Sturm. Natürlich war mein erster banger Gedanke, ob es Sam gut ging. Das klang nach einem ganz schön furchtbaren Campingwetter. Aber da ich wusste, dass die Kinder bei Lynda gut aufgehoben waren, nickte ich schließlich trotzdem ein, nur um dann frühmorgens von meinem Handy geweckt zu werden, das mich piepend über eine eingehende Nachricht informierte.

Sie war von Lynda Russell: »Eine wilde, stürmische Nacht; alle sind gesund und munter, wir machen weiter.« Ich hatte gewusst, dass alles in Ordnung war. Wahrscheinlich hatten die Kinder durch das »abenteuerliche« Wetter sogar besonders viel Spaß an dem Ausflug.

Ich hatte recht. Als ich Sam am Ende des Ausflugs abholte, strahlte er übers ganze Gesicht, als er zur Begrüßung in meine Arme lief. Das bestätigte mir noch einmal, dass die Entscheidung, Spanien zu verlassen und nach Devon zu ziehen, das Beste war, was ich für Sam hatte tun können.

Mit jeder Woche, die verging, wurde Sam stärker und selbstbewusster. Das Wichtigste war, dass seine Gefühlsregulation immer besser wurde – er lernte, die stürmischen Stimmungen, die durch seinen Autismus verursacht wurden, rechtzeitig zu erkennen und Schritte zu ergreifen, die einen ausgewachsenen Gefühlsausbruch verhinderten. Wenn er im Unterricht eine Pause brauchte, um zu »flattern«, zeigte er einer seiner Lehrassistentinnen (er hatte zwei: Mrs Short und Mrs Scull) eine Karte vor. Wenn er zu Hause war und Dampf ablassen musste, rannte er nach draußen zu seiner Lieblingsstelle neben Chesters Pferch.

Während sich die Großwetterlage bei Sam täglich zu verbessern schien, war beim tatsächlichen Wetter keine Besserung in Sicht. Die stürmische Regennacht im Moor war der Vorbote eines bitterkalten Winters gewesen. Und am Morgen des letzten Schultages dieses Jahres, dem 17. Dezember 2010, brach die Hölle los.

Mir fiel nichts Besonderes auf, als ich morgens aufstand, weil es draußen noch stockdunkel war. Ich machte mich an meine normale morgendliche Routine – knipste das Licht in der Küche an und lehnte mich gegen den mollig warmen AGA-Herd, während ich darauf wartete, dass der

Wasserkessel kochte. Die Jungen kamen in ihren Pyjamas nach unten getapert und rieben sich den Schlaf aus den Augen. Halb in Gedanken rieb ich ein Guckloch in die beschlagene Fensterscheibe und warf einen Blick nach draußen in die Dunkelheit, während der Kessel zu pfeifen begann. Obwohl es dunkel war, sah der Weg draußen irgendwie anders aus als sonst – das aus der Küche fallende Licht brach sich auf einer anders beschaffenen Oberfläche.

Ich schaltete das Außenlicht an – und traute meinen Augen nicht. Der ganze Platz lag unter einer dicken Schneedecke.

»Hey, Jungs, es hat geschneit!«, kreischte ich entzückt.

Sie rannten durchs Wohnzimmer und steuerten schnurstracks die Hintertür an. Ich musste sie daran hindern, barfuß nach draußen zu laufen. Im letzten Jahr hatten sie ein bisschen Puderzuckerschnee auf der Landschaft gesehen, aber nichts, was so spektakulär war wie das hier. Ich hatte so etwas auch noch nicht gesehen – der Schnee lag so hoch, dass ich die Jungen nicht zur Schule fahren konnte. Komischerweise waren sie darüber nicht sonderlich traurig.

Sie verbrachten den Morgen damit, Schneemänner zu bauen und sich auf den Rücken in den Schnee zu legen, um Schneeengel zu machen. Unserem Garten stand das weiße Kleid genauso gut wie das grüne. Die Bäume sahen aus wie in Zuckerguss getaucht, und Chesters eingeschneites Spielhaus wirkte wie eine Skihütte. Ich liebte das knirschende Geräusch unter meinen Füßen – es weckte glückliche Kindheitserinnerungen an Schneeballschlachten mit meiner Schwester und ans Skilaufen in den französischen Alpen.

Chester war ebenfalls entzückt über den Wetterumschwung, weil er bedeutete, dass Sam und Will den ganzen Tag bei seinem Pferch spielten. Er schien die Kälte gut zu vertragen, zog sich einfach zwischendurch in sein Strohbett zurück, um sich aufzuwärmen. Ich machte mir keine allzu großen Sorgen um ihn, weil ich davon ausging, dass der Schnee am nächsten Tag verschwunden sein würde.

Das war ein Irrtum. Es fiel immer mehr Schnee, bis er über zwanzig Zentimeter hoch lag und wir wirklich eingeschneit waren.

Zuerst war das lustig, weil es die Gemeinschaft stärkte, doch irgendwann war der Schnee so tief, dass nicht einmal mehr der Postbote den Weg zu uns hinauf schaffte. Es wurde beschlossen, dass er all unsere Karten und Päckchen bei dem Cottage abgab, das etwa eine Meile die Straße hinunter lag. Unser nächster Nachbar, James, der auf der nahegelegenen Farm wohnte, würde die Post beim Cottage abholen und sie mit dem Schlitten bei uns vorbeibringen. Als er eintraf, sah er aus wie der Weihnachtsmann, der seinen Geschenke-Schlitten hinter sich herzieht. Die ganze Szenerie hatte etwas Magisches, der Schnee reflektierte den strahlenden Sonnenschein, und oben an den kahlen Bäumen glitzerten bläuliche Eiszapfen. Dick eingepackt in Mützen, Schals und Fäustlingen warteten die Jungen vorm Haus auf James und konnten kaum an sich halten vor Neugier auf seine Lieferung.

Glücklicherweise hatte ich uns in Vorbereitung auf Weihnachten reichlich mit Lebensmitteln eingedeckt. Wir machten uns einen Spaß daraus, einige Vorräte zu plündern und ordentlich zu schlemmen, weil wir nicht einkaufen konnten.

Doch am fünften Tag spitzte sich die Lage zu. Als wir an diesem Morgen aufstanden, stellten wir fest, dass Chesters Strohbett in der Nacht gefroren war. Das Problem war das hölzerne Spielhaus – der Schnee war in die Wände und den Fußboden gesickert und hatte das Stroh völlig durchnässt. Durch den nächtlichen Temperatursturz war es dann gefroren. Der arme Chester hatte praktisch auf einem Eisbett geschlafen.

Ich fühlte mich schrecklich bei dem Gedanken, wie kalt ihm gewesen sein musste, und krabbelte in seine Hütte, um zu sehen, ob er in Ordnung war. Er schien wohlauf – er war ein zäher Bursche –, aber als ich über seinen Rücken streichelte, konnte ich spüren, wie er zitterte. Ich schlang die Arme um ihn oder jedenfalls so weit um ihn herum, wie das in Anbetracht seiner Leibesfülle möglich war, und versuchte, ihn warm zu rubbeln. Sobald die Jungen spitzkriegten, welche Absicht ich verfolgte, machten sie mit. Als wir zu dritt seinen Bauch und Rücken rubbelten, lebte Chester auf und quittierte unsere Bemühungen mit entzückten Grunzlauten.

Ich hätte Chester über Weihnachten gern ins Haus geholt, aber ich wusste, dass er alles demolieren würde. Das Chaos, das er bei seinem letzten Ausbruch aus dem Pferch angerichtet hatte, stand mir noch deutlich vor Augen. Nein, das war leider keine Option. Ich musste mein Bestes tun, um es ihm in seinem eigenen Haus so warm und gemütlich wie möglich zu machen.

»Los, Jungs, wir müssen dafür sorgen, dass Chester es warm hat – diese Kälte ist nicht gut für ihn.«

Ich schnappte mir die Spitzhacke aus dem Gewächshaus und zerhackte das gefrorene Stroh, während Sam es mit der Schaufel wegschippte. Er wollte unbedingt derjenige sein, der das Eis entfernte. Chester machte es ihm nicht leicht, weil er sich die ganze Zeit Trost und Wärme suchend gegen seine Beine drückte. Doch Sam kicherte nur über das Anlehnungsbedürfnis seines Schweins und schaufelte den Eisbrei unbeirrt weiter auf die Schubkarre. Will kippte ihn dann in den matschigen Teil des Pferchs.

Nach zwei Stunden Plackerei hatten wir schließlich alles freigeschaufelt. Ein neuer Strohballen stand bereit, und unser Schwein, das wusste, was als Nächstes kam, fing an, noch lauter zu grunzen. Ich packte den Ballen in sein Haus und schnitt die rosa Schnur durch, die ihn zusammenhielt. Sofort fing Chester an, das Stroh auszubreiten und sein Bett zu machen.

Ich war so besorgt, dass Chesters Schlafplatz erneut einfrieren könnte, dass ich unseren Nachbarn und neuen »Briefträger« James fragte, was ich tun sollte. Der Farmer machte das sehr liebenswürdige Angebot, eine Grube in seiner Scheune auszuheben und Chester dort vorübergehend aufzunehmen, bis es wieder wärmer wurde. Doch wäre ich auf dieses Angebot eingegangen, hätte ich die offizielle Genehmigung für einen Schweinetransport einholen müssen – kein leichtes Unterfangen angesichts der Tatsache, dass wir eingeschneit waren. Ich entschied, dass es leichter – und besser für Sam – war, wenn Chester in unserer Obhut blieb. Wir mussten einfach mehrmals täglich sein Stroh überprüfen.

Über Weihnachten würde das kein Problem sein, denn wir erwarteten eine Armee von Helfern in Gestalt meiner

Schwester, ihres Freundes Simon und der Kinder Tom und Dan – und Mum würde natürlich auch mit anpacken. Glücklicherweise hielt der Schnee sie nicht davon ab, zu uns zu kommen – bis zu ihrer Ankunft hatten die Trecker Wege durch den Schnee gebahnt.

Es war ein unvergessliches Weihnachtsfest, nicht zuletzt weil wir den Garten als Kühl- und Gefrierschrank benutzen mussten. Wir hatten nur einen winzig kleinen, den die Vorbesitzer zurückgelassen hatten und der zu wenig Platz für unsere ganzen Festtagsleckereien bot. Die Jungen fanden es toll, immer wieder in den Garten geschickt zu werden, um Lebensmittel zu holen, während ich das Weihnachtsessen vorbereitete. Gott sei Dank brach Chester nicht aus – wenn er ausgebüxt wäre, hätten wir unser Festtagsmahl wohl vergessen können!

Sam konnte es kaum erwarten, sein Essen hinunterzuschlingen – nicht weil er hungrig war, sondern weil er es eilig hatte, Chester mit Futter zu versorgen. Die Papierkrone noch auf dem Kopf rannte er nach draußen in den Schnee und brachte ihm einen Teller, auf dem sich Truthahn, Füllung und Gemüse türmten – dazu servierten wir Chester sogar ein kleines bisschen Cranberrysauce. Bevor Sam das Tor erreicht hatte, war Chester bereits auf den Hinterbeinen. Wenn ein Schwein sabbern könnte, hätte er es zweifellos getan. Stattdessen grunzte er so laut, dass wir ihn bis ins Esszimmer hören konnten.

Eines fehlte allerdings bei diesem zauberhaften Weihnachtsfest, nämlich Darren, den ich schmerzlich vermisste. Er war vertraglich verpflichtet, über Weihnachten zu arbeiten, deshalb musste ich bis Silvester auf unser Wiedersehen warten. Unter dem Baum wartete ein Berg von Geschenken von der ganzen Familie auf ihn, aber er überraschte mich mit seinem Geschenk, bevor wir auch nur das Haus erreicht hatten.

Wir waren nach der Fahrt vom Flughafen gerade in die Einfahrt eingebogen und saßen noch plaudernd im Wagen, während die helle Wintersonne durch die Windschutzscheibe schien. Ich wollte gerade aussteigen, als er meinen Arm ergriff. Er wirkte plötzlich nervös.

»Darren?«, fragte ich verunsichert.

»Willst du mich heiraten?«, platzte er heraus.

Das hatte ich nicht erwartet. Der Atem verließ meine Lunge und blieb irgendwo in meinem Hals stecken, deshalb konnte ich einen Moment lang nichts sagen. Dann breitete sich ein Lächeln auf meinem Gesicht aus.

»Sehr gerne!«

Ich schätze, es war wohl nicht der romantischste Heiratsantrag aller Zeiten, aber weil es für uns beide das zweite Mal war, fühlte es sich richtig an, kein großes Tamtam zu machen. Und unserer Liebe tat es keinen Abbruch.

Als Darren mir den Antrag machte, waren wir seit dreieinhalb Jahren zusammen. Der Kummer und die schweren Zeiten, in denen es Sam so schlecht gegangen war, lagen weit hinter uns: Wir waren zur Ruhe gekommen, und Sam ging es gut. Die Hochzeit fühlte sich an wie das Tüpfelchen auf dem i, um uns zusammenzubringen und »offiziell« zu einer Familie zu machen.

Ich konnte den großen Tag kaum erwarten.

21. Kapitel
Hochzeitsglocken und Schweinegeschichten

Ich wollte Chester bei unserer Hochzeit dabeihaben. Er gehörte zur Familie; es schien nur recht und billig, dass er mit von der Partie war. Ich stellte mir vor, wie niedlich er aussehen würde, mit einer Fliege um den Hals und einem Gänseblümchenkranz auf dem Kopf ...

Dann fiel mir wieder das Desaster von der Einweihungsparty ein, als er den Gästen das Essen vom Teller geklaut und die Badezimmertapete von der Wand geschält hatte.

Darren wies mich schnell und zu Recht auf all die anderen potentiellen Katastrophen hin, die unser frei laufendes Schwein bei der standesamtlichen Trauung und der Hochzeitsparty, die in einem Landhaushotel im nahegelegenen Gulworthy stattfinden sollte, verursachen könnte. Wir hatten uns auf eine Winterhochzeit geeinigt, wegen der magischen Erinnerungen an die weiße Weihnacht, als Darren seinen Antrag gemacht hatte. Es sollte eine Feier in kleinem Rahmen werden – nur etwa dreißig Gäste. Doch sogar mir war klar, dass wir Chester nicht dazuladen konnten. Nein: Ich würde mir etwas anderes einfallen lassen müssen, um ihn mit einzubeziehen.

»Ich hab's!«, rief ich aus, als Darren und ich eines Tages über den Hochzeitsplänen saßen. »Chester kommt auf unsere Hochzeitstorte!« Darren konnte sich für die Idee erwärmen, und der Plan wurde in die Tat umgesetzt.

Kurz darauf brachte ich ein Foto von Chester zu der Bäckerei in Dartmouth, die wir auserkoren hatten, unsere Hochzeitstorte anzufertigen. Sie hielten mich wahrscheinlich für völlig bekloppt, als ich sie bat, ein Schwein in ihr Design aufzunehmen. Ich blätterte durch ihre Broschüre und entdeckte ein spezielles Tortendesign, das perfekt zu unserem verrückten Leben passte. Die Braut und der Bräutigam lagen in einem Himmelbett, umgeben von ihren ganzen Haustieren. Ich fragte, ob sie statt der Hunde und Katzen, die auf dem Bild zu sehen waren, auch ein Schwein aus Zuckerguss herstellen und es ans Ende des Bettes setzen könnten.

»Das kriegen wir schon gebacken«, erklärten die Mitarbeiter und verkniffen sich ihr Lachen über unser sonderbares Haustier.

Will sollte unser Trauzeuge sein, und Sam würde mich dem Bräutigam übergeben. Das war meine und Darrens Art, die Kinder in unseren großen Tag miteinzubeziehen. Wir wollten mit diesem Fest auch feiern, was für eine tolle Familie wir geworden waren.

Sam musste in seiner Rolle nur ein paar Worte sagen, aber für ihn war es schon eine ziemlich große Sache, aufzustehen und vor den ganzen Gästen zu sprechen. Aber ich wusste, er würde sich der Situation gewachsen zeigen, weil er in den letzten Jahren ungemein an Selbstvertrauen gewonnen hatte. Sicherlich hätte ihm geholfen, Chester dicht an seiner Seite zu haben, aber ich musste ihn nur daran erinnern, dass er im Geiste mit dabei war – auf dem Kuchen.

Sam war nicht der Einzige, den ich in der einen oder anderen Weise auf die Hochzeit vorbereitete. Dem Standesbeamten teilte ich vorab mit, dass ich einen Sohn mit Autismus hätte, der bei der Trauung ein paar Worte sagen würde, um mich dem Bräutigam zu übergeben. Ich wollte ganz genau wissen, welchen Text er verlesen würde, damit ich die Zeremonie vorher schon Wort für Wort mit Sam durchgehen konnte. Ich wollte keine unliebsamen Überraschungen erleben, die ihn aus dem Konzept brachten.

Schließlich war der große Tag da – der 19. Dezember 2011. Man hätte meinen können, dass ich die Ruhe selbst gewesen wäre, da es ja schon das zweite Mal für mich war, aber ich sorgte mich um die kleinsten Details wie Blumenarrangements, Sitzplan und Kinderbespaßung. Ich wollte, dass alles perfekt wurde, bis hin zu den kleinen silbernen Knallbonbons, die unsere Gastgeschenke waren, und der Schreibschrift auf den Tischgedecken.

Penny, meine beste Freundin aus Schulzeiten, nahm mir etwas von meinem Lampenfieber vor der Hochzeit. Als Darren und die Jungen sich fertig machten, tauchte sie mit einer Flasche Champagner in meinem Hotelzimmer auf. Penny, die mit ihren beiden Söhnen extra zu unserer Hochzeit aus Frankreich angereist war, ist ein toller Mensch und eine atemberaubende Frau. Mit ihrem kurz geschnittenen blonden Haar und der durchtrainierten

Figur sah sie aus wie Cate Blanchett. Für mich war es eine ganz besondere Freude, sie bei der Hochzeit dabeizuhaben, und obwohl wir einander selten sahen, brauchten wir nur Sekunden, um die alte Vertrautheit wieder herzustellen.

»Jetzt werde ich dich fragen, was mein Vater mich an meinem Hochzeitstag gefragt hat«, sagte sie scherzend und füllte mein Glas mit sprudelndem Champagner. Sie machte eine Pause, um die dramatische Wirkung zu erhöhen. »Bist du absolut sicher, dass du das hier tun willst?«

Wir prusteten los.

»Ja, ich bin sicher!«, erklärte ich glucksend.

»Okay, dann weiter im Text«, sagte sie, rief den Roomservice an und bestellte mir ein warmes Frühstück. »Du kannst nicht auf leeren Magen heiraten!«

Penny half mir, in mein elfenbeinfarbenes Kleid zu schlüpfen, als es so weit war. Dieses Mal hatte ich ein weniger verspieltes Modell gewählt als beim letzten Mal – ein schlichtes rückenfreies Kleid mit Nackenband. Ein Team von Stylisten kümmerte sich um meine Frisur und mein Make-up, rollte mein langes rotes Haar zu Ringellocken auf und ließ sie locker über meinen Rücken fallen. Das i-Tüpfelchen war das schöne Bukett, das aus Dartmoor-Heide, Tannenzapfen, weißen Rosen, Weidenkätzchen und Misteln (wegen Weihnachten) bestand und von einem silbernen Band zusammengehalten wurde.

Silber und Creme waren unsere Hochzeitsfarben. Ich hatte silberne Fliegen und Westen für die Jungen ausgewählt, und als die beiden mit ihren Cousins Tom und Dan kurz vor der Trauung in mein Zimmer stürmten, ging mir das Herz auf, weil sie einfach hinreißend aussahen.

»Na, ihr könnt vielleicht gut aussehen!«, rief ich aus und richtete ihre Fliegen gerade aus.

»Fang ja nicht an zu heulen«, sagte Penny und wies warnend darauf hin, dass sentimentale Tränen mein kunstvolles Make-up ruinieren würden.

Dann scheuchte sie alle nach draußen – alle außer Sam, weil er mich zum Altar führen würde.

Sam, der in knapp einem Monat acht werden würde, sah mit großen Augen zu mir hoch.

»Du siehst schön aus, Mami«, sagte er, jedes Wort betonend, wie es manchmal seine Art war. Total süß.

Unser kleiner Moment wurde durch ein lautes Klopfen unterbrochen. Die Hotelbesitzerin steckte ihren Kopf durch die Tür: »Alles wartet jetzt auf Sie.«

Ich hatte hundert Schmetterlinge im Bauch. Jetzt war es also so weit – gleich würde ich Darren heiraten. Unten im Salon saßen vermutlich alle auf ihren Plätzen, während Will und Darren am Ende des Gangs standen und auf unser Erscheinen warteten.

»Na dann, Sam, los geht's.« Ich nahm seine kleine Hand in meine.

Heute war er mein Fels in der Brandung, der mir Kraft und Halt gab. Mein Vater und mein Onkel waren beide schon verstorben, und deshalb brauchte ich Sam an meiner Seite. Wir hatten die Rollen vertauscht – ich stützte mich auf ihn anstatt umgekehrt, denn er war der Mann, der mich zum Altar führte. Und mein kleiner Junge machte das großartig und zeigte sich der Situation mehr als gewachsen.

Unten an der Treppe wartete die Fotografin, um einige Aufnahmen zu machen. Sie zog mich auf, weil ich so ein ängstliches Gesicht machte, aber das hatte nichts damit zu tun, dass ich Angst hatte, Darren zu heiraten, sondern mit meinen hohen Absätzen – ich kam kaum die Treppe herunter, weil ich normalerweise Gummistiefel trug! Ich hielt Sams Hand fest umklammert, während ich von Stufe zu Stufe stakste. Wir schafften es, heil unten anzukommen, und spähten beide gleichzeitig durch die Tür des Salons. Ich konnte Darren erkennen, der nervös mit der Hand über sein schwarzes Samtjackett fuhr. Auch Will war da, hielt die cremefarbene Ledertasche mit unseren Ringen, und vorn in der ersten Reihe entdeckte ich meine Mutter.

Dann setzten die Dudelsäcke ein – ein Klang, der Darren sehr am Herzen lag. Auf der Bohrinsel hatte er viele schottische Kollegen, die den Hubschrauberlandeplatz nutzten, um mit ihrem Dudelsack umherzugehen und zu spielen. Oft erzählte er mir am Telefon, dass er eine Gänsehaut bekam, wenn er hörte, wie die Dudelsackklänge über die Bohrinsel und hinaus aufs Meer schallten. Deshalb hatte er sich die bewegende Musik als Soundtrack für unsere Trauung gewünscht. Als ich die eindringlichen Klänge hörte, konnte ich gut verstehen, warum ihn diese Musik so tief berührte.

Ich hielt immer noch Sams Hand, als wir die Doppeltüren zum Salon aufdrückten. Das Erste, was uns entgegenschlug, war der Blumenduft, der den ganzen Raum erfüllte. Dann spürten wir, wie sich aller Augen auf uns richteten.

»Du machst das toll, Sam«, flüsterte ich ihm zu.

Als wir durch den Mittelgang schritten, fing Sam an,

nervös an seinem Zeigefinger zu saugen, und fixierte den Boden. Die Gäste renkten sich die Hälse aus, um einen Blick auf uns zu erhaschen. Sams Nervosität war greifbar – ich war so stolz auf ihn, dass es ihm gelang, ruhig zu bleiben.

Darren konnte nicht widerstehen und drehte sich zu mir um. Ein Lächeln huschte über sein Gesicht.

»Du bist wunderschön«, formte er lautlos mit den Lippen.

Ich spürte, wie die Röte an meinem Hals hochstieg und sich auf meinen Wangen ausbreitete.

Sam saugte noch immer an seinem Finger, als wir vor dem Standesbeamten stehen blieben. Mein Blick huschte zwischen Sam und Darren hin und her.

»Gut gemacht, Sam«, flüsterte ich.

Sobald die Trauung begann, hörte mein Sohn auf, an seinem Finger zu saugen, und schaute gespannt zum Standesbeamten hoch, um seine vorbereiteten Worte genau zum richtigen Zeitpunkt zu sagen. Der Standesbeamte räusperte sich, als er sich auf den großen Moment vorbereitete.

»Und wer übergibt Joanna dem Bräutigam?«, dröhnte seine Stimme durch den Raum.

Er blickte zu Sam hinunter und tat sein Bestes, um meinem Sohn das Gefühl zu geben, etwas ganz Besonderes zu sein. Sam sah mit seinem schönen engelsgleichen Gesicht zu ihm hoch. Alle verstummten und warteten gespannt, dass Sam das Wort ergriff. Es war so still, dass man eine Stecknadel hätte fallen hören können.

»Ich mache das«, sagte Sam stolz.

Ein Lächeln ging durch den Raum, sprang von Gesicht zu Gesicht, eine pure Freude, die unwiderstehlich war. Unsere Gäste wussten alle, was für eine Überwindung es Sam gekostet haben musste, vor so vielen Menschen zu sprechen – und doch hatte er es getan!

Ich sah zu Darren; unsere Gesichter spiegelten beide denselben Stolz und dieselbe Liebe wider. Plötzlich fühlte es sich an, als wären nur wir vier – Darren, Sam, Will und ich – in diesem Salon. Alle anderen schienen in den Hintergrund zu rücken. Denn obwohl nur Darren und ich unser Gelübde ablegten, stand dieser Moment für eine noch größere Verbindung: für den Zusammenschluss von uns vieren zu einer richtigen Familie. Als Darren und ich uns das Jawort gaben, bezogen die Worte sich nicht nur auf unsere Liebe füreinander, sondern auch auf die Liebe zu unseren Kindern.

Der Rest des Tages verging wie im Traum. Das Essen war umwerfend, die Atmosphäre fantastisch … Ich hätte mir keine schönere Hochzeit vorstellen können.

Wir hatten uns alle Mühe gegeben, die Kinder den ganzen Tag über in das Fest miteinzubeziehen. Ich hatte einen Haufen Geschenke in silbernes Seidenpapier gewickelt und unter den Weihnachtsbaum gelegt, damit die Kinder sie auspacken konnten, sobald die Party im Gang war. Als ich mich abends gerade mit meiner Mutter unterhielt, während im Hintergrund laut die Band spielte, sah ich aus dem Augenwinkel, wie die Kinder ihre Geschenke aufrissen. Sam hatten wir einige Legos geschenkt, die er heiß und innig liebt, weil die geordnete Schritt-für-Schritt-Bauweise sein autistisches Gehirn anspricht.

Mit einem halben Auge behielt ich die Kinder im Blick und sah, dass Sam seine Legoteile zusammenbaute. Ein Teil fehlte noch – der krönende Abschluss. Sein Cousin Tom, der dicht bei ihm saß, lehnte sich arglos zu ihm hinüber und steckte den letzten Legostein auf Sam Spielzeug.

»Bitte schön, Sam«, krähte er und freute sich, weil er helfen konnte.

Für meinen Neffen hatte die Vervollständigung des Spielzeugs keinerlei Bedeutung – doch für Sam bedeutete sie *alles*. Der letzte Legostein machte das Spielzeug zu etwas Perfektem und Vollendetem, und für Sam war es ungeheuer wichtig, dass er derjenige war, der diesen abschließenden Schritt vollzog. Dass Tom diesen Part übernahm, löste bei Sam ein starkes Gefühl der Frustration aus. Diese Enttäuschung und dazu noch der Lärm der Band waren zu viel für ihn. Er drehte durch.

Er ergriff die Flucht und rannte weinend aus dem Raum. Meine Erfahrung sagte mir, dass dies ein schwerer Anfall war. Intuitiv wollte ich Sam beschützen und in Sicherheit bringen. Ich raffte mein Hochzeitskleid zusammen, kickte die High Heels von den Füßen und lief ihm hinterher, über die breite Treppe nach oben, den Flur entlang und in die Bibliothek.

Klatsch! Klatsch! Klatsch! Sam schlug sich selbst ins Gesicht. Er weinte sich die Augen aus dem Kopf und bebte vor Schluchzen am ganzen Körper.

»Sam, hör auf«, flehte ich. In Sekundenbruchteilen schlüpfte ich aus der Rolle der Braut in die der Mutter eines autistischen Jungen, der meine Hilfe brauchte.

Ich versuchte, ihm propriozeptive Stimulierung zu geben, indem ich die Arme um ihn schlang und ihn fest darin einschloss. Der Begriff Propriozeption bezieht sich auf die Eigenwahrnehmung und das Körperbewusstsein im Raum. Indem ich Sam umarmte, versuchte ich, ihn zurück zu sich selbst zu bringen, damit er wusste, wer und wo er war, und nicht in seinem eigenen tosenden Gefühlssturm unterging.

Die Umarmung reichte diesmal nicht aus, um ihn zu beruhigen. Er war zu weit entfernt, und sein Inneres war jetzt in einem Zustand, in dem er sich meiner Meinung nach selbst gefährdete. Er kämpfte gegen mich an, schlug sich selbst, verkrallte die Finger … ich war nicht stark genug, um ihn festzuhalten, und er entwand sich meinem Griff. Er war so außer sich, dass ich große Angst hatte, er könne sich selbst verletzen.

»Sam!«, bat ich, als er wieder auf den Korridor rannte.

Ich sprintete hinterher, und mein Herz pochte so laut, dass es in den Ohren dröhnte. Die Musik, die ich noch vor wenigen Minuten genossen hatte, klang jetzt laut und aufdringlich. Ich wollte, dass sie aufhörte. Ich wollte, dass Sam aufhörte.

Er lief in unser Schlafzimmer. *Komm schon, Jo*, sagte ich mir selbst, *du musst jetzt schnell reagieren*. Ich zermarterte mir das Hirn, wie ich Sam helfen könnte, und mir wurde klar, dass es keine Alternative gab – ich musste mehr körperlichen Druck anwenden, als durch eine simple Umarmung zu erreichen war.

Ich legte mich neben ihn, nutzte einen Teil meines Körpergewichts, um Tiefendruck auf seine Muskeln auszuüben, umschloss ihn fest mit meinen Armen – hielt ihn im

Grunde still und sicher. Ich lag nicht vollständig auf ihm, aber hielt ihn so fest umklammert, dass ich genügend tröstlichen Druck ausüben konnte. Die Musik dröhnte noch immer durch die Wände, und ich versuchte, sie durch schiere Willenskraft zum Verstummen zu bringen, weil mir klar war, dass sie für Sams empfindliche Ohren eine zusätzliche Belastung in einer ohnehin schon stressreichen Situation darstellte.

»Es ist gut, Sam«, versuchte ich ihn zu trösten.

Nachdem ich etwa zwanzig Minuten lang Druck auf Sams Muskeln ausgeübt, ihm übers Haar gestrichelt und ihm die Ohren zugehalten hatte, um den Lärm der Band zu dämpfen, wurde die Tür aufgerissen, und Penny tauchte auf. Bei unserem Anblick nahm ihr Gesicht einen geschockten Ausdruck an.

»Alles okay«, sagte ich mit gedämpfter Stimme, weil mein Gesicht ins Kissen gedrückt war. Sie kam ans Bett, um zu helfen, wusste aber nicht genau, wie.

»Ich hatte ja keine Ahnung«, sagte sie und meinte damit, dass sie nicht gewusst hatte, wie schnell und unvorhersehbar eine Situation außer Kontrolle geraten kann, wenn man ein Kind mit Autismus hat.

Doch das kann man auch nicht wirklich wissen, wenn man nicht damit lebt. Sams Ausraster machte mir noch einmal bewusst, dass sein Autismus trotz aller Fortschritte, die er machte, immer ein Teil von ihm bleiben würde. Diese Episoden waren unvermeidlich, wenn die Reizbelastung zu groß wurde.

Glücklicherweise tat der Druck meines Körpergewichts auf sein Nervensystem seine Wirkung. Sam hörte auf, gegen mich zu kämpfen, und ich lockerte allmählich meinen Griff. Er atmete flach und angestrengt, als ich ihm übers Haar strich und seinen erschöpften Körper knuddelte.

»Geh nach unten, ich kümmere mich um ihn«, sagte Penny eindringlich.

»Ich kann ihn nicht allein lassen.«

Doch Penny wollte kein Nein als Antwort akzeptieren. Schließlich gab ich nach. Als ich aus dem Zimmer schlüpfte, schlief Sam fest in Pennys Armen.

Auf dem Weg nach unten klebte ich mir ein Lächeln ins Gesicht, weil ich meine Gäste nicht beunruhigen wollte. Doch innerlich weinte ich. Immerhin war es zum Teil meine Schuld, dass Sam ausgerastet war. Es war ein unglaublich geschäftiger und *anderer* Tag für Sam gewesen, und sosehr ich auch versucht hatte, ihn auf die Ereignisse vorzubereiten, war es alles zu viel für ihn gewesen. Ihn leiden zu sehen war immer schlimm für mich, aber heute fühlte es sich schlimmer an als je zuvor. Heute fühlte ich mich schuldig.

Als ich mich der Party wieder anschloss, eilte Darren sofort an meine Seite. Ihm war meine lange Abwesenheit aufgefallen, und meine Mutter hatte ihm gesagt, dass ich bei Sam war. Er kam mit so besorgter Miene auf mich zu, dass ich wusste, dass er sich genauso große Sorgen um Sam wie um mich gemacht hatte.

Der Anblick meines frisch angetrauten Ehemanns – in seinem Hochzeitsanzug an diesem Tag, der uns zu einer richtigen Familie gemacht hatte – reichte aus, um meine Stimmung wieder ein wenig anzuheben. Sams Mutter zu sein war ohne Zweifel anstrengend, doch der heutige Tag, der Darren und mich zu Mann und Frau machte, bedeutete, dass ich nicht mehr allein war. Ganz gleich, welche Herausforderungen die Erziehung Sams noch stellen mochte, Darren und ich waren ein Team und würden ab jetzt gemeinsam meistern, was immer die Zukunft für uns alle bereithielt.

Und nicht nur wir zwei. Als Darren mich in die Arme nahm, um mich in unserer Hochzeitsnacht über die Tanzfläche zu wirbeln, schaute uns ein ganz besonderes Schwein von seinem Vorzugsplatz ganz oben auf der Hochzeitstorte aus dabei zu. Dieser Abend hatte vielleicht einen Rückschritt für Sam gebracht, aber Chester hatte ihm geholfen, ganz viele riesige Vorwärtssprünge zu machen – und ich wusste, dass er das auch künftig tun würde. Da war nicht nur Darren, der hinter mir und Sam stand. Auch Chester war für uns da. In guten wie in schlechten Zeiten …

Und so konzentrierte ich mich trotz des Kummers über Sam im weiteren Verlauf des Abends nicht auf das, was ihm heute nicht gelungen war, sondern auf das, was ihm in den kommenden Jahren vielleicht noch alles gelingen würde. Für uns alle – für alle Bailey-Merritts, wie wir jetzt hießen – war heute der erste Tag vom Rest unseres Lebens. Und ich freute mich darauf, was die Zukunft noch an Überraschungen für uns bereithielt.

22. Kapitel

Oscarreif

Nicht lange nach der Episode bei der Hochzeit erholte Sam sich auf eine Weise, die uns alle überraschte. Darren und ich waren zur Schule gefahren, um ihn abzuholen. Anstatt allein herauszukommen (normalerweise ging er inzwischen eigenständig nach draußen und war nicht mehr darauf angewiesen, dass Lynda oder eine Lehrassistentin ihn an die Hand nahm), rannte er mit einem anderen Jungen im Schlepptau zum Tor.

»Das ist Jack«, stellte er uns stolz seinen neuen Freund vor.

Wir konnten es kaum glauben: Sam hatte schließlich einen Freund gefunden. Ich hatte ehrlich gesagt nicht mehr damit gerechnet, dass dieser Tag je kommen würde. Es zeigte, was für Fortschritte unser Sohn gemacht hatte: Zuerst war Sam mit Lynda oder einer Lehrassistentin aus der Schule gekommen, dann hatte er gelernt, allein nach draußen zu gehen, und jetzt tauchte er mit einem Freund auf.

Für Darren und mich markierte es einen Meilenstein, aber Sam und Jack schienen gar nicht zu bemerken, was um sie herum geschah. Ganz versunken in ihre eigene kleine Welt lachten die beiden ununterbrochen.

Entzückt sah ich zu Darren, und er grinste zurück.

»Nett, dich kennenzulernen, Jack«, sagten wir beide.

Jack war nicht im CAIRB-Programm, hatte aber auch besonderen Förderbedarf. Möglicherweise hatte das die beiden Jungen zusammengebracht – das stillschweigende Einverständnis, dass sie beide ein bisschen »anders« waren als die anderen Kinder. Sie hatten sich in einer der Regelklassen kennengelernt, in die Sam integriert worden war. Beide zeichneten gern: Jack hatte Sam gebeten, einige Superhelden für ihn zu zeichnen. Sam kam der Bitte nach, und Jack hatte die Figuren dann mit bunten Farben ausgemalt. Von diesem Augenblick an waren sie unzertrennlich.

Lynda Russell schwärmte uns begeistert vor, dass die beiden alles gemeinsam machten. Zu den Geschichten, die mich ganz besonders bewegten, gehörte, dass Lynda sie einmal auf dem Schulhof entdeckt hatte, wo sie auf der umgestürzten Eiche saßen und angeregt miteinander plauderten.

»Sie waren völlig blind für die ganzen anderen Kinder, die um sie herum spielten – sie waren so vertieft in ihre fröhliche Unterhaltung, dass wir sie quasi zurück in den Unterricht schleifen mussten«, sagte sie und sah sehr gerührt aus.

Unwillkürlich musste ich an die Zeit zurückdenken, als ich in der Schule ausgeholfen und durchs Fenster beobachtet hatte, wie mein Junge mit wedelnden Armen allein an diesem Baumstamm hin und her gelaufen war, völlig isoliert von den anderen Kindern. Jetzt saß er auf eben diesem Baumstamm *mit einem Freund zusammen*. Hinzu kam, dass er diesen Kontakt ganz eigenständig geknüpft hatte. Er hatte nicht Chesters Hilfe gebraucht, um zu kommunizieren. Es zeigte, wie sehr sich sein Zustand verbessert hatte, und ließ mich hoffen, dass er eines Tages fähig sein würde, für sich selbst zu sorgen.

Bei dem jährlichen Sportfest der Schule im Sommer 2012 bekamen Darren und ich einen Eindruck davon, wie innig die Verbindung geworden war. Manor Primary geht auf eine ganz tolle Weise an Sportveranstaltungen heran, damit die Kinder nicht unter individuellen Leistungsdruck geraten, sondern zum Teamwork ermutigt werden. Die Schüler werden in Gruppen eingeteilt, und jede Gruppe erhält eine andere sportliche Aufgabe, so dass acht oder neun verschiedene Aktivitäten gleichzeitig laufen. Die Eltern können den Gruppen von Aktivität zu Aktivität folgen, was wirklich nett ist, weil man seine eigenen Kinder bei den einzelnen Aufgaben anfeuern kann.

Außer bei den Wettläufen geht es nicht darum, wer als Erster, Zweiter oder Dritter durchs Ziel geht. Das war perfekt für Sam, der sowohl Probleme mit der Koordination hatte als auch unter seinem zwanghaften Perfektionismus litt.

Die Lehrer teilten Sam und Jack in dieselbe Gruppe ein, weil sie wussten, dass die beiden sich gut angefreundet hatten. Der einzige Nachteil war, dass die Jungen sich so prächtig miteinander amüsierten, dass sie den Sport völlig vergaßen. Anstatt mitzumachen, verdrückten sie sich an ihr liebstes Klettergerüst, den umgestürzten Baum. Während die übrigen Kinder sich an sportlichen Aktivitäten beteiligten, hatte Sam an etwas teil, was er nie zuvor erlebt hatte – an dem Spaß mit einem Freund.

Weder Darren noch ich brachten es übers Herz, sie zum Zurückkommen und Mitmachen zu zwingen. Ich glaube, den Lehrern ging es ähnlich, denn sie drückten anscheinend alle ein Auge zu.

Es wäre schön gewesen, Jack in den Sommerferien zu uns einzuladen, aber was den Übernachtungsbesuch von Freunden anging, war Sam komisch. Es war eine Marotte, die mit seinem Autismus zusammenhing: Er splittete alle Bereiche voneinander ab. Schule war Schule, und Zuhause war Zuhause, und die beiden durften nicht vermischt werden. Der Besuch der CAIRB-Kinder bei Chester hatte nur funktioniert, weil alle Lehrer ebenfalls mit dabei gewesen waren, wodurch sich die Erfahrung irgendwie nach Unterricht angefühlt hatte. Da Sam keine Schulfreunde zum Spielen hatte, sprang Chester in die Bresche und war bis zu Beginn des neuen Schuljahres wieder Sams einziger Kumpel.

Chester war überglücklich, Sam den Sommer über für sich zu haben, und freute sich außerdem über seine neue Bleibe. Das baufällige Spielhaus war schließlich zusammengebrochen, und ich hatte vorgeschlagen, dass wir Chester ein ordentliches Haus zum Schlafen besorgten, in dem er im Winter nicht frieren würde. Es erforderte einige Überredungskünste, weil die halbrunden Schweineställe aus Metall nicht gerade günstig waren, aber am Ende erklärte Darren sich einverstanden.

Man darf fairerweise behaupten, dass Darren nicht

Chesters größter Fan war. Wegen seines Jobs auf der Bohrinsel verbrachte er nicht sehr viel Zeit mit ihm. Doch wie das Schicksal es wollte, wurde Darren eines Tages von einer doppelten Dosis Schweine-Unfug getroffen, während ich in der Stadt war und mir eine Stunde Reflexzonenmassage gönnte.

Als ich das Haus verließ, pusselte Darren friedlich in seinem Gemüsebeet und summte zu den Songs im Radio. Als ich zurückkam, war die Hölle ausgebrochen.

Beim Einbiegen in die Auffahrt sah ich, dass Darren mit einem großen Stock in der Luft herumfuchtelte – und einem davonflitzenden Chester nachjagte. Das Gesicht meines Gatten war puterrot, und auf der Stirn hatte er dicke Schweißtropfen.

»Darren, was machst du da?«, rief ich. Ich sprang aus dem Auto und rannte den beiden hinterher. Darren sah wütend aus, und als ich ihn einholte, merkte ich, dass er völlig außer Atem war.

»Seit einer Stunde versuche ich, dieses Schwein zurück in seinen Stall zu treiben!«, wütete er.

Chester, der gerade außer Reichweite war, blieb stehen und drehte sich mit spitzbübischem Grinsen zu uns um. Ich wusste genau, was hier abging – er hielt das Ganze für ein Spiel. Er hatte sich großartig amüsiert, weil Darren ihn genauso verfolgt hatte, wie die Jungs es immer taten.

Leider galt das mit dem Amüsement nicht für meinen Angetrauten.

»Hast du ihm ein paar Ferkelnüsse hingeworfen?«, fragte ich. Es war eine logische Frage, aber sie ärgerte Darren, weil er nicht daran gedacht hatte.

»Nein, ich bin nur hinter ihm hergerannt«, erwiderte er ein bisschen beschämt.

Dann deutete er auf die Ruinen des Gewächshauses: Eine der Glasscheiben war zertrümmert.

»Ach du meine Güte!«, rief ich aus. »Was ist passiert?«

Darren erklärte, er habe gerade Saatgut ausgebracht, als urplötzlich Chester neben ihm aufgetaucht sei; das Schwein sei aus seinem Stall ausgebrochen.

»Ich habe es geschafft, ihn vom Gemüsebeet zurück zu seinem Pferch zu führen. Ich hatte gerade das Tor geöffnet, als er plötzlich nach links abdrehte und ins Gewächshaus schoss. Ich habe ihn zigmal gerufen, aber er wollte nicht wieder rauskommen. Also hab ich mir überlegt, dass ich auch reingehe, mich hinter ihn stelle und ihn aus der Tür nach draußen scheuche. Aber Chester ist direkt durch das Glas auf der anderen Seite gesprungen!«

Die Erinnerung an den kostspieligen Schaden und seine erfolglose Jagd brachte Darren beim Erzählen erneut in Rage. Inzwischen bemühte ich mich nach Kräften, mir mein Kichern zu verkneifen, als ich mir die Szene vorstellte. Ich hielt mir die Hand vor den Mund, um mein Lachen zu verbergen, während Darren das Trümmerchaos begutachtete: Die Glasscherben waren über das gesamte Gemüsebeet verteilt.

»Das ist nicht lustig. Ich habe den ganzen Tag damit verbracht, den Boden vorzubereiten!«, knurrte er.

»Was ist mit Chester?«, fragte ich. »Ist seine Nase in Ordnung?«

»Dieses blöde Schwein ist mir völlig wurscht!«

Glücklicherweise war Chester wohlauf. Er hatte keinen

einzigen Kratzer davongetragen, obwohl er die ganze Glasscheibe zertrümmert hatte. Darren war immer noch im Brass. Kopfschüttelnd betrachtete er unser Haustier und funkelte es wütend an.

»Er ist wirklich ausgebufft! Jedes Mal, wenn ich ihn fast hatte, ist er wieder abgehauen. So nach dem Motto: Fang mich doch, du Eierloch!«

Es war unschwer zu erkennen, dass ich Chester am besten zurück in seinen Stall brachte, bevor sich weitere Dramen entspannen. Ich griff nach den Ferkelnüssen.

»Hier, Chesty.« Ich rasselte damit in der Hand.

Chester hob schnuppernd die Nase in die Luft. Dann folgte er mir gehorsam zurück in sein Haus. Ich brauchte nur ein paar Minuten, um ihn wieder einzusperren.

Bei Darren kam das natürlich nicht besonders gut an, nachdem er eine Stunde lang erfolglos versucht hatte, dasselbe Ziel zu erreichen. Er stapfte ins Haus.

»Nimm's nicht persönlich, Chesty.« Ich drückte ihn tröstend, als wir die Tür knallen hörten.

Fairerweise muss man sagen, dass Darren zum ersten Mal allein vor der Situation gestanden hatte, dass Chester ausgebüxt war. All die anderen Male hatte ich mich mit unserem Ausbrecherkönig auseinandergesetzt, von daher war ich natürlich die Expertin. Das Witzige war, dass Darren trotz seines ganzen Gezeters am nächsten Morgen für Chester am Herd stand, als ich zum Frühstück herunterkam. Er kochte ihm eine warme Suppe aus den ganzen übrig gebliebenen Kartoffel- und Gemüseschalen.

»Was machst du da?«, fragte ich neckend, weil ich ganz genau wusste, dass er für unser Schwein kochte.

»Na ja, ich kann Chester ja nicht verhungern lassen«, sagte er leichthin und zuckte mit den Achseln. Es war Darrens Art, es wieder gut zu machen, dass er so böse auf Chester gewesen war. Und tatsächlich kam das Duo fortan im Garten recht gut miteinander aus. Chesters Stall grenzte direkt an Darrens Gemüsebeet, so dass sie einander immer Gesellschaft leisteten, wenn Darren in seinen Rabatten arbeitete. Chester legte seinen großen Kopf auf eines der Holzbretter, grunzte Darren zu, und Darren warf ihm Unkraut und Rhabarberstangen hin, die er zerkauen konnte. Es war ein ganz allerliebster Anblick!

Einige Wochen nach dem Gewächshaus-Desaster wurde der Spieß umgedreht und ich das Opfer von Chesters provokativem Verhalten.

Darren war inzwischen zu seiner Bohrinsel zurückgekehrt, hatte mir vorher aber noch ein wunderschönes Geschenk gemacht, nämlich zwei Blaubeersträucher. Er wusste, dass es meine Lieblingsbeeren waren. Ich machte mich schnell an die Arbeit und pflanzte sie an einen sonnigen Platz an der Terrasse bei der Hintertür. Als die Beeren reif waren, konnte ich morgens auf die Terrasse schlendern, mir einige Früchte pflücken und sie in meinen Joghurt mischen. Landleben par excellence!

Es lief alles wunderbar, bis Chester beschloss, ein zweites Mal in diesem Sommer auszubrechen. Zufällig entdeckte ich ihn, als er an Darrens Gemüsebeet vorbeilief und Kurs auf unsere Hintertür nahm.

Ich rannte in den Sonnenschein hinaus, um ihm den Weg abzuschneiden, und rief dabei laut nach den Jungen, damit sie mir zu Hilfe kamen.

»Kommt schnell! Chester ist ausgebrochen«, brüllte ich.

Ich erreichte Chester genau in dem Moment, in dem er meine Blaubeersträucher erreichte. Sie waren Verlockung genug, um ihn innehalten zu lassen, bevor er ins Haus eindrang, was Plan A gewesen war. Schnuppernd blieb er stehen. Und dann stürzte sich dieses gefräßige Schwein in Nullkommanichts auf meine Büsche.

Ich zog und drückte mit aller Kraft an ihm herum, versuchte, seine Schnauze von den köstlichen Früchten wegzuschieben, aber er war zu groß und zu stark und schmatzte bereits genüsslich, fraß die Zweige mit solcher Entschlossenheit kahl, dass all meine Bemühungen umsonst waren. Er machte dieses extrem gierige, ächzende Geräusch, das dem Verzehr von besonderen Leckerlis vorbehalten war, wie etwa dem gestohlenen Hühnerfutter aus dem Garten unseres ehemaligen Nachbarn. Es dauerte alles nur Sekunden.

Befriedigt grunzend trippelte Chester an mir vorbei ins Haus. Ich starrte verloren auf meine Blaubeersträucher, die jetzt nur noch aus kahlen Zweigen bestanden, ihrer Früchte vollständig beraubt. Inzwischen kugelten sich die Jungen mal wieder vor Lachen über Chesters Possen.

Wie seit jeher war Chesters Verhalten natürlich auch ein heißes Gesprächsthema im Dorf – und darüber hinaus. Von daher war es vielleicht keine Überraschung, dass eines Tages die BBC bei mir anrief, um mir mitzuteilen, dass sie von Chester gehört hätten (unser Schwein war bekannt wie ein bunter Hund) und ihn für die Sendung *Country Tracks* filmen wollten. Aber für mich war es definitiv eine

Überraschung! Ich war sprachlos. Die Leute in unserem früheren Dorf hatten einmal gewitzelt, dass Chester eines Tages zum Fernsehstar avancieren würde, aber ich hätte nie für möglich gehalten, dass das tatsächlich passieren würde.

Country Tracks wollte einen Film darüber drehen, dass unser Minischwein kein Minischwein geblieben war. Mein erster Gedanke war, welche Folgen das für Mr Murray und Pennywell Farm haben würde. Ich machte mir Sorgen, dass es geschäftsschädigend für sie sein könnte, wenn herauskäme, dass Chester nicht klein geblieben war. Also rief ich bei der Farm an, und Mr Murray sagte, er würde sofort vorbeikommen. Es war das erste Mal, dass ich ihn wegen Chesters Größe kontaktierte. Ich hatte mich nie darüber beschweren wollen. Chester war unser Schwein, und wir liebten ihn, so wie er war.

»Meine Güte, der ist ja *riesig*!«, rief Mr Murray aus, als er Chester zu Gesicht bekam.

Er kratzte sich verwundert am Kopf.

»Ich habe wirklich keine Ahnung, wie das passieren konnte!«, sagte er.

Mr Murray ging in den Pferch zu Chester und unterzog ihn einer kurzen Begutachtung, während er darüber nachgrübelte, wie es zu dieser Wachstumsexplosion bei seinem Minischwein kommen konnte. Unser kleines Hausschwein hatte jetzt eine Länge von 1,67 Meter von der Schnauze bis zum Hinterteil, den Schwanz nicht mitgerechnet, der noch einmal 45 cm extra machte. Und es war 80 cm hoch!

Ich versicherte Mr Murray immer wieder, dass es mir

nichts ausmache, aber er bestand darauf, mir eine Erklärung zu geben. Durch die Blume teilte er mir mit, dass Chester ein genetischer »Atavismus« sei. Ein Atavismus oder Rückschlag ist der evolutionsbiologische Begriff dafür, dass plötzlich wieder anatomische Merkmale auftreten, die eigentlich schon seit Generationen verschwunden sind. Im Fall von Chester hatten zwei Minischweine, die speziell auf Kleinwüchsigkeit gezüchtet waren, ein normal großes Schwein hervorgebracht. Es war offensichtlich etwas, das schon mal passieren konnte, wenn Farmer Rassen miteinander kreuzten, obwohl Mr Murray es auf seiner Farm noch nie erlebt hatte.

»Es tut mir so leid«, entschuldigte er sich immer wieder. »Sie haben ja die Eltern gesehen. Die sind beide winzig.«

»Es ist alles in Ordnung«, beteuerte ich immer wieder.

Mr Murray war so bekümmert, dass er uns enttäuscht hatte, dass er anbot, Chester gegen ein neues Ferkel umzutauschen. Der Gedanke wäre mir nie in den Sinn gekommen.

»Ich würde ihn für nichts auf der Welt eintauschen!«, rief ich mit einem liebevollen Blick auf Chesters ingwerfarbenes Smiley-Gesicht.

Ich erklärte Mr Murray, dass Chester Sams Leben verändert habe, dass unser Sohn am Boden zerstört wäre, wenn wir Chester umtauschen würden, und dass auch ich diesen Verlust nicht verkraften würde. Sogar Darren wäre vielleicht traurig, dachte ich.

Man muss Mr Murray zugutehalten, dass er mich regelrecht dazu drängte, den BBC-Film durchzuziehen, um der Welt zu zeigen, wie sich Sams Leben dank eines Tieres verändert hatte. Ich fand es wirklich anständig von ihm, dass er nicht in erster Linie an seinen Ruf dachte. Außerdem gab er uns noch einen sehr guten Tipp für die Haltung von Chester: Er empfahl uns, den Schweinestall teilweise zu zementieren. Chester hatte den Boden inzwischen vollständig umgegraben, und den ganzen Tag in nassem Matsch zu waten war nicht gut für seine Füße.

Ein paar Tage, bevor der Film gedreht werden sollte, kam Darren von der Bohrinsel zurück und machte sich natürlich gleich als Erstes an die Teil-Zementierung von Chesters Haus. Auf typische Darren-Manier gab er wieder 150 Prozent und arbeitete auf Hochtouren, um einen tadellosen Stall für unseren Fernsehstar zu schaffen.

»Unser Schwein muss einen guten Eindruck machen; schließlich kommt er ins Fernsehen!«, beharrte er.

Es war keine leichte Aufgabe. Wir bekamen tonnenweise nassen Zement geliefert und mussten ihn für den Stall verarbeiten, während Chester gleichzeitig dort wohnte. Den ganzen Tag lang dafür zu sorgen, dass er uns bei unseren Bauarbeiten nicht im Weg stand, kostete monumentale Anstrengung, machte aber auch Riesenspaß.

Sam und Will waren Feuer und Flamme für die Idee, ihren Freund in einen strahlenden Fernsehstar mit blitzblanker Bude zu verwandeln. Sie rannten los, um Eimer, Schubkarre, Schaufel und zig andere Gerätschaften zu holen, die Darren vielleicht für seine Schöner-Wohnen-Aktion im Schweinestall gebrauchen konnte. Zusammen tauschten die drei die ganze schmutzige Streu gegen frisches Stroh aus und schrubbten Moos und Schmutz von der Metallhütte, bis sie glänzte. Zum Schluss schnitt Darren noch das Blattwerk zurück, das an den Stall grenzte.

Er bastelte Chester sogar einige Spielsachen aus Hölzern und Zweigen, die er im Garten gekappt hatte. Er baute sie zu einer Art Wigwam zusammen und zog dann eine Ladung voller alter Gummistiefel und Plastikbälle auf eine Schnur, die er darin aufhängte. Sie baumelten weit genug herunter, dass Chester sie mit seiner Schnauze erreichen konnte. Darren verbrachte Stunden damit, den Stall aufzupolieren, und vollbrachte ein wahres Wunder – was zeigte, dass ihm in Wahrheit doch sehr viel an Chester lag.

Chester fand das alles toll. Vor allem den Teil, in dem es um sein persönliches Styling ging. Wir bürsteten sein dickes rotes Fell mit den Borsten eines Straßenbesens. Wir flochten das haarige Ende seines Schwanzes zu einem Zopf. Wir rieben sogar seine Ohren mit Feuchtigkeitscreme ein, damit sie schön weich aussahen. Ihn aufzuhübschen erwies sich als noch anstrengender als die Stallreinigung, weil er sich ständig auf den Boden rollte und die Beine in die Luft streckte, damit wir seinen Bauch kraulten. Trotzdem sah er am Ende sehr adrett aus.

Wir hatten mit der Filmcrew einen Termin am Wochenende vereinbart, damit die Jungen auch mit dabei sein konnten. Ich war viel nervöser, als ich gedacht hatte, als drei Frauen mit einer sehr großen Kamera auftauchten. Sie informierten uns kurz über die Fragen, die sie stellen würden, und wie wir antworten sollten. Ich verhaspelte mich ständig bei meinem Text, so dass die Aufnahmen ständig wiederholt werden mussten!

Sam lief im Rampenlicht zu ungeahnter Form auf. Beim Eintreffen der Crew war er ein bisschen nervös, er verzog sich kurz in das bewaldete Areal am Bach, aber sobald er die Angst aus seinem Körper »geflattert« hatte, verwandelte er sich in einen selbstbewussten kleinen Jungen. Er führte die Crew zu Chester und gab ihnen sogar einige Tipps, wie sie ihn am besten filmen konnten.

Will, Darren und ich waren sprachlos, wie souverän und selbstbewusst er die Situation meisterte.

»Sie haben nicht übertrieben, was seine Größe angeht!«, riefen die Frauen, als sie Chester zu Gesicht bekamen.

Auch unser geborener Entertainer zeigte sich der Situation gewachsen. Er hievte sich hoch, so dass er auf den Hinterbeinen stand, die Vorderfüße auf den Zaun gestützt. Er wollte sichergehen, dass sein Showtalent zur Geltung kam.

Das Interview fing damit an, dass Darren und ich erklärten, warum wir uns ursprünglich ein Minischwein angeschafft hatten. Es war sehr lustig, Darren vor laufender Kamera zu beobachten, vor allem wenn man um seine Hassliebe zu Chester wusste. Darren war genauso nervös wie ich und wiederholte zigmal das Wort »schwerpunktmäßig«, das normalerweise nicht zu seinem Wortschatz gehört!

Dann schwenkte die Kamera auf Sam.

Sam wusste, dass er gefilmt wurde, aber er war kein bisschen eingeschüchtert. Er sprang mit Chester in den Stall und fing an, sein Schwein zu streicheln und seinen Bauch zu kitzeln. Es war toll, die beiden bei ihrer Interaktion zu beobachten, weil man Chester anmerkte, dass er genau wusste, was Sam von ihm wollte – nämlich dass er sich von seiner besten Seite zeigte und das wohlerzogene Schwein gab. Da war eine unerklärliche Verbindung zwischen den beiden – sie schienen zu wissen, wann sie einander ganz besonders brauchten.

Als ich Chesters mustergültiges Betragen beobachtete, dachte ich im Stillen auch, dass es doch immer wieder erstaunlich war, wie Chester sich im Handumdrehen von einem Hooligan in einen Engel verwandeln konnte ...

Der Film endete mit einer letzten Frage an Darren und mich.

»Haben Sie die Entscheidung je bereut?«, fragte die Interviewerin in Bezug auf die Anschaffung Chesters.

Mit gezwungenem Lächeln sah ich zu Darren und wartete angespannt auf seine Antwort.

Aber Darren lehnte sich zurück und antwortete fröhlich: »Für nichts auf der Welt würde ich ihn wieder hergeben!«

23. Kapitel

Chester als Retter in der Not

Darren, Will, Sam, Chester und ich – wir fünf waren eine richtig glückliche Familie. Und Weihnachten 2013 machte Sam uns allen das schönste Geschenk: Wir entdeckten, dass er singen konnte wie ein Westend-Star. Ich hatte keine Ahnung von diesem verborgenen Talent. Ich hatte gehört, dass er im Badezimmer summte oder beim Zeichnen leise vor sich hin trällerte, aber das alles war kein Vergleich dazu, wie er die Lieder bei der diesjährigen Weihnachtsaufführung seiner Schule schmetterte: Er sang im Chor für das Musical *We'll Meet Again*, und seine wunderbare Stimme übertönte die aller anderen Kinder. Er sang wie ein Engel.

»Man hört ihn ganz deutlich heraus«, flüsterte Mum mir ins Ohr, während wir beide voller Stolz beobachteten, wie sich unser Junge die Seele aus dem Leib sang.

Ich weiß, jede Mutter hält ihr Kind für einen aufgehenden Stern, aber in diesem Moment war ich mir sicher, dass er einer war. Ich bekam eine Gänsehaut beim Zuhören.

Mein Herz fühlte sich an, als wollte es vor Freude zerspringen. Es war einfach überwältigend zu sehen, wie Sam auf der Bühne stand, die Aufmerksamkeit genoss und sich voller Begeisterung im Rampenlicht sonnte, aber vor allem, dass er vollständige Liedertexte sang, obwohl Sprache ihm normalerweise solche Probleme bereitete – ich hätte einfach nicht zu träumen gewagt, dass so etwas überhaupt möglich war.

Als die Vorstellung endete, setzte Sam noch einen drauf: Während alle anderen Kinder ganz still dastanden, hob er den Arm über den Kopf, machte eine majestätische Verbeugung und zwirbelte dabei die Hand vor sich herum. Den Blick immer noch nach vorn gerichtet, drehte er sich ein bisschen zur Seite und wackelte mit den Händen und Fingern. Er war der Einzige, der so herumalberte, und wir brachen in schallendes Gelächter aus. Er strahlte jede Menge Selbstbewusstsein aus. Mum und ich erhoben uns von unseren Plätzen und applaudierten unserem wunderbaren Jungen.

Im Januar 2014 wurde Sam elf, und es gab so viel zu feiern! Er war inzwischen in alle Regelklassen der Grundschule integriert worden. Seine Sprache hatte so große Fortschritte gemacht, dass er fünfundvierzig Wörter nacheinander sagen konnte. Seine autistischen Manierismen hatten ebenfalls erheblich nachgelassen – er brabbelte nicht mehr leise vor sich hin, und das »Flattern« und Springen in der Öffentlichkeit hatte völlig aufgehört. Mit Jack hatte er einen besten Freund gefunden. Auch zu seinem Bruder hatte er zu meiner großen Freude wieder eine positive Beziehung entwickelt.

Als sich die Grundschulzeit in Manor Primary ihrem Ende näherte, war ich fest überzeugt, dass er den Sprung auf eine weiterführende Schule schaffen würde. Ich sagte mir selbst, dass alles klappen, dass alles gut werden würde.

Leider war das ein fataler Irrtum.

Die Regression setzte schleichend ein. Es begann im Juni mit kleinen Dingen: Sam reagierte unwirsch auf seine Lehrassistentin, Mrs Short. Sie sei ihm verhasst, erklärte er, weil sie ihn zu jeder Unterrichtsstunde begleite.

»Wieso muss diese Frau immer bei mir sein? Es ist, als ob ich ihr Mann wäre oder so was!«, pampte er.

Auch uns gegenüber verhielt er sich rüpelhaft. Er kam nach Hause und ließ heftige Schimpfkanonaden los. Ich wusste gar nicht, dass er überhaupt Kraftausdrücke kannte, aber er hatte jede Menge davon auf Lager. Außerdem fing er an, gegen Türen und Wände zu treten.

Als Nächstes begann er, sich vor der Dunkelheit zu fürchten. Er bestand darauf, dass die Lichterketten an seinem Bett die ganze Nacht brannten, und als Sicherheitsmaßnahme wollte er noch eine Taschenlampe am Bett haben. Vielleicht als Folge dieser neuen Angst fing er auch wieder an, in meinem Bett zu schlafen. Wenn ich abends schlafen gehen wollte, hörte ich, wie die Tür zu seinem Zimmer quietschend aufging und dann eine schnelle Folge kleiner Schritte, wenn er, so schnell er konnte, über den Flur spurtete. Er stürmte in mein Zimmer und kletterte in mein Bett. Anschließend hatte ich dann alle Hände voll damit zu tun, ihn zum Einschlafen zu bringen, weil er so aufgedreht war. Es war erschöpfend für uns beide.

Zu sehen, wie sich sein Zustand verschlechterte, war

umso schmerzlicher, weil ich immer noch den selbstbewussten Jungen vor Augen hatte, der sich nur wenige Monate zuvor auf der Bühne die Seele aus dem Leib gesungen hatte. Es war beängstigend, weil ich allmählich das Gefühl bekam, erneut die schreckliche Erfahrung aus Spanien zu durchleben, als mein kleiner Sohn anfing, vor meinen Augen zu verschwinden.

Das einzig Gute war, dass ich diesmal einen Wissensvorsprung hatte – ich wusste, was geschah, und ich konnte herausfinden, was die Auslöser waren. Es war natürlich der Wechsel zur weiterführenden Schule, der für den September geplant war. Sam verabscheute schon jede kleine Veränderung, von einem Riesensprung ins Ungewisse ganz zu schweigen.

Ich versuchte, ruhig zu bleiben, und bat Mrs Short um Hilfe. Lynda Russell war inzwischen pensioniert. Mrs Short riet mir, dass wir alles tun sollten, um Sam auf seine neue Schule vorzubereiten – South Dartmoor Community College. Diese Schule hatten wir ausgewählt, weil sie Sam ermöglichte, weiterhin am Regelunterricht teilzunehmen, aber auch über einen CAIRB-Bereich verfügte, der einen Platz für Sam frei hatte.

Also machten wir uns an die Arbeit: Ich zeigte Sam Bilder, Mrs Short fertigte Storybooks an, und ich fuhr wiederholt mit ihm zu dem Laden mit den Schuluniformen, um ihm eine Vorstellung davon zu vermitteln, was er tragen würde. Aber es schien nicht zu helfen.

Als die letzten Wochen des Schuljahres in Primary Manor anbrachen, hatte sich Sams neue Angewohnheit, in meinem Bett zu schlafen, zu einem täglich wiederkehrenden Ritual entwickelt. Das war auch anstrengend für Darren, der von den Bohrinseln zurück war. Schließlich war Sam kein kleiner Junge mehr, der sich mühelos zwischen uns kuscheln konnte: Er war ein großer, schlaksiger Elfjähriger, der ziemlich viel Platz brauchte. Manchmal musste einer von uns mitten in der Nacht aus dem Bett kriechen und ins Gästezimmer schleichen, um überhaupt etwas Schlaf zu bekommen.

Wir setzten all unsere Hoffnungen auf die Woche, in der wir eine Besichtigungstour mit Sam in South Dartmoor vorgesehen hatten. Die meisten Kinder verbringen, wenn überhaupt, einen einzigen Tag damit, sich ihre neue Schule anzusehen. Wir verbrachten eine ganze Woche damit, Sam alles zu zeigen, was ihn erwartete. Jeden Morgen fuhren Mrs Short oder Mrs Scull von Primary Manor mit Sam nach South Dartmoor. Als Erstes zeigten sie ihm die Klassenräume, die Turnhalle, die Spielfelder und den Kunstraum, der ihm die Möglichkeit bot, weiterhin seine schönen Bilder zu zeichnen. Nach und nach erhielt er eine Einführung in seinen neuen Alltag und wurde mit den neuen Lehrassistenten bekannt gemacht, die ihn in der weiterführenden Schule betreuen würden. Am Ende der Woche nahm er ohne Begleitung von Mrs Short oder Mrs Scull vormittags und nachmittags am Unterricht teil. Von daher lief es also erstaunlich gut, trotz der ganzen Angst, die er gezeigt hatte. Doch wie so oft war es nur die Ruhe vor dem Sturm.

Nach und nach wurde es immer schlimmer. Sam weigerte sich, allein zu bleiben – er ging nicht einmal mehr allein nach draußen zu Chester. Darren, Will oder ich mussten ihn in den Garten begleiten. Er weigerte sich, nach oben zu gehen – er blieb zitternd an der Tür stehen und wartete, dass ihn jemand die Treppe hochführte. Er wollte nicht einmal mehr allein ins Badezimmer gehen. Es reichte nicht mehr aus, dass die Lichterketten an seinem Bett brannten, auch die große Zimmerlampe, seine Nachttischlampe und seine Taschenlampe mussten eingeschaltet bleiben – er brauchte eine hell erleuchtete Umgebung, um sich sicher zu fühlen. Er war ängstlich und angespannt.

»Mum, ich kann die Tiere hören.« Er hielt sich die Ohren zu, während ich versuchte, ihn in seinem eigenen Zimmer ins Bett zu bringen. Ich wusste, dass sein feines Gehör manchmal ein Problem war. Er hatte auch früher schon von den Geräuschen der Füchse und Eulen gesprochen, aber dies hier war anders. In seiner Vorstellung hatten sich die Tiere in Monster verwandelt, und er hatte schreckliche Angst, dass sie kommen und ihn holen würden.

Ich konnte nachempfinden, dass Sam die Eulenschreie wie Geisterstimmen vorkamen, wenn das Echo ihrer unheimlichen Stimmen durchs Tal klang. Also dachte ich mir eine Geschichte über Eulen aus – erzählte Sam, dass sie alle zu einer Familie gehörten und sich nachts ein bisschen unterhielten, genauso wie wir.

Ich versuchte, ihn an sein Bild von dem rosa Cottage zu erinnern. »Das hier ist dein Zuhause, hier bist du sicher und glücklich.« Ich wiederholte immer wieder das Wort »sicher«.

Doch meine Worte fielen auf taube Ohren. Sam brach in Tränen aus und murmelte leise unsinnige Worte vor sich hin. Dann hielt er plötzlich inne und bat mich: »Lass mich nicht allein, Mum.« Was sollte ich dazu sagen? Ich nahm seine Hand und führte ihn für eine weitere Nacht in mein Schlafzimmer.

Ich musste stark bleiben und die richtigen Dinge sagen, um Sam zu beruhigen, aber es war schwer, nicht in Panik zu geraten. Wie schlimm würde es noch werden?

Und dann wurde es eines Tages plötzlich ganz schlimm, als wir eine kurze Autofahrt in die Stadt machten. Mum saß vorn neben mir im Auto, die Jungen hinten. Als wir den vertrauten Weg über die Landstraßen zum Supermarkt in Totnes fuhren, fing Sam an, vor sich hin zu murmeln. Er sprach ganz leise, deshalb verstand ich die Worte nicht. Dann stieß er plötzlich laut und deutlich hervor: »Ich kann sie sehen.«

Mum und ich wechselten einen Blick. Sie hatte denselben schrecklich bekümmerten Ausdruck im Gesicht wie damals in Spanien, als die Situation mit Sam sich zugespitzt hatte.

»Sam, kannst du wirklich irgendetwas sehen?«, fragte ich in dem Versuch, mir einen Reim auf seine Worte zu machen.

Sam murmelte einfach wieder weiter vor sich hin, aber dann wurde er plötzlich ganz klar. »Ich kann schwarze Gestalten sehen, die auf der Straße gehen«, sagte er und fuchtelte mit zuckenden Fingern vor den Augen.

Einen Moment lang verschlug es Mum und mir die Sprache. Sobald wir geparkt hatten und aus dem Auto ausgestiegen waren, zog Mum mich beiseite.

»Mein Gott, meinst du, dass er Tote sieht?«, fragte sie flüsternd, weil sie nicht wollte, dass Sam es hörte.

»Nein!« Ich wollte nicht glauben, dass ihm so etwas im Kopf herumspukte. »Vielleicht ist was mit seinen Augen«, fuhr ich fort. »Vielleicht sieht er schwarze Punkte – mouches volantes, fliegende Mücken, nennt man das, glaube ich.«

Das wollte ich auf alle Fälle überprüfen lassen. Ich würde nicht tatenlos zusehen, wie Sam so dramatisch in seiner Entwicklung zurückfiel, nachdem wir so weit gekommen waren. Ich machte einen Termin bei einem Optiker in der Stadt.

Ich redete kurz mit dem Optiker, bevor ich Sam ins Sprechzimmer brachte, um ihm zu erklären, was passiert war. Obwohl ich nicht wollte, dass Sam körperlich krank war, hoffte ich trotzdem in gewisser Weise darauf, weil das besser gewesen wäre als die andere Möglichkeit – dass mein Sohn sich vorstellte, er könne die Toten sehen oder zumindest Geistergestalten, die unsichtbar für alle anderen waren.

Der Optiker war sehr fürsorglich. Er nahm sich Zeit für Sam, ging auf ihn ein und erklärte ihm alles, was er tat. Dann übergab er mir ein gefaltetes Stück Papier, auf dem stand:

100 Prozent Sehschärfe. Muss Angst sein.

Er hatte es aufgeschrieben, weil er nicht wollte, dass Sam seine Diagnose hörte und sich darüber aufregte. Sam war jetzt alt genug, um zu verstehen, was Angst war. Er war auch alt genug, um zu verstehen, dass er Autismus hatte, was, wie wir dann feststellten, der eigentliche Kern des Problems war.

Es war mir immer sehr wichtig gewesen, Sam verständlich zu machen, dass jeder Mensch anders und etwas Besonderes sei, und ihm zu sagen, dass er sich keine Gedanken darüber machen solle, wenn Will Dinge tun könne, zu denen er selbst nicht fähig sei. Ich versuchte, Sam beizubringen, dass sein Autismus zwar tatsächlich bedeutete, dass er mit gewissen Dingen zu kämpfen hatte, dass dieser Kampf als solcher aber etwas völlig Normales war, weil alle Menschen mit irgendetwas zu kämpfen haben, das ihnen schwerfällt (»Mir fällt das Autofahren schwer, und Daddy hat damit zu kämpfen, wenn er Meeresfrüchte essen muss«, sagte ich ihm). Immer wieder betonte ich, dass der Autismus einfach ein wunderbarer Teil seines Gesamtwesens war, ein Teil von ihm, der gefeiert werden sollte, weil er ihn zu einigen fantastischen Dingen, wie dem Zeichnen, befähigte, zu denen neurotypische Menschen nicht in der Lage waren. Und ich sagte ihm, dass er nie zulassen dürfe, dass sein Autismus darüber bestimmte, was seine Persönlichkeit ausmachte, weil er im Grunde nur ein kleiner Teil von ihm war. Letztendlich war er Sam – nicht der autistische Sam oder der mit den Händen flatternde Sam, sondern der Sam, der wunderbar zeichnen konnte und Schweine mochte und zufällig auch Autismus hatte. Sein Autismus sei einfach ein Merkmal von vielen, sagte ich, wie sein braunes Haar oder seine Leidenschaft für Ben 10.

Als kleiner Junge nahm er sicherlich nur etwa fünf Prozent davon auf. Er pflegte immer voller Stolz zu sagen:

»Ich habe Autismus«, ohne wirklich zu verstehen, was es bedeutete.

Doch je älter Sam wurde und je mehr Kontakt er zu anderen Kindern hatte, desto mehr waren ihm seine Einschränkungen bewusst geworden und dass er tatsächlich »anders« war. Jetzt, wo er sich anschickte, die Schule zu wechseln, sah er diese Unterschiede in einem negativen Licht. Seine Sicht auf seinen Autismus verzerrte sich täglich mehr.

Darren war wieder auf der Bohrinsel, als Sam den totalen seelischen Zusammenbruch hatte. Eines Morgens fand ich ihn schluchzend in seinem Zimmer vor. Er murmelte vor sich hin und fuchtelte mit zuckenden Fingern vor den Augen, was ein Zeichen ernsthafter Angst war. Sein Stress war spürbar.

»Sam, was ist denn bloß los?«, fragte ich und nahm ihn in den Arm.

Sam murmelte einfach vor sich hin, wiederholte immer wieder dieselben Worte, aber so leise, dass ich ihn nicht verstehen konnte. Das tat er, wenn er unglücklich war. Dann sprach er wieder klar – aber was er sagte, war das Letzte, was ich hören wollte.

»Lass mich!« Er verbarg das Gesicht in den Händen, aber ich sah noch, dass seine Unterlippe zitterte und er in Tränen aufgelöst war. »Ich hasse meinen Autismus. Ich will wie alle anderen sein. Ich wünschte, ich wäre tot!«

Sam das sagen zu hören war der schlimmste Moment in meinem Leben. Nie zuvor hatte ich von ihm gehört, dass er sich selbst hasste oder sich den Tod wünschte. Es brach mir das Herz.

Nachdem er die Worte herausgeschrien hatte, schluchzte er – und es war ein Schluchzen, das direkt aus seinem Innern, aus tiefster Seele kam. Sein ganzer Körper bebte vor Traurigkeit.

Sanft rieb ich seinen Rücken, als er sein Gesicht in die Decke drückte. Es war klar, dass er sich am liebsten unsichtbar gemacht hätte. Ich holte tief Luft. Nach Jahren des Umgangs mit Stresssituationen wie diesen war ich daran gewöhnt, meine eigenen Gefühle zur Seite zu schieben und Sam die Reaktion zu geben, die er brauchte. Obwohl seine Worte mich schockiert hatten, wusste ich, wie ich reagieren musste, und fing sofort an, meinen am Boden zerstörten kleinen Jungen zu trösten.

»Nein, Sam, dein Autismus ist nichts Schlechtes, er bedeutet einfach, dass du die Welt anders wahrnimmst«, sagte ich sanft und rieb seinen Rücken. »Wir sind *alle* anders. Ich bin anders als du. Daddy ist anders als Will. Autismus ist etwas Gutes – denn wäre es nicht furchtbar langweilig, wenn wir alle gleich wären?« Beim Sprechen spürte ich einen Kloß im Hals. Und meine Worte hatten nicht die gewünschte Wirkung: Sam verschränkte die Arme vorm Gesicht und schluchzte ununterbrochen.

Ich redete weiter, tat mein Bestes, ihn zu mir zurückzuholen.

»Autismus hat so viele gute Seiten! Denk mal daran, wie supergut du hören kannst. Und durch dein ausgezeichnetes Sehvermögen kannst du so hervorragend zeichnen. Wir können nicht so gut zeichnen wie du, und das liegt daran, dass du viel mehr Details erkennen kannst als wir.«

»Bei Will müssen nicht alle Lichter an sein, damit er schlafen kann«, fuhr Sam mit der Selbstkritik fort.

»Sam, das ist okay. Wir sind alle anders, und wir haben alle unterschiedliche Bedürfnisse, jeder Einzelne von uns.«

Ich rieb weiter seinen Rücken. Ich versuchte ihm zu zeigen, wie sehr ich ihn liebte.

»Ich hasse mich, Mummy!«

»Ach, Schatz, was stört dich denn an deinem Autismus, wenn er dir so viele Begabungen verleiht?«

Sam sah zu mir hoch, die Augen rot und geschwollen vom Weinen.

»In meiner neuen Schule werden sie mich auslachen«, weinte er. »Wegen des Flatterns.«

»Es ist egal, ob du mit den Armen flatterst«, sagte ich. »Und wenn dich jemand auslacht, *weil* du flatterst, dann ist das kein besonders netter Mensch, und du kannst sowieso auf ihn verzichten.

Aber wenn dich das Flattern stört, können wir daran arbeiten, dass du es besser beherrschen kannst.«

Es war sinnlos, ihm zu erzählen, wie weit er mit seiner Selbstregulation schon gekommen war. Er konnte es nicht erkennen. Ich musste ihm versichern, dass er in Ordnung kommen würde, dass es eine Zukunft gab. Wenn Sam älter war, würde ich ihm erklären können, warum er das Bedürfnis hatte, mit den Armen zu flattern oder bestimmte andere Verhaltensweisen zu zeigen, aber fürs Erste begnügte ich mich damit, ihm zu sagen, dass wir einfach an Methoden arbeiten würden, durch die er das Flattern besser beherrschen konnte.

»Wir werden lernen, es unter Kontrolle zu halten«, versprach ich und küsste ihn auf sein verweintes Gesicht.

Schließlich hatte er sich so weit beruhigt, dass ich ihn zur Schule bringen konnte – es war sein allerletzter Schultag in Manor Primary.

Sobald ich wieder zu Hause war, rief ich Darren an. Ich wusste nicht, wie spät es bei ihm war – er war im Golf von Mexiko stationiert –, aber ich war so besorgt wegen Sam, dass ich einfach den Hörer nahm und seine Nummer wählte.

Ich wurde über sein Büro in Schottland umgeleitet. Mit jeder Sekunde in der Warteschleife schlug mein Herz lauter. Ich musste unbedingt seine Stimme hören.

»Ist alles okay?« Plötzlich war Darren in der Leitung.

»Nein. Es geht um Sam«, sagte ich mit sich überschlagender Stimme. Ich erzählte ihm, was geschehen war, und wie furchtbar unglücklich Sam gewesen war.

»Ich weiß nicht, was ich tun soll!«, schrie ich. »Ich verliere ihn schon wieder.«

Aber Darren erwiderte ruhig: »Wir holen ihn da wieder raus. Es wird wieder gut.«

Er riet mir, das psychologische Beratungsteam zu kontaktieren. Wir dürften kein Risiko eingehen, meinte er, wenn Sam davon redete, dass er sich den Tod wünsche. Sam hatte uns im Laufe der Jahre schon mehrfach gezeigt, dass er sich ohne Bedenken körperlich verletzen konnte.

Der National Health Service hatte uns eine Sozialarbeiterin zugeteilt, über den ich diesen Dienst für Sam in Anspruch nehmen konnte. Gestärkt durch Darrens vernünftigen Rat griff ich sofort zum Telefon und rief sie an. Es war das erste Mal, dass ich wirklich ihre Hilfe brauchte.

»Heute Morgen ist mir etwas Schreckliches passiert«, eröffnete ich Sams Sozialarbeiterin.

Ich berichtete ihr, was Sam zu mir gesagt hatte, und versuchte angestrengt, meine Gefühle unter Kontrolle zu halten. Ich machte mir furchtbare Sorgen um ihn. Die Sozialarbeiterin bat mich, die Ruhe zu bewahren. Sie würde uns für weitere Unterstützung an das psychologische Team überweisen. Ich wusste, dass es wirklich schwierig war, einen Termin zu bekommen, deshalb war ich sehr froh und irgendwie gleichzeitig beruhigt und beunruhigt über die Tatsache, dass sie die Sache so ernst nahm. Einige Tage später kamen eine Fachkraft vom psychologischen Team und eine Psychiaterin bei uns vorbei, um Sam zu untersuchen.

Sam war im Garten und lief auf dem heruntergetretenen Rasenstreifen hin und her, zu dem er Zuflucht nahm, um zu flattern.

Ich beobachtete ihn einen Moment, seine Anspannung zeigte sich deutlich in jedem stampfenden Schritt. Dann rief ich ihn herein.

»Sam, komm her und sag Guten Tag.«

Ich sagte ihm nicht, dass eine der Besucherinnen eine Ärztin war, weil ich ihn nicht noch mehr unter Stress setzen wollte, als er ohnehin schon war.

Sam antwortete mir nicht, was ungewöhnlich für ihn war. Seine Augen klebten am Boden, und er murmelte vor sich hin. Er wollte eindeutig nicht kommen.

»Einen Moment bitte«, entschuldigte ich mich. Ich eilte

zu dem Grasstreifen, auf dem Sam flatterte, und ging auf einem Knie neben ihm in die Hocke. »Komm bitte mit rein, Schatz, und sag unseren Gästen Hallo.«

Sam wich meinem Blick aus. Aber er ließ sich zum Haus führen, also nahm ich sanft seine Hand in meine und brachte ihn nach drinnen.

»Möchten Sie etwas trinken?«, fragte ich in die Runde und bedeutete der Ärztin und der Fachkraft, mir in die Küche zu folgen. Ich dachte, Sam würde eher mit den beiden reden, wenn er das Ganze für eine lockere Zusammenkunft hielt.

»Hallo, Sam«, begrüßte ihn die Ärztin mit sehr sanfter Stimme.

Sam antwortete nicht. Er fuchtelte und zuckte weiter mit den Fingern vor den Augen.

Mit wachsender eigener Anspannung beobachtete ich, wie sich die Situation entwickelte. Wie sollte die Ärztin Sam helfen können, wenn er jede Kommunikation verweigerte? Wie sollte sie meinen Sohn in Ordnung bringen, wenn er ihr nicht sagte, was ihm fehlte?

»Sam. Sag Hallo«, ermunterte ich ihn erneut zum Kontakt.

Nichts.

Verzweifelt sah ich die Ärztin und ihre Begleiterin an. Am liebsten hätte ich laut herausgeschrien, dass sie etwas tun sollten, um uns zu helfen – aber Sam zuliebe musste ich ruhig bleiben.

Dann ging mir plötzlich ein Licht auf. Die Antwort lag schon die ganze Zeit direkt vor meiner Nase. Genaugenommen saß die Antwort in unserem Garten.

Chester.

Chester hatte den Ausschlag dafür gegeben, dass Sam mehr Selbstvertrauen aufgebaut hatte, er hatte ihn zum Lachen gebracht und alle Symptome seines Autismus gelindert. Chester hatte Sam schon einmal geholfen, seine Stimme zu finden ... vielleicht könnte er meinem Sohn auch diesmal helfen?

Ich legte meinem Sohn die Hand auf die Schulter und fragte: »Sam, wie wär's, wenn du unsere Besucher mal mit Chester bekannt machst?«

Mit einem Lächeln sah Sam zu mir hoch. Mein Herz machte einen Freudensprung: Seine Augen waren auf einmal wieder lebendig. Ich erklärte der Fachkraft und der Ärztin, wer Chester war. Nachdem sie die unerwartete Nachricht, dass wir ein Hausschwein hatten, verdaut hatten, erhoben sie sich mutig von ihren Stühlen und waren bereit, Sam nach draußen in den Garten zu folgen. Sam ließ seine Hände in freudiger Aufregung flattern, als er sie durch die Hintertür und über die Terrasse zu Chesters Stall führte. Chester hörte die Schritte und reagierte mit begeisterten Grunzlauten.

Ich folgte ihnen nicht in den Garten. Ich wusste, wie wichtig es war, Sam seinen Freiraum zu lassen. Stattdessen rannte ich nach oben in sein Zimmer, von wo aus ich sie durchs Fenster beobachten konnte. Ich betete, dass Sam zu reden anfangen möge, dass er sich der Psychologin gegenüber öffnen würde. Als seine Mutter war ich an meine Grenzen gestoßen – ich brauchte jetzt professionelle Hilfe.

Durchs Fenster sah ich, wie Chester schwanzwedelnd aus seiner Metallhütte geschossen kam. Obwohl ich nichts hören konnte, war es amüsant, die Reaktionen der beiden Frauen zu sehen, die beide einen Schritt zurückwichen. Dann stellte ich zu meiner Freude fest, dass Sam anfing, auf Chester zu deuten und mit den Fachkräften zu reden. Eine Riesenwelle der Erleichterung erfasste mich. Endlich bewegten sich die Dinge in die richtige Richtung.

Zwanzig Minuten später kamen sie alle zurück ins Haus, und ich lief die Treppe herunter. Ich hielt mich im Hintergrund, beschäftigte mich in der Küche, während sie das Wohnzimmer belegten. Ich versuchte mitzubekommen, was vor sich ging, aber ich konnte nicht richtig verstehen, was gesagt wurde. Auf alle Fälle war jedoch Sams Stimme vernehmbar, und ich hörte, wie er sagte: »Chester ist mein Haustier. Bevor er zu groß wurde, hat er bei uns im Haus gewohnt.«

Unwillkürlich musste ich lächeln. Was für ein Segen, dass mein kleiner Sohn über seinen Freund und die ganzen Dramen, die wir mit Chester erlebt hatten, reden konnte. Schließlich riefen die Frauen mich mit dazu – sie hatten eine Idee. Da Sam immer noch Schwierigkeiten mit dem Sprechen, aber ein herausragendes Zeichentalent habe, könne er seine Gefühle vielleicht für sie malen, meinten sie.

Das war eine großartige Idee. Ich holte Papier und Sams heiß geliebte Filzstift-Sammlung.

»Sam, kannst du ein paar Bilder von dir selbst zeichnen und sie mir erklären?«, fragte die psychologische Beraterin.

Ohne zu zögern, machte sich Sam an die Arbeit. Die Kommunikationskanäle waren dank Chester geöffnet worden, und jetzt versuchte Sam, durch seine Zeichnungen mitzuteilen, was er fühlte. Nervös entfernte ich mich wieder, überließ die drei zum zweiten Mal sich selbst, auch wenn ich ab und zu den Kopf durch die Küchentür steckte, um zu sehen, wie es lief. Sam war ruhig, er redete und gab sich alle Mühe mit seinen Bildern. In mir regte sich ein bisschen Hoffnung.

Eine Stunde später waren sie schließlich fertig.

»Sehen Sie sich nur dieses tolle Bild an, das Sam gezeichnet hat«, sagte die Fachkraft und rollte das Kunstwerk auf dem Teppich aus.

Sam hatte fünf Gesichter gezeichnet und unter jedes ein Wort geschrieben. Mir sank der Mut, als ich erkannte, dass drei negative Begriffe dabei waren. *Blöd. Dumm. Traurig.*

In Anbetracht seiner Niedergeschlagenheit hätte ich wohl nicht schockiert sein sollen, aber der Anblick seiner einfachen Selbstbildnisse unterstrich noch einmal deutlich sein fehlendes Selbstvertrauen. *Mein armer Junge*, dachte ich.

Verunsichert sah ich zu der psychologischen Fachkraft.

»Das ist großartig«, erklärte sie fröhlich und strahlte mich an. Es sei ein sehr positives Zeichen, meinte sie, dass Sam seine Gefühle so gut mitteilen könne. Es bestehe kein Grund zur Sorge, auch wenn mir einiges negativ vorkomme.

Sam lief wieder nach draußen in den Garten zu Chester, und seine Schritte schienen schon ein bisschen mehr Leichtigkeit gewonnen zu haben. Die Frauen verabschiedeten sich und versicherten mir, dass sie Sam im Auge behalten würden, aber nach dem zu schließen, was sie beobachtet hätten und was Sam ihnen mitgeteilt habe, bestehe keine unmittelbare Gefahr. Mir fiel ein Stein vom Herzen, als ich diese Einschätzung von ausgebildeten Fachkräften hörte!

Nachdem sie fort waren, ging ich noch einmal zum Fenster in Sams Zimmer und beobachtete, wie Sam und Will mit ihrem Schwein spielten. Sam schien sich ruhiger und glücklicher in seiner Haut zu fühlen. Er zuckte nicht mit den Fingern vor seinem Gesicht, und von diesem Zeitpunkt an schien er weniger Angst vorm Alleinsein zu haben.

Sein Zustand verbesserte sich nicht über Nacht, aber nachdem er den psychologischen Fachkräften gegenüber seine Gefühle geäußert hatte, ging es allmählich bergauf. Und den Anstoß dazu hatte Chester gegeben. Von seinem Schwein zu erzählen hatte Sams Kommunikationskanäle wieder geöffnet. Sam hatte Chester gerettet, als er krank und dem Tod nahe gewesen war, und Chester hatte sich revanchiert und Sam aus dem schwarzen Loch befreit, in das er gefallen war.

Ich verdankte diesem Schwein unendlich viel.

Als der Juli in den August überging, war Sam wieder in der Lage, Chester allein zu besuchen. Ich beobachtete heimlich vom anderen Ende des Gartens aus, wie er seinen Freund mit Ferkelnüssen fütterte und seinen Bauch mit dem Besen kitzelte, nur um mich zu vergewissern, dass es ihm gut ging. Und als ich über den Rasen blickte und sah, dass auch Darren von seinem Gemüsebeet hochsah und die beiden Freunde nachdenklich musterte, wusste ich, dass er dasselbe dachte wie ich: Wir hatten so ein Glück, dass Chester ein Teil von Sams Leben war.

Nach und nach, Tag für Tag, flaute die Spannung, die sich in den letzten Monaten aufgebaut hatte, ab. Sam lief wieder unbeschwert allein durchs Haus und spielte in seinem Zimmer, wenn ich Will Gesellschaft leistete. Was noch fehlte, war, dass er wieder allein in seinem Bett schlief – aber das war nur eine Frage der Zeit. Als er tatsächlich das erste Mal wieder eine Nacht in seinem eigenen Bett durchgeschlafen hatte, machten wir ein Riesengetue um ihn, und ich kaufte ihm ein kleines Geschenk zur Belohnung.

Als im September 2014 die weiterführende Schule anfing, war Sam fast wieder der Alte. Er bestand noch darauf, dass das Licht in seinem Zimmer nachts brannte, aber ansonsten hatte er sich unglaublich gut erholt.

Als der große Tag näher rückte, schien er tatsächlich viel ruhiger zu sein als ich – auch wenn ich mir meine Aufregung natürlich nicht anmerken ließ. Es war ein großer Wendepunkt für Sam, und ich gebe unumwunden zu, dass ich mir – wie viele Mütter – ein bisschen Sorgen machte, weil er auf eine »große Schule« wechselte. Ich hatte Angst, dass er sich verlaufen könnte, dass die anderen Kinder ihn schikanieren würden oder dass er vielleicht einen Koller bekam, wenn keiner da war, um ihm zu helfen. Er wechselte von einer Schule mit 275 Schülern zu einer Schule mit 1400 – von daher war es schon ein Riesenschritt!

Das Positive war, dass man viele Vorkehrungen getroffen hatte, um Sam zu helfen. Er würde zwei Lehrassistentinnen bekommen, die ihn die ganze Zeit betreuten. Kurz vorm Klingeln würde man ihn aus dem Regelunterricht holen und in den CAIRB-Bereich bringen, damit ihm die Hektik und der Lärm auf den Fluren erspart blieb. Der County Council von Devon hatte sogar ein Taxi bewilligt, das ihn zur Schule und nach Hause transportieren würde. Seine Lehrassistentin würde ihn in Empfang nehmen, wenn er morgens ankam, und ihn nach Schulschluss ins Taxi setzen.

Einen Tag, bevor es so weit war, mailte ich den Lehrassistentinnen, die ich während der Besichtigungswoche kennengelernt hatte, um mich noch einmal zu vergewissern, dass sie ihn vom Taxi abholen würden. Nachdem sie mir ihre Zusicherung gegeben hatten, ging ich mit Sam noch einmal durch, was er tun sollte, falls sie aus irgendeinem Grund doch nicht auftauchten. Es war lächerlich, ich weiß, aber ich machte mir solche Sorgen, dass Sam wieder einen Rückschlag erleiden könnte. Ich wusste, dass eine einzige schlechte Erfahrung ausreichen konnte, um eine Krise auszulösen. Und diese eine schlechte Erfahrung würde sich dann als Phobie in seinem Kopf festsetzen, was unter Umständen zur Folge hätte, dass er nie wieder in diese Schule gehen würde.

Leider war Darren nicht da, um Sam an seinem ersten Tag zu verabschieden. Aber Will war da und leistete Hilfestellung, als Sam seine neue Schuluniform anzog: schwarzer Blazer und schwarze Hose, weißes Hemd und ein rotweiß-schwarz gestreifter Schlips.

Bevor es losging, gab ich Sam noch seine Lunchbox. Ich hatte ihm seine Lieblings-Sandwiches gemacht und außerdem ganz unten eine Postkarte von einem Schwein hineingesteckt. Sam sollte wissen, dass Chester in Gedanken bei ihm war! Es war etwas Vertrautes, das ihn zum Lachen bringen würde. Auf die Rückseite der Karte hatte ich geschrieben:

Lieber Sam,
ich hoffe, du hast einen schönen Tag in der Schule.
Wollte dir nur sagen, wie stolz wir alle auf dich sind.
Alles Liebe, Mum, Dad, Will und Chester XXX

Ganz die stolze Mama zog ich die Kamera heraus, als ich mit den Kindern auf das Eintreffen des Taxis wartete. Ich machte ganz viele Aufnahmen, weil ich ein bleibendes Andenken an diesen Augenblick haben wollte.

»Und zusammen!« Ich dirigierte die Jungen neben die Blumenbeete, um ein Foto von beiden zu machen.

Mitten in meinem improvisierten Foto-Shooting bog das Taxi in die Einfahrt. Die Scheiben waren beschlagen, deshalb konnte ich nicht sehen, wer drin war. Ich erwartete ein oder zwei weitere Kinder, aber als die Tür sich öffnete, sah ich, dass fünf Schüler im Auto saßen.

Mit einem Anflug von Panik dachte ich, dass so viele neue Gesichter vielleicht zu viel für Sam waren.

Und dann beging ich einen großen Fehler. Sam stieg ins Taxi ein, und *ich schnallte den Sicherheitsgurt für ihn fest*. Fast im selben Moment tat es mir leid, weil ich fürchtete, dass die anderen Kinder ihn als Mamakind hänseln würden. Streng sagte ich mir selbst, dass ich aufhören musste, die Glucke zu spielen. Er war schließlich fast zwölf!

Als das Taxi wendete, rieb Sam ein Guckloch in die beschlagene Scheibe, damit ich ihn sehen konnte. Er lächelte und winkte begeistert, und ich stieß einen Seufzer der Erleichterung aus. Ihm ging es gut. Ihm ging es mehr als gut.

Ich ging zurück zur Haustür, wo Will geduldig auf mich wartete, damit ich ihn zur Schule fuhr ... und brach prompt in Tränen aus. Will schlang seine Arme um mich.

»Wein nicht, Mummy. Er schafft das.«

Will ging so erwachsen mit dem Ganzen um – und ich stand da und heulte! Wir hatten alle so viel durchgemacht, dass die ganzen Gefühle, die sich in den letzten Monaten angestaut hatten, bei diesem Abschied wohl einfach aus mir herauswollten. Es kam mir vor, als ob ich losließe.

Es war ein merkwürdiger Tag. Ich habe bestimmt ein Dutzend Mal in meine Mails und auf den Anrufbeantworter gesehen, nur für den Fall, dass Sam oder die Schule sich gemeldet hatten. Doch da war nichts: keine Nachrichten, keine Anrufe, keine Hilfeschreie. Nur Schweigen.

Als das Taxi nach der Schule wieder in unsere Einfahrt bog, war ich so aufgeregt, dass mir das Herz bis zum Hals schlug. *Wie war Sams Tag verlaufen? War er glücklich?* Das wünschte ich mir mehr als alles andere für meinen Jungen – dass er einfach glücklich war.

Es war fast wie in Zeitlupe, als die hintere Tür des Taxis sich öffnete – erst sah ich Sams Schuhe auftauchen, dann seine Beine und dann den Rest von ihm mit dem Ranzen auf dem Rücken. Er stürmte auf mich zu.

»Meine Schule ist *toll*! Ich hatte einen Supertag!«, sagte er strahlend. Die ganze Sorge für nichts!

»Ich freue mich so, Sam.« Ich umarmte ihn und gab ihm einen Kuss.

Noch jemand hatte gehört, dass Sam nach Hause kam.

»Chester!«, riefen wir wie aus einem Mund. Er forderte uns mit lautem Grunzen auf, zu ihm zu kommen, wahrscheinlich in der Hoffnung, dass wir zufällig ein paar Ferkelnüsse zu vergeben hatten.

Ich legte den Arm um Sam, als wir zum Ende des Gartens gingen, um unser Schwein zu begrüßen – das Schwein, das das Leben meines Sohnes verändert hatte.

Das Schwein, das uns allen Glück gebracht hatte.

Chester, das legendäre Schwein!

Epilog

Devon, April 2015

Sieben Monate, nachdem Sam in seiner neuen Schule angefangen hatte, erhielt ich einen Brief.

Es war Frühling, und ich jätete gerade die Blumenbeete neben Chesters Stall, als der Briefträger in unsere Einfahrt bog. Er überreichte mir ein Bündel Briefe. Ich erwartete die übliche Mischung aus Rechnungen und Werbung, doch ein Brief stach heraus. Er trug vorn das aufgedruckte Logo von Sams Schule und war adressiert an: »Die Eltern/Erziehungsberechtigten von Samuel Bailey-Merritt.«

Mir wurde flau im Magen. *Oh Gott, was ist jetzt passiert?*, war mein erster Gedanke. Sam hatte in letzter Zeit richtig glücklich gewirkt – gab es ein Problem am South Dartmoor College, von dem er mir nichts erzählt hatte? Die Jungen waren noch in der Schule, also konnte ich ihn nicht fragen. Ich musste einfach den Brief aufmachen, um es herauszufinden. Ich riss den Umschlag auf. Meine Beine waren ein bisschen zittrig, deshalb setzte ich mich an die Hintertür. Als ich die Worte auf der Seite las, schossen mir die Tränen in die Augen.

Die Jungen waren zwar in der Schule, aber ich war glücklicherweise nicht allein; meine Mutter war zu Besuch und gerade nach drinnen gegangen, um eine Pause von der Gartenarbeit zu machen.

»Was ist denn, Liebes?«, fragte sie, als ich mich zu ihr aufs Sofa ins Wohnzimmer setzte.

Ich umklammerte den Brief in meiner Hand und holte tief Luft.

»Das hier habe ich gerade von Sams Schule bekommen.«

Meine Mutter sah mich ernst, aber aufmerksam an und wartete, was ich zu sagen hatte.

Ich räusperte mich und fing an, den Brief laut vorzulesen. Ich merkte, wie mir abermals die Tränen kamen und die Buchstaben auf dem Papier verschwammen:

Sehr geehrte Mrs Bailey-Merritt,
sehr geehrter Mr Bailey-Merritt,
ich freue mich, Ihnen mitteilen zu können, dass Sam aufgrund seiner stets fleißigen Arbeit und seiner erfolgreichen Leistungen in Fox Tor [Sams Haus in der Schule] am Donnerstagnachmittag zur Teilnahme an einer kleinen Feier eingeladen ist. Er ist einer der beiden einzigen Schüler, die ich aus dem gesamten Haus ausgewählt habe. Die Auswahl dieser beiden erfolgte in Anerkennung ihrer Herangehensweise ans Lernen und ihrer Fähigkeit, eine große Bandbreite an emotionalen, sozialen, kognitiven und strategischen Lerngewohnheiten an den Tag zu legen, die wir bei unseren jungen Schülern fördern möchten.
Sam hat durch sein freundliches, höfliches und verlässliches

Wesen viele Freunde gewonnen und ist eine Bereicherung für dieses Haus. Durch seinen Fleiß und seinen Ehrgeiz wird er zweifellos das Beste aus seiner Zukunft machen und weiterhin sicherstellen, dass South Dartmoor sich glücklich schätzen kann, einen Jungen wie Sam zu seinen Schülern zählen zu dürfen. Ich möchte ihm herzlich gratulieren und seinen Erfolg mit Ihnen als seinen Eltern teilen. Wir wünschen Sam weiterhin viel Erfolg.
Mit freundlichen Grüßen
Jamie Morrison-Hill
Performance Leader, Fox Tor

Mum war sprachlos, als ich zu Ende gelesen hatte.

»Sam hat Freunde gefunden!«, jubelte ich. Jedes einzelne Wort in dem Brief war eine Freude, doch die Mitteilung, dass Sam Freunde gefunden hatte, bedeutete mir besonders viel. Es ist die absolute Ausnahme, dass Kinder mit Autismus Freundschaften schließen, und eine meiner größten Sorgen in Bezug auf Sams Besuch der weiterführenden Schule war gewesen, dass er keine Freunde finden und die anderen Kinder ihn schikanieren würden, deshalb war diese Nachricht das Größte für mich.

»Ach, Jo, das ist wunderbar!« Mum strahlte vor Glück. Sie griff nach meiner Hand, drückte sie und machte plötzlich ein ernstes Gesicht. »Ich kann gar nicht sagen, wie stolz ich auf *dich* bin. Ich kenne keine andere Mutter, die so viel für ihr Kind getan hat wie du für deinen Sohn.«

Ihre Worte taten mir gut und machten mir noch einmal bewusst, wie viel die ganze Familie zu Sams »Rettung« beigetragen hatte, als wir Spanien verlassen und nach England gegangen waren, um ein neues Leben zu beginnen. Doch dieser Kampf schien mittlerweile Welten entfernt. Denn als die Diagnose erstmals gestellt wurde, hatte ich nicht einfach nur darum gekämpft, dass Sam die besten Möglichkeiten und die besten Lehrer bekam; ich hatte tatsächlich geglaubt, dass sich sein Gehirn durch frühe Interventionen und die richtigen Hilfen umprogrammieren ließe, dass ich ihn wortwörtlich vor etwas »retten« könnte, das ich für etwas Negatives hielt. Das war falsch gewesen, aber ich glaube, dass viele Eltern so denken, wenn sie das erste Mal die Diagnose »Autismus« für ihr Kind hören.

Doch natürlich wusste ich jetzt, dass keine wie immer geartete Technik Sams Gehirn neurotypisch machen würde – und ich war froh darüber, *sehr* froh. Der Autismus war ein Teil meines Jungen, und ich liebte Sam so, wie er war. Inzwischen betrachtete ich seine Andersartigkeit als etwas Positives, anstatt sie für etwas zu halten, vor dem er gerettet werden musste. Er war keine Tragödie. Er war Sam!

Auch wenn Mum also vielleicht stolz auf mich war, wusste ich, dass dies hier nicht mein Sieg war, sondern Sams – und ich war so stolz auf meinen Sohn, wie man es überhaupt nur sein konnte.

Und Stolz wurde mit der Zeit zu einem vertrauten Gefühl. Denn Sam war nicht nur in der Schule erfolgreich, sondern auch auf anderen Gebieten. Im Frühling 2016 schloss sich sozusagen der Kreis, als Sam eine ehrenamtliche Tätigkeit auf Pennywell Farm angeboten wurde. Mr Murray zeigte sich äußerst entgegenkommend und sagte, er würde sich freuen, wenn Sam mit an Bord käme und als Teammitglied bei der Aufzucht der nächsten Generation von Wunder wirkenden Minischweinen helfen würde.

Ich muss gestehen, dass ich persönlich die Hoffnung hege, dass Sam, wenn er sechzehn wird und ein paar Jahre als freiwilliger Helfer gearbeitet hat, vielleicht genügend Selbstbewusstsein gewonnen hat, um – mindestens – einen Sommerjob auf der Farm an Land zu ziehen. Es wäre eine unglaubliche Leistung, und ich weiß, dass so ein Job Sam überglücklich machen würde. Was könnte es Schöneres für ihn geben als die Arbeit mit den Schweinen, die er so sehr ins Herz geschlossen hat.

Doch all das ist Zukunftsmusik. Und auch wenn Sam *alle* Pennywell-Schweine liebt, mit denen er arbeitet, gibt es doch ein Schwein, das allen anderen haushoch überlegen ist und immer einsame Schnauzenspitze bleiben wird. Und das ist natürlich Chester! Das Schwein, mit dem alles begann, das Sam auf den Pfad eines glücklichen und erfüllten Lebens zurückgeführt hat – und dem auch ich mein Leben verdanke.

Das kleine rote Schwein, das inzwischen nicht mehr ganz so klein ist, hat meinen Jungen im Laufe der Jahre verändert. Chester hat meinem Sohn seine Freundschaft geschenkt und Sam bewiesen, dass er – *so wie er ist* – liebenswert ist. Von dem Augenblick an, in dem die beiden in Verbindung traten, erst auf der Farm, wo Sam jetzt aushilft, und später in ihrer Höhle unter unserem Esstisch, ist mein Sohn aufgeblüht. Wenn ich ihn heute anschaue, kann ich es immer noch kaum glauben – er hat Erfolg, er kommuniziert, und er führt das Leben, das ich mir immer für ihn erträumt habe.

Und ich weiß, dass ich allein das nie geschafft hätte.

Sam und Chester spielen immer noch oft zusammen, liefern sich wilde Verfolgungsjagden im Garten, bei denen Sam vor Lachen brüllt, während Chester geschickte Haken schlägt und wegtaucht und sich einfach freut wie Bolle. Und wenn ich den beiden zuschaue, wie sie herumtollen, zwei Freunde, die ihrer Lieblingsbeschäftigung nachgehen – ihr Zusammensein genießen –, bringe ich insgeheim oft einen Toast auf sie aus, zum Dank für das besondere Band, das zwischen ihnen besteht und das für Sam so viel Gutes bewirkt hat.

Lassen Sie uns die beiden feiern!

Auf Sam und Chester.

Danksagung

Dieses Buch wäre nicht möglich gewesen ohne die Hilfe und die Unterstützung vieler wunderbarer Menschen, denen ich an dieser Stelle danken möchte. Dazu gehören:

Die National Autistic Society, die mir umfassende Informationen zur Verfügung stellte, als ich anfing, nach Schulen in England zu suchen, und die meine Aufmerksamkeit auf die CAIRB-Einheiten in Devon lenkte.

Chris Murray, der uns mit Chester bekannt machte und Sam so freundlich als freiwilligen Helfer auf Pennywell Farm willkommen geheißen hat.

Ruth Kelly, meine Co-Autorin, die mir die Chance bot, meine Geschichte zu erzählen. Mit dir zu arbeiten war ein echtes Vergnügen und fürs Protokoll: Du gehörst zu den wenigen Menschen, die den Mut haben, Chester nahe zu kommen und sich mit ihm anzufreunden! Dank auch an Susan Smith von MBA Literary Agents, die mir während dieses ganzen Projekts mit großem Sachverstand zur Seite gestanden hat. In deinen Händen habe ich mich sicher aufgehoben gefühlt, und dafür bin ich sehr dankbar.

Das fantastische Team von Transworld Publishers, weil es darauf vertraut hat, dass diese Geschichte auch vielen anderen Menschen Inspiration und Hoffnung geben kann.

Mein besonderer Dank gilt der Chefredakteurin Michelle Signore, mit der zu arbeiten die reinste Freude war, sowie Sophie Christopher und Josh Crossley – vor allem für die tolle Tüte mit Leckereien, die ihr Chester immer aus London mitgebracht habt! Dank auch an Richard Ogle, von dem das Cover-Design stammt, und an Nicola Wright, Josh Benn und Louise Jones.

Kate Moore, die die letzten Änderungen mit mir durchgearbeitet hat. Es war eine große Ehre für mich und hat mir viel Spaß gemacht!

Unsere ganzen Freunde in Devon, deren Leben vom Thema Autismus und von besonderen Förderbedürfnissen beeinflusst wird: Scott und Dawn Miller, Jo und Lee Lawton-Cook, Chris und Juliet Boardman, Rebecca Sadler, Lesley Mcgill, Steve und Sue O'Leary, Sandra Hart, Tamsin Summers, Simon Skinner und Sarah Morgan. Ihr gehört zu den widerstandsfähigsten und einfallsreichsten Menschen, die ich kenne.

Unsere fantastischen Nachbarn, die den Jungen und Chester einen so herzlichen Empfang bereitet und uns in ihrem kleinen Dörfchen mit offenen Armen aufgenommen haben: James, Debs, George, Jack, Sally und Rowan.

Die *gesamte* Belegschaft von Manor Primary, auch wenn ich nicht alle namentlich aufführen kann: Es ist eine außergewöhnliche Schule, die unseren Jungs einen exzellenten Start ins Leben ermöglicht hat. Mein besonderer Dank gilt Ian Hemelik, Karen Dixon, Julie Solomon, Rob Wills, Sue Parker, Jo Chandler und den fabelhaften Damen im Büro.

Das herausragende CAIRB-Team von Primary Manor. So viele tolle Frauen! Clare Ellison, Lisa Tomlinson, Catherine Macmillan, Gayner Bennett und Gill Steele. Ein besonderes Dankeschön an Sams großartige Betreuerinnen, die ihm in der gesamten Grundschulzeit aktiv und unglaublich engagiert geholfen haben – Nikki Short, Kay Scull und Jane Sharp!

Alle Fachkräfte, die im Laufe der Jahre mit Sam und mir gearbeitet haben – besondere Erwähnung und besonderer Dank gebühren den beiden außergewöhnlichen Frauen Ronnie Hale und Marie Mills.

Der Stab vom South Dartmoor Community College, vor allem Fiona Goodchild und Wendy Waters. Alle CAIRB-MitarbeiterInnen, die hervorragende Arbeit mit nicht immer einfachen Teenagern des Autismus-Spektrums leisten. Ihr berufliches Engagement ist bemerkenswert, und ich danke ihnen allen für die Unterstützung, die sie Sam gewähren: Sue Nicholson, Monica Hannaford, Bev Fulford, Rachael Mitchelmore und Ian Karkeek. Dank auch an Hugh Bellamy und Jamie Morrison-Hill.

Dan Chapman, Sams Betreuer von Care & Support South West Ltd., der an jedem Wochenende erstaunliche Arbeit mit Sam leistet. Er ist ein fantastisches Rollenmodell für meinen Sohn, und die Zusammenarbeit mit ihm ist ein großes Vergnügen. Dank auch an Khya, Chelsea und Matt.

Alle Freunde und Familienangehörige, die in der Anfangszeit zu mir gehalten und mir geholfen haben, Argumente zusammenzutragen, um die Jungen nach Hause zu bringen: Ohne euch hätte ich es nicht geschafft – die Walldens, insbesondere Matthew und Vanessa, Alex McCann, Fran Yule, Timothy Wall, Carole Heinen, Andrea Yule und Antonio Reyes.

Andy Despard, unser Traumhandwerker: Ganz gleich, wo er gerade ist, lässt er alles stehen und liegen und eilt mir zu Hilfe, wenn es mir allein nicht gelingt, Chester wieder in seinen Stall zu bugsieren. Dank auch an Andys Mitarbeiter Colin Bovey für die Leckerlis, die er Chester immer mitbringt, wenn er am Cottage arbeitet.

All unsere alten und neuen Freunde, die uns ihre ausdauernde Liebe und Unterstützung gewährt haben. Ein Extra-Dankeschön an Flora und Richard Bowler, John und Helen Butler, Lucy und Mike Wheeler.

Die großartige Penny Wall, die, seit ich denken kann, zu meinem Leben gehört. Danke für die unglaubliche Hilfe, Unterstützung und Liebe, die du mir und den Jungen im Laufe der Jahre gegeben hast. Unsere Freundschaft bedeutet mir unendlich viel.

Meine Freundin Lynda Russell – ihr bin ich zu tiefem Dank verpflichtet. Danke für die ganze Unterstützung und Ermutigung, die ich so dringend brauchte, als ich Sam nach Hause bringen wollte. Die Fortschritte, die die CAIRB-Kinder in ihrer Obhut am Manor gemacht haben, waren eine große Inspiration und bezeugten ihre unermüdliche Arbeit, ihr Engagement und ihre unerschütterliche Überzeugung, dass eine umfassende Inklusion für diese erstaunlichen Kinder die einzige Möglichkeit ist.

Meine geliebte Schwester Sarah und Simon: Danke für das Lachen und die schönen Stunden, die wir gemeinsam verbracht haben, und für all die Liebe und Hilfe, die ihr Sam und mir im Laufe der Jahre gegeben habt. Und für die coolsten Neffen, die eine Tante sich wünschen kann – für Tom und Dan! Eure Jungs sind etwas ganz Besonderes und haben Sam mehr geholfen, als sie sich vorstellen können. Ich bin sehr stolz auf die beiden!

Meine wunderbare Mutter, die in den Anfängen darauf bestanden hat, dass ich Sam untersuchen lasse. Danke für deine unerschütterliche Liebe und Unterstützung und dafür, dass du mir beigebracht hast, dass man im Leben nur scheitert, wenn man aufgibt. Ich kann nur hoffen, dass ich auf den Seiten dieses Buches zum Ausdruck gebracht habe, wie viel du für mich getan hast und immer noch tust.

Mein wunderbarer Ehemann Darren. Danke für deinen augenzwinkernden Humor, deine Geduld, Freundlichkeit und bedingungslose Liebe. Das Leben mit dir macht so viel Spaß, du bist den Jungen ein großartiger Vater, und wir lieben dich mehr als alles in der Welt!

William, mein Sonnenschein und charmanter Plauderer, auf den ich ungeheuer stolz bin. Sam hat großes Glück, einen Bruder wie dich zu haben, und Dad und ich sind beide ungeheuer stolz, einen Sohn wie dich zu haben. Du machst uns an jedem einzelnen Tag wahnsinnig viel Freude.

Chester – was soll ich sagen? Er mag das teuerste und frechste Schwein in Devon sein, aber er erfüllt unser Leben mit Lachen und mit Glück. Wir hoffen, dass dieses wunderbare Smiley-Gesicht uns noch viele Jahre allmorgendlich begrüßen wird – vorzugsweise nicht vom Sofa.

Und last but not least, Sam – mein ganz besonderer Junge, der innerlich und äußerlich so absolut ehrlich und rein und schön ist. Danke, dass du mir jeden Tag zeigst, was im Leben wirklich wichtig ist. Ich würde dich für nichts in der Welt verändern wollen, aber wenn ich es könnte, würde ich zweifellos die Welt für dich verändern!

Um die ganze Welt des
GOLDMANN-*Sachbuch*-Programms
kennenzulernen, besuchen Sie uns doch
im Internet unter:

www.goldmann-verlag.de

Dort können Sie
nach weiteren interessanten Büchern **stöbern**,
Näheres über unsere *Autoren* erfahren,
in *Leseproben* blättern, alle *Termine* zu Lesungen und
Events finden und den *Newsletter* mit interessanten
Neuigkeiten, Gewinnspielen etc. abonnieren.

Ein *Gesamtverzeichnis* aller Goldmann Bücher finden
Sie dort ebenfalls.

Sehen Sie sich auch unsere *Videos* auf YouTube an und
werden Sie ein *Facebook*-Fan des Goldmann Verlags!

www.goldmann-verlag.de
www.facebook.com/goldmannverlag